中國學術思想 研究輯刊

三一編
林慶彰 主編

第20冊

王船山禮學衍義研究（上）

楊錦富 著

花木蘭文化事業有限公司

國家圖書館出版品預行編目資料

王船山禮學衍義研究（上）／楊錦富 著 — 初版 — 新北市：
花木蘭文化事業有限公司，2020〔民 109〕
序 6+ 目 6+204 面；19×26 公分
（中國學術思想研究輯刊 三一編；第 20 冊）
ISBN 978-986-518-010-2（精裝）
1.（清）王夫之 2. 禮記 3. 學術思想 4. 研究考訂
030.8   109000279

ISBN-978-986-518-010-2

9 789865 180102

中國學術思想研究輯刊
三一編　第二十冊   ISBN：978-986-518-010-2

王船山禮學衍義研究（上）

作　　　者　楊錦富
主　　　編　林慶彰
總 編 輯　杜潔祥
副總編輯　楊嘉樂
編　　　輯　許郁翎、張雅淋　美術編輯　陳逸婷
出　　　版　花木蘭文化事業有限公司
發 行 人　高小娟
聯絡地址　235 新北市中和區中安街七二號十三樓
　　　　　　電話：02-2923-1455 ／傳眞：02-2923-1452
網　　　址　http://www.huamulan.tw 信箱 hml810518@gmail.com
印　　　刷　普羅文化出版廣告事業
封面設計　劉開工作室
初　　　版　2020 年 3 月
全書字數　346466 字
定　　　價　三一編 25 冊（精裝）新台幣 50,000 元

王船山禮學衍義研究（上）

楊錦富　著

作者簡介

楊錦富，1951 生，國立高雄師範大學文學博士。之前爲美和科大專任教授，今於屏東大學；美和科大兼任，亦印尼普禾格多儒教大學籌備委員。學重儒術，仍不偏道釋，深體儒釋道三者匯歸，華夏文化乃能淵源流長。著阮元經學研究、夏炘學記，及本書王船山禮學衍義研究，得有用心。

提　要

　　王船山即王夫之，船山是夫之的稱號，本書以「船山」禮記命題，蓋取其稱名。而名爲《王船山禮學衍義》，就著述說，兼有二義，一是申敘義理，一是闡明故訓；前者講理義，重本體，後者云事相，講發用，體用合一，是船山禮學的要旨，也是本書義涵之所在。

　　其次，就船山禮學說，它不但著意於哲學層面，更著意於人生儀節，以船山學脈的宏闊與哲思的幽邃，他的《章句》之注，當不僅止於禮學視界的詮釋，而是天道、人事融合相銜的統貫之道。

　　再者，本書既以《衍義》爲論，架構體系即按《禮記》篇章依類伸義，歸結就在理則與儀則的接連互暢，是而章節布局即依此二者作爲編列，概如：第一章〈緒論〉，第二章〈船山禮學淵源〉，第三章〈船山禮學誠道思想〉，第四章《禮記章句》理義旨要論，第五章《禮記章句》禮儀旨要論，第六章《禮記章句》禮儀通則論，第七章《禮記章句》名物通則說，第八章則爲〈船山禮學總結〉。

　　要之，哲人雖已遠，但典型在夙昔，他的高山景行，也必如江流的不息、山嶽的長在，讓後輩永遠追懷欽慕。

序　言

　　戴聖《禮記》四十九篇，稱爲小戴《記》。東漢末年，鄭玄作注，合《周官》、《儀禮》并爲三禮，歷代相沿，更無別本。《周官》、《儀禮》二書，只記條文，這類條文，有的只增飾舊俗，有的憑空塑造，長久以來，已失去人生典則的規範；再因離古久遠，所載節文不僅繁雜，而且不切實際，有如賈公彥《周禮廢興序》所評：「瀆亂不驗之書」；指書的內容雜亂無法考驗；也如韓愈《讀儀禮》所說：「難讀無用之文」指文章難讀且於世無益。唐宋以來，雖然不廢禮學，但三禮的流傳，反而使小戴《禮記》被拔擢成爲五經之一。

　　把「記」當作經，其實已經違離名實，再加上閱讀的人越多，對於《禮記》的疑竇就越深，層次之間，便有差異。大抵說來，唐宋的學者，多在章句用語間覓尋缺失，對於書的原由及作者誰人卻少申論。明清的學者，有的批評宋學，有的尊奉漢學，有的只在細節處校核，有的只在論述處研討，甚至整日潛淫禮書堆中的，所在都有。延到近世，評鑑中國古代文化的學者，直接從《禮記》原書探求，所得豐碩，情況如青之勝藍，超過前人。其中王夫之（船山）《禮記章句》述義，不僅檢核細節，而且悉心評校，治學態度的嚴謹，在宋學、漢學之間巍然獨樹，說法也和一般儒者大不相同。因此，研讀船山的禮學，對上，不僅綜述了唐宋以來的論禮思想；對下，併開啓了後代覃研小戴《禮記》的先聲。

　　其次，從禮的源頭說，船山禮學雖然是《禮記》章句的論作，承接的仍是《周禮》以下的儒學。以《周禮》來說，毫無疑問周公所提「制禮作樂」仍是禮學的源頭。這因禮、樂到了周公，已依禮的形式使它制度化，這樣的制度化，從深度的層面說，是通過禮樂的人文而化成天下。換句話說，周代

的替代殷朝，「承天景命」指能為君，是承受上天降下的旨意，所提即在說明周的立朝是用人文的德澤替代商紂的暴政，而這人文德澤又以禮樂作為標準作為範疇，歸結的重點便在仁道。所以孔子回到魯國，首要之務就是制定禮樂，「郁乎從周」是一理想，也不免對現實有所感嘆，真正用意就在「克己復禮為仁」。認為「禮者，仁也」，指的仁就是「禮」確切的本意，也是船山禮學命題本來的用意。因此，從根本說，禮和仁其實是統合的，禮就是仁，仁就是禮；同樣的，禮也是誠，誠也是禮。但值得留意的，在仁和禮，禮和誠，初始點並沒有內容和形式的差別，也沒有主從的關係，彼此是一體的。有如《論語》、《孟子》及《禮記》所說的「仁也者，人也」，講仁人就是合禮的人，這「合禮」二字，不只具恭敬的意思，還深具內在誠摯的意涵。

再其次，從西漢董仲舒提出「獨尊儒術」的意見之後，儒家思想就被冠以另一個形態，周公「制禮作樂」的原意更深層地被推廣，也被賦予較多帝王的位勢和意義，禮樂制度等同於政治制度。而在政體遞嬗的過程中，禮又被賦予了等同於上下貴賤的秩序；禮的文化、隨著政體和時空的變異，內蘊的思想，人我的敬持及對天地鬼神的信仰，等等意涵，都先後被適度地弱化，和禮並同的「樂」，也只剩樂舞和樂器的形式。這一議題，延伸到宋朝，周敦頤率先提出「禮者，理也」的命題，禮進一步轉入深化的層次；程、朱以後，把禮和天理連結，禮成為定格，於是禮和道德論、人生論、人格修養，以及社會政治論等等，統合為一。

由上之述，「禮即天理」應是船山思想的源頭，如果說船山禮學承接鄭注而來，毋寧說船山思想底層是延續程朱內涵而來。但只是「理」的推衍，仍無法充分詮釋《章句》的內容，必須「理」合於「節」，禮之理才能在禮的節文中徹底展現，「理」、「節」並同，理則與節文相符，禮的內容才能顯揚，也意謂著禮由天道的「理」落實而成人道的「節」，天道和人事相互融貫，「理」才不致流於空泛，「節」才不致落於虛飾。

今再就《禮記章句序》所說，乃知船山禮論的旨要，一在「立人道」，一在「徵實用」。從前者說，所謂「悼大禮之已斬，懼人道之不立」，就必須振興古禮，人道才能樹立，「體」才能明確；又從後者說，所謂「上溯三禮，下迄漢、晉、五季、唐、宋以及昭代之典禮，折衷得失，立之定斷，以存先王之精意，徵諸實用，遠俟後哲」，就得順儀則以行，「用」才能落實，先王的本意才能有所存繼。是以典則、儀節的相互運用，禮的大義才能發皇顯揚，

人倫大道才能眞正確立。

　　至於本書之作，當然以船山《禮記章句》作藍本，要點部份在於《章句》篇章的衍義，既然是衍義，就必如上述所說，是天道和人事的合一。有天道之說，禮的理念才能併「仁」和「誠」上達天德；有人事之說，禮的儀則才能展現在人道。「理」和「儀」相合，天道、人事不離不雜，「天理節文」的意義就更明顯。

　　因此，從架構處說，本書禮系是順著《禮記》篇章依類衍義，歸結之點，就在理則、儀則的互依互貫。章節的鋪排就按這兩者編列，概約：第一章〈緒論〉；第二章〈船山禮學溯源〉；第三章〈船山禮學誠道思想〉；第四章《禮記章句》理義旨要論；第五章《禮記章句》禮儀旨要論；第六章《禮記章句》禮儀通則論；第七章《禮記章句》名物通則論；第八章〈船山禮學總結〉。就這綱領，析論如下：

　　以第一章〈緒論〉說：論述「研究動機」和「船山傳略」。談到研究動機，船山的禮說和顧亭林、黃宗羲之學是有差別。顧黃的學說，所重在故訓和心學，但故訓是故訓，義理是義理，塗轍相隔很遠。船山傳承張（載）朱（熹）而來，但未刻意談說是義理或是故訓，卻是漢、宋並稱；他有義理的傳述，也有章句的解析，跟顧、黃二先生的學脈並不相同。至於〈船山傳略〉，是綜述船山生平要略，取材是來自他的公子王敔所作的傳誌，本書所敘，在於取精用宏，採擷精要言語，列表陳述，目的在使船山事蹟，因語而顯，因事而明。

　　再以第二章〈船山禮學淵源〉說，篇章計分三節：第一節〈承禮經統緒〉，重點在論述《禮記》和《周禮》、《儀禮》的差異。《周禮》、《儀禮》雖是經書，但講綱領的多，講實用的少；《禮記》所談禮俗儀節，較能切合生活準則，本篇便依三書不同作一述論。第二節〈志宋儒學脈〉，以爲要理解船山學脈，必須從宋儒談起，其中張載、程朱形上的理氣思想影響船山非常深遠；同樣的，藉著宋儒學行可以直接上探孔孟之道。第三節〈擿陽明心學〉，在船山認爲陸王心學近於佛氏，影響民生甚鉅，所以特別舉《大學》、《中庸》篇章加以駁斥，這因心學傳述，游談無根，既不是聖人的言語，也不是聖人的意見，所以批駁乃是必要。

　　再以第三章〈船山禮學誠道思想〉說，章分三節：第一節〈禮以誠爲本〉、第二節〈禮因誠之性而顯〉、第三節〈禮依誠以立道〉，所說在綜述禮與誠道

的關係。禮既稱爲理，禮如不由誠發出，將入於虛飾無用；一定要以誠爲體，禮的發抒才合理義。誠存在性中，性的原發義在善，善的出發就在於誠，有誠才有禮，如此，由性而誠，由誠而禮，最後在克己復禮，達到人本的極致。

其次，再就第四章《禮記章句》理義旨要論說，篇章的論述，是順《章句》作衍義。如第一節，順〈禮運〉、〈禮器〉、〈曲禮〉旨要作衍義；第二節，順〈學記〉旨要作衍義；第三節，順〈坊記〉、〈表記〉旨要作衍義，都就船山論述作推闡；第四節，順〈經解〉、〈玉藻〉、〈深衣〉旨要作衍義；認定禮是教化的根本，禮的根本在經，要成爲恆久的經，就須從生活細節中實踐。所以〈禮運〉以下幾篇，一在談禮的運轉，使二氣五行三才都能在事業上充份發揮；一在談禮的器物，知禮的內涵是順著器物顯出它的價值。合起來說，幾章旨要都在強調文質的相符相成適物適用，把形上的理和形下的器作一統合，那是天道理念眞正的落實。

再就第五章《禮記章句》禮儀旨要說，篇章的論述，仍是順《章句》作衍義，和第四章不同處，在於人事儀節要義的發明。第一節談「禮的展現」，包涵〈曾子問〉、〈文王世子〉、〈哀公問〉、〈仲尼燕居〉、〈孔子閒居〉等旨要，依次衍義。第二節談「禮的生活儀節」，包涵〈內則〉、〈少儀〉、〈大傳〉、〈雜記〉等旨要，依次衍義。第三節，順一、二節而下，直接從〈樂記〉、〈明堂位〉、〈儒行〉、〈王制〉等篇評述。以上幾篇評述之外，又舉「例說」證明，目的在求文體、語言相互的配合。總的說來，便是「禮儀旨要」的歸結，也說明禮在傳統文化中，不僅是典制的展露，更是宗教法源的基礎，也由此凸顯人道深層的價值。

再就第六章《禮記章句》禮儀通則論說，所談禮的通則，其實就是人生節文的表現。第一節談〈冠昏禮〉的推闡；第二節談〈燕射鄉飲酒禮〉、〈聘禮〉的推闡；第三節談〈喪禮〉的推闡；第四節談〈祭禮〉的推闡，四節所述，是《禮記》儀則的總敘，也是禮儀通篇的精要。進一層說，冠婚喪祭，是人倫的大義，沒有人倫就沒有禮儀，沒有禮儀就沒有節文，沒有節文，一切行爲都將紊亂，和禽獸夷狄即無不同。而冠婚喪祭的設立，又在崇德報本，所制的禮，更在顯揚孝親之道，可作爲「尊尊親親」很好的註腳，切實施行這幾個篇章，家族宗族的維繫就能堅實，人倫的綱紀也能永遠持續。

再就第七章《禮記章句》名物通則說，所論在《禮記》通見的名稱。第一節談「服制飲食」，第二節談「宮室樂舞」，第三節談「喪葬」。談名物，在

求實，求實在合用，實與用，二者相宜，物的義理才能彰顯。比如同是服制、飲食，所談都是生活所需，也是生活所備，兩者的敘述，不僅反映商周禮俗，也反映古代貴族社會獨特的背景；又如宮室、樂舞，雖然記的廊廟房室、樂器舞技，而宗廟之美、百官之富及宮庭豪奢的情狀，都由宮室樂舞的傳述中透見，儒家繁文縟節的妝飾仍由此看出。至於喪葬的說法，不重義理，但重實質，如五服所列，先實質後文采，使喪葬的器具符合實體，也使節文的禮儀合宜切當。

　　第八章，最後之篇，是「船山禮學總結」。概分三節：第一節「禮之歸結在人禽之辨」，第二節「禮之本末相貫」，第三節「船山禮學之價值意涵」。合此三節，歸結船山的禮學，所述在順禮的本末而判別人禽的大義，如何判別人禽的大義，由篇目的分類振葉以尋，就能找到禮的根本，進之明白人道本質的所在，這就是「原始本末」、「條理相貫」最好的解說。再者，禮的價值如何展現，就如船山所說「發於物而物皆德之象」，也就是從物出發，物象必然明顯；物象明顯，再以敬意存心，德業必然通達，而所舉「孝親之道」、「禘祭之禮」，便是禮道實際的表現，說明了要由禮顯仁，並由禮存誠，重要在慎終追遠的孝思。至於篇末所載「誠之以始，慎之以終」的結語，清楚印證了船山敦仁守禮的實踐性。

　　學者姜日天替陳力祥《王船山禮學思想研究》（四川巴蜀書社，2008 年）作序，寫著：「王夫之曾親歷南明覆滅的全過程，目睹了不可救治的敝政，他有可能跳出從帝王術詮釋禮學的狹小視界，而作相對純學理的思考。這或許是他伏隱山居，靜心於卷帙，而未如顧亭林遍走山林，心耿於復明的原因所在，他的《禮記章句》相對多地進到哲學思考的層面。」由這段話，連結上述所說，知道船山禮學不僅著意思想層面且著意人生儀節，也理解了船山學脈的宏闊寬廣和苦心孤詣的哲學思考。因此，他的《章句》之註，當不僅止於禮學視野的詮釋，更是天道、人事相貫相融的體用之道。

目次

第一章　緒　論

第一節　研究動機

　　清代學術，依它的遷衍，得有三次變易，這變易指的（1）晚明清初漢、宋兼采之學，（2）乾嘉的漢學，與（3）道咸回復西漢的今文之學。以晚明清初的學脈說，這時期漢學剛剛萌芽，諸儒都以宋學作根柢，不分門戶，並且各取所長；再以乾嘉的學脈說，這時期許慎、鄭玄的學說大爲昌明，治宋學的人已少，說經主實證也少談義理；次以道咸回復西漢今文的學脈說，這時期是由許鄭的學脈導源而上，追述西漢十四博士的今文說。〔註1〕三者中，晚明學脈又開啓後來乾嘉、道咸的風尙。

　　自從明代亡朝後，儒者散逸各處，其中究意經籍典要較著的賢士，在崑山是顧亭林先生，在浙江是黃梨洲先生，而在湖南即是王船山先生。三先生都是卓然大家，都有自己的學術理念。如亭林就斥責王學的空疏，力主經世的實學；而梨洲雖宗朱熹卻專意心學，貢獻仍在《學案》，自己的創獲並不大；至於船山便理趣卓越，學行的博大閎括幽微精警，即明顯超過顧、黃二先生。

　　船山之學，博大淵深，軌範寬闊，對漢、宋學脈的理解廣涯而研精，說經就是經，講史就是史，解詁訓就是詁訓，陳義理就是義理，更有民族大義與生命悲情寓在詩文當中，與那些僅僅侷促一隅的學者明顯有別。

〔註1〕參見皮錫瑞《經學歷史》頁376。

長子子王敔〔註2〕〈行述〉中講：

「讀史讀註疏，於書、志、年表、考駁同異，人之所忽，必詳慎搜
閱之，而更以聞見證之。以是參駁古今，共成若干卷。至於敷宜精
義，羽翼微言，《四書》則有《讀大全說》、《詳解》、《授義》；《易經》
則有《內傳》、《外傳》、《大象解》；《詩》則有《廣傳》；《尚書》則
有《引義》；《春秋》則有《世論》、《家說》；《左傳》則有《續廣義》；
《禮記》則有陳氏之書，應科舉者也。更為《章句》，其中《大學》、
《中庸》則仍朱子章句而衍之。〔註3〕」

可知「敷宜精義」、「羽翼微言」，必是船山學術的精要。但因精要閎闊，
思維所繫有時較無系統，對於經典論作，不免漫天蓋地。因此研閱船山的論
作，仍需從解經論史的言談中抽繹而出，才能尋得他的論述理趣，否則怎樣
也看不到船山學術的幽深隱微。

至於近代學者，談論船山學說，大都讚許有加，譬如梁啟超對船山就非
常稱讚，引用學者鄧湘皋〔註4〕的話便說：

「當代經師，後先生而興者，無慮百十家，所言皆有根柢。然諸家
所著，有據為新義，輒為先生所已言者，《四庫總目》於《春秋稗疏》
曾及之。以余所見，尤非一事，蓋未見其書也。」

〔註2〕王敔（1656～1731），字虎止，號焦畦，湖南衡陽人，船山先生之子。康熙時
衡陽縣學貢生。提督湖廣學政潘宗洛（康熙41年至45年任）延之入幕，襄
校試卷，與宜興儲大文共事友善。敔出父書，宗洛為作《船山先生傳》，又為
王氏家譜作序。船山為世所知，其始潘、儲推挽之力為多。敔絕意仕進，授
徒自給，整理刊行船山遺書廿餘種，即所謂《湘西草堂本》。又纂修家譜，撰
文多篇，船山事跡賴之以存。晚年主講石鼓書院四年，又嘗修邑志。自著《焦
畦自朔》、《焦畦小草存稿》、《詩經講義》，均佚；又著《懷音草》手稿本及《笈
雲草》中之《詩集》殘本，現存。

〔註3〕《太府君行述》：王敔撰。此文公世者有三版本，其文字頗為懸殊。一為刊於
清同治四年（1865）金陵本《船山遺書》卷首之〈薑齋公行述〉，二千二百餘
字，此為最早版本；一為刊於光緒十九年（1893）王之春撰《船山公年譜》
卷首之〈行述〉，一千六百餘字，此其二；而其三即此。

〔註4〕鄧顯鶴（1777～1851），字子立，號湘皋，晚號南村老人，湖南新化人。嘉慶
九年舉人，道光六年任寧鄉縣學訓導，二十三年主講邵陽濂溪書院。著有《易
述》、《毛詩考》、《南村草堂詩文鈔》等。〈王夫之〉原載《楚寶》重刊本卷第
十八《文苑》。《楚寶》四十五卷，明末湘潭周聖楷輯纂楚地人物附山川名祀
之書，鄧氏為之增輯、考異，於道光九年重印，〈夫之傳〉即其所增輯。徐世
昌《清儒學案》卷一六七之三四有傳。

又說：

> 「船山學述，二百多年沒有傳人。到咸、同間，羅羅山（澤南）〔註
> 5〕像稍微得著一點。後來我的畏友譚壯飛（嗣同）〔註6〕研究得很
> 深。我讀船山書，都是壯飛教我。〔註7〕」

梁先生的話極是褒辭，對於船山盡於推崇；此外，前言部份，梁先生更說
「船山本來不是考證學家，但他的經說，考覈精詳者也不少。〔註8〕」意思船
山不僅以義理著稱，對於經術考究也很精詳，也說明船山是漢、宋兼采的學者。

其次，就現今說，當代研究船山思想較著之學者，如錢穆〔註9〕《中國近
三百年學術史》第三章〈王船山〉、馮友蘭〔註10〕《中國哲學史新編》第五十
九章〈後期道學的高峰——王夫之的哲學體系〉、侯外廬〔註11〕《中國思想通
史》第五卷第一編第二章〈王夫之的思想〉、張岱年〔註12〕《張岱年文集》第
四卷〈王船山的唯物思想〉、任繼愈〔註13〕《中國哲學史》第七篇第四章〈王

〔註5〕 羅澤南，別名羅山，湖南湘鄉人。生於清嘉慶十二年（西元1808年），卒於
　　　　咸豐六年（丙辰，1856）。爲抗洪楊兵亂的名將，曾國藩作〈神道碑〉。徐世
　　　　昌《清儒學案》卷一七零之一有傳。

〔註6〕 譚嗣同，字復生，又號壯飛，湖南瀏陽人。生於清同治五年（西元1866年），
　　　　卒於光緒二十四年（西元1898年），戊戌政變六君子之一，其《仁學》一書，
　　　　徵引船山觀點甚多。

〔註7〕 梁啟超《中國近百年學術史》頁118。

〔註8〕 梁啟超《中國近百年學術史》頁118。

〔註9〕 錢穆（1895～1990），字賓四，江蘇無錫人，當代學者、教育家。民國時期任
　　　　燕京大學、北京大學等校講師、教授。五十九年初在香港創辦新亞書院，著
　　　　述甚豐，重要之著均爲闡述儒學之作，其《中國近三百年學術史》，台灣商務
　　　　印書館1980年印行第七版。

〔註10〕 馮友蘭（1895～1990），字芝生，河南唐河人。當代哲學家、新理學體系創立
　　　　者。造年於北京大學哲學研究所畢業後赴美留學。所著《中國哲學史新編》，
　　　　北京人民出版社1988年第一版。

〔註11〕 侯外廬（1903～1987），山西平遙人。早年攻讀法律、歷史。1927～1930年留
　　　　學法國，回國後任教北京高等學府。主編《中國思想通史》，北京人民出版社
　　　　1958年版。

〔註12〕 張岱年（1909～）河北獻縣人。當代中國哲學史家，思想家。1933年畢業于
　　　　北平師範大學，繼之任教于清華大學等校，1952年起任北京大學哲學系教授，
　　　　現兼任中國哲學史學會會長、中國孔子研究所所長等職。一生致力于中國哲
　　　　學史、思想文化史、儒家學說研究，著述愼富，所輯爲《張岱年文集》，1980
　　　　年清華大學出版社出版。

〔註13〕 任繼愈，（1916～）山東平原人，當代中國思想家、哲學家。1934年入北京大
　　　　學哲學系，1938年畢業于昆明西南聯大，旋入北京大學文科研究所。歷任北
　　　　京大學學系教授、中國社會科學院宗教研究所所長、北京圖書館館長。長期

夫之的唯物主義思想和樸素的辯證法思想〉諸先生，於船山「哲學」、「史學」
的要義都透闢微，可說是研究當代船山學術的先導。

　　船山對於哲學、史學的抒論本來就精詳，對於經學、文學的論述又能自
成一家，如《周易稗疏》、《尙書稗疏》、《尙書引義》、《詩經稗疏》、《春秋稗
疏》、《春秋家說》，義理、考證都詳贍，甚至《楚辭通釋》，都能發人所未發。

　　《易》、《書》、《詩》、《春秋》學外，《禮記章句》疏解也是船山重要論著，
論禮之義，是依《易》所說：「顯諸仁，藏諸用。」首在緣仁制禮，使人道顯，
次而彰人禽之辨，夷夏之分，君子小人之別〔註14〕，合而言之，就是船山述
「禮」的本意。因此，本論文以〈禮學衍義研究〉爲名，是就仁的主體立基，
以仁作主體，以禮作發用，讓人禽、夷夏、君子、小人的辨義更爲清晰，就
是爲本論文著述大義之所在，也由此深切體會船山隱微的命意和民族情操的
寄寓。以此，論述之先，對船山的傳略仍應先敘述。

第二節　船山傳略、著述及補校

一、傳略

　　船山傳略，載者甚夥，又分「傳記」及「年譜」二說。分述如下。

（一）傳記

　　如前所述王敔〈大行府君行述〉〔註15〕，及潘宗洛〔註16〕〈船山先生傳〉、
余廷燦〔註17〕〈王船山先生傳〉、《國史儒林傳》〈王夫之傳〉、《清史列傳》〈王
夫之〉、《清史稿》〈王夫之〉、《同治衡陽縣治》〈王夫之列傳〉；之外，尙有鄧

致力于中國哲學史、宗教史研究。著有《中國哲學史論》等。

〔註14〕王夫之《禮記章句序》。

〔註15〕〈大行府行述〉之後，附〈薑齋公行述〉，原載金陵本《船山遺書》；〈行述〉
　　　　原載王之春《船山公年譜》。

〔註16〕潘宗洛（1657～1716），字書原，江蘇宜興人。康熙三十七年進士，簡翰林庶
　　　　吉士，授檢討；四十一年至四十五年任提督湖廣學政，識拔多士；五十年至
　　　　五十二年任湘沅巡撫，再至湖南，有善政；五十五年病卒，有集二十卷。潘
　　　　氏任湖廣時曾延俊才入幕，襄校試卷，王敔與焉，由是乃知有船山，求讀其
　　　　書，爲之作傳付史館，實爲船山之第一篇正式傳記。

〔註17〕余廷燦（1929～1798），字卿雯，號存吾，湖南長沙人。乾隆二十六年進士，
　　　　任翰林院檢討，兼充三通館纂修。著有《存吾文稿》，書於嘉慶元年「雲香書
　　　　屋」刊行，不分卷而惟分類，〈王船山先生傳〉即在其〈傳〉類中。

顯鶴〔註18〕《楚寶增輯考異》〔註19〕〈王夫之〉、《沅湘耆舊集》〈船山先生王夫之〉及近人陳祖武〔註20〕《清代人物傳稿》〈船山傳〉。如以學術史精簡言，則《楚寶增輯考異》所載鄧氏〈王夫之〉較能綜輯船山學術生平，亦較能合乎「傳略」之述，至於其他細節瑣要，則可於〈行述〉、〈列傳〉及後之《年譜》中窺之。

今按：王夫之為湖廣衡州（今湖南衡陽市）人。明萬曆四十七年九月初一日（西元 1619 年 10 月 7 日）生，清康熙三十一年正月初二日（西元 1692 年 2 月 18 日）卒，享年七十四歲。

傳云：夫之字而農，號薑齋，先世高郵人。明永樂初有官衡州衛者，遂為衡陽人。父朝聘，副貢生，以文學知名。夫之少負雋才，讀書十行俱下。年二十四，與兄介之同舉崇禎十五年鄉試，以道梗不赴會試。明年，張獻忠陷衡州，士類多污偽命，其不屈者縛而投諸湘江。夫之走匿南嶽雙髻峰下，賊執其父以為質，夫之自引刀刺其肢體，舁往易父，賊見其遍創也，免之，父子俱得脫。

十七年，北京陷，夫之涕泣不食者數日。明年我（清）師下金陵，唐、桂二王相繼稱號。督師何騰蛟屯長沙，堵允錫駐常德，兩人相持，頗不相能。夫之憂其必敗，上書於監軍章曠，請調和南北兩軍，以防潰變。曠不聽，卒之諸鎮奔覆，曠以憂憤死。順治四年，我（清）師下湖南，夫之走桂林，大學士瞿式耜疏薦於桂王。夫之以父憂請終制，服闋，即起就行人司行人。是時桂王建國肇慶，旋移駐武岡，走靖州、柳州，大學士嚴起恆皆從，已復從至肇慶。

時朝端水火，紀鋼已大壞，有吳黨楚黨之目：主吳者為朱天麟、張孝起、吳貞毓、堵允錫、王化澄諸人；主楚者為金堡、丁時魁、劉湘客、袁彭年、蒙正發諸人。又其時李成棟新叛，附於王，朝政皆決於其子元允。堡等五人附之，人目為五虎。起恒居其間，不能有所匡正。王在梧州，貞毓等十四人合疏攻五虎，下湘客等於獄，將置之死。夫之約舍人管嗣裘走告起恒曰：「諸君棄墳墓，捐妻子，崎嶇從王，而以黨人殺之，則志士解體，誰與共危亡者？」起恒感其言，跪舟力救，貞毓等并惡之。是時化澄已為言者劾去，貞毓等請

〔註18〕見注 4，鄧湘皋條。
〔註19〕《楚寶增輯考異》，明末湘潭（湖南）周聖楷輯纂楚地人物附山川名祀之書，鄧顯鶴為之增輯、考異，於道光九年重印，夫之傳即其增輯。
〔註20〕陳祖武（1943～）祖籍湖南茶陵，客籍貴州貴陽。所著〈船山傳〉，原載《清代人物傳稿・上編》第六卷，北京中華書局一九九一年四月第一版。

召還，因與之合攻起恒。夫之亦三上疏劾化澄。化澄恚甚，必欲殺夫之，會降帥鄖國公高必正救之，得不死，返貴桂林，復依式耜。聞母病，間道歸衡，至則母已歿。其後式耜殉節於桂林，起恒被害於南寧，夫之知勢愈不可為，遂決計老牖下。已而緬甸亦覆沒，夫之益自晦匿，遂浪遊郴永、漣邵間，所至人士慕從，輒辭去。最後歸衡陽之石船山，築土室，名曰「觀生居」，晨夕杜門，學者稱「船山」先生。著有《四書讀大全說》、《周易內傳》、《外傳》、《大象解》、《詩廣傳》、《尚書引義》、《春秋世論》、《家說》、《左氏傳續博議》、《禮記章句》，并諸經《稗疏》各若干卷。作《通鑑論》三十卷，《宋論》十五卷，《莊子解》、《莊子通》、《楚詞通釋》、《搔首問》、《俟解》、《噩夢》各種。又注釋《老子》、《呂覽》、《淮南》，評選古今詩各若干卷。

自明統絕祀，夫之著書凡四十年，其學深博無涯涘，而原本淵源，尤神契《正蒙》一書，於清虛一大之旨，陰陽象法之狀，往來原反之故，靡不有以顯微抉幽，晰其奧窔。其〈自序〉以為張子之學，上承孔孟之志，下救來茲之失，如皎日麗天，無幽不燭，聖人復起，未有能易焉者也。惟其門人未有殆庶者。而當時鉅公耆儒，如富、文、司馬諸公，張子皆以素位隱居，而末繇為羽翼。是以其道之行，曾不得與邵康節之數學相與頡頏，而世之信從者寡，道之誠然者不著。是以不百年而陸子靜之異說興，又二百年而王伯安之邪說熹。其以朱子格物、道問學之教爭貞勝者，猶水勝火，一盈一虛而莫適有定。使張子之學曉然大明，以正童蒙之志於始，則浮屠生死之狂惑不折而自摧，陸子靜、王伯安之蕞然者亦惡能傲君子以所獨知，而為浮屠作率獸食人之倀乎？

《周易》者，天道之顯也，性之藏也，聖功之牖也。陰陽動靜幽明屈伸，誠有之而神行焉，禮樂之精微存焉，鬼神之化裁出焉，仁義之大用興焉，治亂吉凶生死之數準焉，故夫子曰：「彌綸天下之道，以崇德而廣業」者也。張子言無非《易》，立天立地立人，反經研幾，精義存神，以綱維三才，貞生而安死，則往聖之傳，非張子其孰與歸？是故《正蒙》者，匠者之繩墨也，射者之彀率也，雖力之未逮，養之未熟，見為登天之難，不可企及，而志於是則可至焉，不志於是未有能至者也。養蒙以是為聖功之所自定，而邪說之淫蠱不足以亂之矣，故曰「正蒙」也，詞多不載。

康熙十八年，吳（三桂）逆僭號於衡，偽僚有以以勸進表相屬者。夫之曰：「某本亡國遺臣，所欠一死耳，今汝亦安用此不祥之人哉？」遂逃入深山，

作〈被褥賦〉。吳逆既平，湖南巡撫鄭端聞而嘉之，屬郡守某饋粟帛請見，夫之以病辭，受其粟，反其帛。未幾，卒於石船山，葬大樂山之高節里。自題其墓曰：「明遺臣王夫之之墓。」子二人：攽、敔。攽字虎止，能紹其家學者。先生家故貧，著書筆札，多取給於故友及門人家。書成，因以授之，不自收拾，藏於家者蓋無幾焉。〔註21〕

　　以上乃鄧顯鶴〈王夫之〉傳大略，所載船山事蹟，合事略與思想旨要爲一爐，對船山生平梗概能擇要道出，惟於細節部份，所述尚少，故事略外，劉毓崧、王之春二氏所作〈年譜〉，當能補鄧作之不足。

（二）年譜

　　劉毓崧〔註22〕廣收船山遺書，掇先生事略可値記者，鎔爲《年譜》二卷，譜前有曾國荃序，及劉氏自序，一則說明劉氏〈王船山先生年譜〉成譜之由，一則說明〈年譜〉編採之方。而劉毓崧〈自序〉，所云編撰〈年譜〉，其由蓋以「未備者」言之：其一爲船山自述《龍源夜話》，遍訪不獲；其二爲船山詩集編年，散失不傳，《薑齋文集》，多所闕略；其三爲船山哲嗣虎止所撰行述，係節本而非完本；其四爲王氏家譜所載船山世系、行第、生卒、葬地，及船山所撰孺人墓誌，但有題目，未錄全文；其五爲船山作傳潘書原、余廷燦、余六雅之集本，未嘗覓得；其六爲鄧湘皋增輯《楚寶》，補傳於《文苑》門內者，未見印本；其七爲全謝山《鮚埼亭集》〈劉繼莊傳〉所舉船山姓氏里居，不能詳載〔註23〕。由此七點，劉氏撰作船山年譜，理爲有據。然亦自云：「惜書闕有間，挂漏良多。〔註24〕」故王之春〔註25〕《船山公年譜》〈凡例〉即補

〔註21〕《船山全書》第十六冊，頁103～105。
〔註22〕劉毓崧（1818～1867），字伯山一字松崖，江蘇儀徵人，道光二十年（1840）拔貢；出身史學世家，續紹前業，於《左》氏學用，旁通經史諸子百家之學，精於校勘；著有《春秋左氏傳大義》、《周禮尚書毛詩禮記舊疏考正》、《經傳史乘諸子通義》、《通義堂詩文筆記》等。太平軍起，氏入曾國藩幕，復歸金陵書局，專司校書，於《船山遺書》校勘，厥功最偉。其《王船山先生年譜》上下兩卷，同治四年（1865）成書，光緒十二年（1886）由江南書局刻板印行。
〔註23〕參見劉毓崧《王船山先生年譜》自序。《船山全書》第十六冊，頁139～140。
〔註24〕參見劉毓崧《王船山先生年譜》自序。《船山全書》第十六冊，頁139～140。
〔註25〕王之春（1842～1906），字爵棠，又字椒生，湖南清泉人。一八六二年以諸生入湘軍，時年二十歲。歷經擢升，一八九零年任湖北布政使。一八九一年刊行所著《國朝柔遠記》，得慈禧歡心，奉命出使日俄，遂著《瀛海卮言》及《使俄草》。一九零二年在廣西巡撫任內爲鎮壓人民起義，向法國侵略者求援激起國內拒法運動，次年被解職。王氏在湖北布政使任內曾刻船山遺書《四書箋

云：「公舊有《年譜》，係儀徵劉毓崧編。其間詳略互見，挂漏訛舛，如：己丑二月服闋、辛卯僑寓祁陽、丙申暫往興寧之類，未爲完本。」又云：「是編全據公集及《家譜》等書裒輯而成，逐條引注，倍期詳審，不厭複煩。」所以如此，蓋「非欲突過前賢，實冀傳信後學。〔註26〕」則綜輯所述，王氏《年譜》較劉氏言，可謂過之。因之，本篇所舉船山年譜，仍依王之春之作，列表以行，庶如王氏所言，冀以「傳信後學」，待乎來茲。

船山公年譜			
歲次	年歷	西元	紀事
一歲	明萬歷四十七年（己末）	1619	公九月一日子時，生於衡州府城南回雁峰王衙坪。又：時父武夷公〔註27〕年五十，母譚太孺人四十有三。
二歲	明萬歷四十八年（庚申）	1620	八月，光宗即位，詔以明年爲泰昌元年。又：九月熹宗即位，詔以是年七月以前爲萬歷四十八年，八月以後爲泰昌元年。又：十二月初逼日，大凌（凍），武夷公五十齒滿，盃盂凝冱（嚴寒）。
三歲	明天啓元年（辛酉）	1621	武夷公中副榜。兄石崖公〔註28〕入學，年十有六。《薑齋文集》〈石崖先生傳略〉云：「兄爲學篤敬，十六補弟子員。」
四歲	明天啓二年（壬戌）	1622	武夷公在京師。公與仲兄碩齋公〔註29〕同入塾，從石崖公受讀。其時夫之頑皮，狂戲無度。
五歲	明天啓三年（癸亥）	1623	武夷公在京師。公從石崖公受讀。
六歲	明天啓四年（甲子）	1624	武夷公在京師，公從石崖公受讀。又：石崖公迎歐陽孺人〔註30〕來歸。

解》十一卷，又刊行自作《船山年譜》前後編，於光緒十九年（1893）刊行。

〔註26〕王之春《船山公年譜》《凡例》第一。《船山全書》第十六冊，頁279。

〔註27〕夫之之父爲王朝聘，即徵君公。萬歷乙卯（1615）、辛酉（1621）兩中副榜。其以眞知實踐爲學，謂武夷山爲朱子會心之地，志游焉以顏書室，學者稱武夷先生。

〔註28〕夫之長兄王介之，字石子，一字石崖，號耐園，學者稱耐園先生，又號鏗齋，崇禎壬午（1642）同榜舉人，年八十一卒，私諡貞獻。

〔註29〕夫之次兄王參之，字立三，一字叔稽，號碩齋，弘光恩選貢生，先徵君公三月卒。

〔註30〕夫之長兄石崖公配歐陽孺人，爲思恩府同知歐陽炳女孫，歲貢生歐陽珠之女。

七歲	明天啓五年（乙丑）	1625	武夷公歷滿，應部選〔註31〕。又：公從石崖公受讀，畢《十三經》。
八歲	明天啓六年（丙寅）	1626	肄業家塾。武夷公歸自京師。〔註32〕
九歲	明天啓七年（丁卯）	1627	武夷公家居，公稟承庭訓。夏，石崖公、磑齋公同赴武昌省應鄉試。九月，落解歸。磑齋公迎講孺人來歸。
十歲	明崇禎元年（戊辰）	1628	春正月，從武夷公受經義，自是閱經義至數萬言。
十一歲	明崇禎二年（己巳）	1629	武夷公在京師。又：石崖公應提學舉，列一等。
十二歲	明崇禎三年（庚午）	1630	武夷公在京師。又：公與石崖公、磑齋公時以文字與友人相往還。
十三歲	明崇禎四年（辛未）	1631	武夷公歸自京師。
十四歲	明崇禎五年（壬申）	1632	武夷公家居，與仲弟牧石公、季弟子翼公講學論文，蒔藥灌畦以爲樂。除群從子弟洎門人，皆拒不見。又：湖廣提學僉事王公志堅科試衡郡，公入衡陽縣學。又石崖公試列一等，尋食廩餼。
十五歲	明崇禎六年（癸酉）	1633	夏，從石崖公、磑齋公赴武昌省應鄉試。〔註33〕
十六歲	明崇禎七年（甲戌）	1634	始從里中和四聲者問韻，學韻語，閱古今人所作詩不下十萬首。〔註34〕又：湖廣提學僉事水公佳允歲試衡郡，列公第一等第一名。
十七歲	明崇禎八年（乙亥）	1635	時有〈中秋里人張燈和牧石先生〉七律一首。
十八歲	明崇禎九年（丙子）	1636	春，湖廣提學僉事水公佳允科試衡郡，列公一等。又：夏，從石崖公、磑齋公赴武昌省應鄉試。又：詩有〈蕩婦高樓月〉五古一首，〈黃鵠磯〉五律一首。

〔註31〕明制：舉人、貢生入監者，祭酒奉監規而訓課之，有升堂積分、超格敘用之法。三年考滿，以推官、知縣、學官分選。
〔註32〕《薑齋文集》〈譚太孺人行狀〉：「先君子十年燕、趙。」即辛酉（1621）至丙寅（1626），凡六年；再自戊辰（1628）至辛未（1631），凡四年。
〔註33〕正考官錢謙（受）益、副考官張第元。首題〈君子思不出其位〉；次題〈修道之謂教〉；三題〈堯舜之知而不遍物急先務也〉。
〔註34〕《夕堂永日緒論》序云：「十六而學韻語，閱古今人所作詩不下十萬。」十萬者，或爲誇飾之數。

十九歲	明崇禎十年（丁丑）	1637	春，迎同邑處士萬梧公女陶儒人來歸。又：夏，從仲父牧石公讀史「曳塗居」。詩有〈初婚牧石先生土詩有日成博議幾千行之句敬和〉七絕一首，及夏日讀史曳塗居聞松聲懷夏叔直先生〉一首。
二十歲	明崇禎十一年（戊寅）	1638	始與同人爲文酒之會。〔註35〕
二十一歲	明崇禎十二年（己卯）	1639	從石崖公、硜齋公赴武昌省應鄉試。又：秋，石崖公中副榜，公偕歸，至城陵磯，遇風。又：十月，與郭公鳳轊、管公嗣裘、文公之勇初集匡社。詩有〈匡社初集呈郭季林管冶仲文小勇〉五律一首，及〈劉子參計偕北上便寄奚中雪〉一首
二十二歲	明崇禎十三年（庚辰）	1640	春二月，石崖公應詔北上，入國子監。石崖公既入監，以武夷公暨譚太孺人年老，無日不垂思親之淚。請告歸，不許，遂不復請而歸。詩有〈送伯兄赴北癰〉五古一首，〈月下步春溪樾徑抵金錢沖訪季林因與小飲〉七絕一首。
二十三歲	明崇禎十四年（辛巳）	1641	春，構「澀濤園」，種竹，雜植花卉。又：湖廣提學僉事高公世泰科試衡郡，列公一等。刑部郎中蔡公鳳巡按湖南刑獄，徵會文課，公蒙特獎，期於武昌省城相見。又：秋七月與黃岡王公源曾、熊公霖大會同入於黃鶴樓，與者百餘人，拈韻賦詩。又：九月，榜出，公以《春秋》第一中式第五名經魁，經義錄文呈覽。〔註36〕又：石崖公中式第四十名同榜舉人，錄文呈覽。又：同考沔陽知州章公曠、長沙推官蔡公道憲出闈見公，引爲知己，以忠義相抵礪。又：十一月，武夷公命石崖公及公同赴公車北上。上湖南道參議金九陞以衡陽商人有劣而梟者，法當死，屬意餉兄弟千金。公與石崖公拒卻之。

〔註35〕《鼓棹初集》詠蓮子〈水龍吟〉第三闋注：「余既作蓮詞二闋，夢有投素札者，披覽之云，公不棄予小子，補爲酬詞，良厚。乃我本無愁，而以公之愁爲我愁，屈左徒（原）之愉東皇、雲中不爾也。且余所詠者，荻絮蓼花，金風玉露，皆公少年事。假以公弱冠時文酒輕狂，今日爲公道，公其能不者頹（彳乚，紅也。）見於色乎？」

〔註36〕〈行述〉：「壬午，以《春秋》魁，與伯父石崖先生同登鄉榜。」

二十五歲	明崇禎十六年（癸未）	1643	三月，張獻忠陷黃州。五月，陷武昌。八月，陷岳州、長沙。十月，衡州潰陷。桂端王率安仁王、永明王走永州。賊得武夷公，索公及石崖公。公劙（カ一ˋ以刀劃之。）面傷腕，昇示賊，因與武夷公俱得脫。又：張獻忠陷永州。桂端王率安仁王走廣西，永明王陷賊。武昌都督左良玉遣兵戍岳州。張獻忠東下，敗於岳州。西去，入四川。十二月，征蠻將軍楊國威復永州，督師呂大器自江西遣兵復衡州。又：公下山訪子勿藥病耗。雨寒甚，過臺源寺，逢夏公汝爲。公下竹舁，慄不能語，夏公授以絮。已復歸山。
二十六歲	明崇禎十七年（甲申），清順治元年	1644	公出蓮花峰，赴邵陽。三月，至武岡州。又：十七日，李自成陷京師。十八日，明莊烈帝殉社稷。四月，清兵日關，破走流賊張自成。五月，清兵定京師。明鳳陽總督馬士英等迎立嗣福王由崧於金陵，仍稱崇禎十七年，以明年爲弘光元年。公始聞國變，悲憤不食者數日，作〈悲憤詩〉一百韻，吟已輒哭。又：十月初一，清朝建元。又：將營「續夢庵」。公同夏公汝弼訪址至黑山。行抵鐵牛庵，有〈忽不喜往〉詩。登玉門，望獅子峰，登戀響臺。由戀響眺一奇石而上，援石曲折，得方址，歸（ㄅㄨㄟ，高峻獨立。）然可臺。夜宿方廣寺。曉同夏公出寺，拂讀朱菊水所鐫譚友夏《游南嶽記》。由大拗下，平橋叢石間，兩石臨水，下石承上石，旁壁頂覆，可度可登。公命人爲級，穿折於肩肘之間，舉酒酹石，勒名「湧几」。
二十七歲	清順治二年（乙酉）	1645	春，居「續夢庵」。又：夏，堵公允錫修二賢祠，屬公與石崖公、夏公汝弼營之。又：偕硜齋公侍武夷公至興甯，游石角山。右：侍武夷公避兵於永興，館李公震隅宅上。又：明桂恭王薨，永明王嗣。
二十八歲	清順治三年（丙戌）	1646	正月，清兵敗明兵於岳州。又：三月，公至湘鄉。洪公業嘉與公同年龍公孔蒸、同年歐陽公鎭之子淑，各出所和馮子振〈梅花百詠〉詩相示，歐陽子倍之，並邀公和。公薄馮之爲人，又以命題多

			不雅馴,遂作〈梅花絕句〉數十首。又:夏,上書僉都御史湖北巡撫章公曠湘陰軍次,指畫兵食,請調和南北督師,防潰變。不為所採。又:秋八月,清兵下汀州,明唐王被執。公聞變,續〈悲憤詩〉一百韻。又:舉行湖廣鄉試,開闈於衡陽。九月,主試工部劉公明遇以點定墨牘屬公,已授之鑰,武夷公不許竟事,公乃止。十八日庚申,明桂王立於肇慶。改明年為永曆元年。又:武夷公命編《春秋家說》。又:成《蓮峰志》五卷。
二十九歲	清順治四年(丁亥),明桂王永曆元年。	1647	夏四月,明桂王至武岡州。公與夏公汝弼由湘鄉間道奔赴,淫雨彌月,困車架山,不果往。又:聞洪公業嘉之子揮刃斷讎首,梓田王氏婦彭抱嬰兒赴水死,作〈孝烈傳〉。又:秋,八月十四日,磑齋公卒,葬王衙山。二十三日,公在湘鄉山中,奉武夷公手諭曰:「汝若自愛,切不須歸,勿以我為念。」明日,武夷公疾。石崖公自祁陽四望山聞信,踉蹌先歸,公亦還。武夷公力疾率石崖公及公上南嶽峰頂以隱。
三十歲	清順治五年(戊子),明桂王永曆二年。	1648	春,居蓮花峰,講求《易》理,敉公侍。〔註37〕又:冬十月,公與管(嗣裘)舉兵衡山,戰敗軍潰,遂攜敉公走耒陽。至於興甯,宿石角山僧閣。遇歐陽公霖,遂由桂陽度嶺,下湞江,過清遠,徑赴肇慶。又:堵公允錫薦公為翰林院庶吉士,公告之吏部尚書晏公清,請終制。得旨覆允。
三十一歲	清順治六年(己丑),明桂王永曆三年。	1649	明桂王在肇慶。又:夏,公自桂林歸南嶽,理殘書,攜《買薇稿》至縣西長樂鄉石仙嶺下耐園,侍譚太孺人養。土人弄兵,謀危公,幾不免,劚家中所有去,《買薇稿》與焉。太孺人怛愍廢食,公既得脫,太孺人諭令去衡,公復赴肇慶。又:秋,至德慶州,與鄒公統魯、管公嗣裘同謁堵公允錫於舟中。堵公授公〈軍謠〉十首。又:桂林留守大學士瞿公式耜為公及汪公郊等閣試。公疏請

〔註37〕甲午詩題有〈從子敉公遘閔而後予共命而活者七年〉。

			終喪，免閣試。得旨：「王夫之奏請終喪，乞免閣試，足見孝思，更徵恬品。著俟服闋另與議考。該部知道。」
三十二歲	清順治七年（庚寅），明桂王永曆四年。	1650	繼娶襄陽文學儀珂公女鄭孺人來歸。〔註38〕又：五月，公再疏劾王化澄〔註39〕。又：李公芳先自黔陽生還，公與話浮湘亭舊遊。將次洪、龍諸公舊作〈梅花百詠〉，會攸縣一狂人作百梅惡詩一峡，冒公名爲之序。王化澄因之將構公入獄。公憤激咯血，移疾求去。高必正爲請，乃得給假。又：八月二日，譚太孺人卒於耐園，年七十有四。遺命葬武夷公右。又：冬十一月，清兵下桂林，明桂王奔潯州。雨自十一月至于十二月，幽困永福水砦（寨），臥而絕食者四日。鄭孺人與公謀由間道南奔歸楚，苦雨不能成行。作〈桂山哀雨〉四詩，誦示鄭孺人，破涕相勉。
三十三歲	清順治八年（辛卯），明桂王永曆五年。	1651	春正月，公偕鄭孺人挈枚公歸抵家。始奉太孺人諱。〔註40〕又十二月，明桂王奔廣南。
三十四歲	清順治九年（壬辰），明桂王永曆六年。	1652	春正月初一日，公筮得〈睽〉〔註41〕、〈歸妹〉。〔註42〕

〔註38〕《船山家譜》〈續哀雨虎詩〉虎止公跋：「孺人年十八，以庚寅歲歸先君子桂林。」

〔註39〕據潘宗洛《船山先生傳》載：「化澄之黨參起恒，先生亦三上疏參化澄結奸誤國。」

〔註40〕辛丑〈續哀雨詩〉有「猶記餘生雪窖歸」及「有約三春就夕暉」之句。

〔註41〕睽卦第三十八，《彖》曰：「睽，火動而上，澤動而下；二女同居，其志不同行。說而麗乎明，柔進而上行，得中而應乎剛，是以小事吉。天地睽而其事同也，男女睽而其志通也，萬物睽而其事類也：睽之時用大矣哉！」指《彖傳》說：乖背睽違，譬如火燄燃動炎上，澤水流動潤下；又如兩個女子同居一室，志向不同而行爲乖背。此時應當和悅附麗於光明，用柔順之道求進纔能向上直行，還要處事適中而應合於陽剛者，這就是小心處事可獲吉祥的道理。天地上下雖乖睽，但化育萬物的道理卻相同；男女陰陽雖乖睽，但交感求合的心志卻相通；天下萬物雖乖睽，但稟受天地陰陽氣質的情狀卻相類似。「乖睽」之時有待施用的範圍是多麼廣大。

〔註42〕歸妹卦第五十四，《彖》曰：「歸妹，天地之大義也。天地不交，而萬物不興；歸妹，人之終始也。說以動，所歸妹也。」指《彖傳》說：嫁出少女，這是體現天地陰陽的弘大意義。天地陰陽不相交，萬物就不能繁殖興旺；嫁出少女，人類就能終而復始地生息不止。由於欣悅而興動，正可以嫁出少女。

三十五歲	清順治十年（癸巳），明桂王永曆七年。	1653	明桂王在安隆（興隆）所。正月，有邀公赴安隆所者，公復筮得《暌》、《歸妹》，乃止。作〈章靈賦〉以見志。
三十六歲	清順治十一年（甲午），明桂王永曆八年。	1654	秋八月，公避兵零陵北洞鈎竹源、雲臺山等處。敉公留侍石崖公，旋以避兵被掠遇害。又：冬，徙居常甯西南小祇園側西莊源。變姓名爲猺人，隱士王東卜先生文儼常餽公粟。又：爲常人說《周易》、《春秋》。殷公銘以文藝相質，公爲之訂正。常甯文士來者益眾。
三十七歲	清順治十二年（乙未），明桂王永曆九年。	1655	春，客遊興甯中，寓於僧寺。有從遊者，爲說《春秋》。又：始作《周易外傳》。又：用瞿宗吉詠西湖景效辛稼軒「君莫舞，君不見玉環、飛燕皆塵土」體作〈瀟湘小八景〉詞。又：八月，《老子衍》成。
三十八歲	清順治十三年（丙申），明桂王永曆十年。	1656	二月，明桂王奔南甯。又：三月，《黃書》成。又：五月二十八日，公四子敔生於西莊源。
三十九歲	清順治十四年（丁酉），明桂王永曆十年。	1657	春，居西莊頭。又：夏，徙歸衡陽蓮花峰下蓄夢庵。又：冬十二月，至小雲山下訪劉公近魯〔註43〕。
四十歲	清順治十五年（戊己），明桂王永曆十一年。	1658	明桂王在雲南。又：居續夢庵。戴先生日煥來歸。〔註44〕又：九月，《家世節錄》成〔註45〕。又：十二月，明桂王奔永昌。詩有〈明妃曲〉七絕一首，〈枯魚過河泣〉樂府一首。〔註46〕
四十一歲	清順治十六年（己亥），明桂王永曆十三年。	1659	春正月，明桂王走騰越。又：二月，清兵下永昌，明桂王奔緬甸。

〔註43〕劉近魯，《沅湘耆舊集傳》：「字庶先，一字庶僊，衡陽人。」船山《小雲山記》：「友人劉近魯居其下，有高閣，藏書六千餘卷。」

〔註44〕戴日煥，《沅湘耆舊集傳》：「字晉元，衡陽諸生。年踰冠，尚未就傅。時避兵嶽寺，貧不能具膏火，夜執書就佛鐙讀，遂通《五經》及諸子，尤邃於《易》。後遊王船山先生之門，所造益深博。」

〔註45〕《家世節錄》序：「時永曆十有二年季秋月朔日乙未，微仕郎行人司行人介子夫之謹述。」

〔註46〕《五十自定稿》。

四十二歲	清順治十七年（庚子），明桂王永歷十四年。	1660	明桂王在緬甸阿瓦城。春，居續夢庵，三子勿幕殤。徙居湘西金蘭鄉高節里，卜築於茱萸塘，蓬簷竹牖，植木九柱，編篾為壁，初造小室，名曰「敗葉廬」。又：和郭公都賢、尹公民興〈落花詩〉。
四十三歲	清順治十八年（辛丑），明桂王永歷十五年。	1661	明桂王在緬甸赭硜。又：夏，續〈落花詩〉。又：六月二十一日，鄭孺人卒年二十九，葬大羅山。又：冬十二月，清兵至緬甸，明桂王被執，明王。
四十四歲	清康熙元年（壬寅）	1662	居「敗葉廬」。聞明桂王被執，續〈悲憤詩〉一百韻，作〈長相思〉樂府。
四十五歲	清康熙二年（癸卯）	1663	三月，看杜鵑花至鐵牆㘭，入王公愭六新莊，為和石灰泥壁。讀金公堡前在靈谿洞所作〈遣興詩〉。又：夏六月，次和金公堡〈遣興詩〉，十五日，為之記。
四十六歲	清康熙三年（甲辰）	1664	往哭管公嗣箕於其故居。又：為子攽娶文學近魯公女劉氏。又：過小雲山下，訪劉公近魯，劉公導遊小雲山。嗣後歲一登之。
四十七歲	清康熙四年（乙巳）	1665	居「敗葉廬」，重訂《讀書說》。又：正月初七日，龍公簡卿寄到洪公業嘉〈梅花百詠〉元稿，讀之淚下。十八、十九日，連夕和洪公業嘉〈梅花百詠〉詩。二十日，序〈和梅花百詠詩〉。又：三月初三日，序〈瀟湘小八景詞〉。又：秋八月，登小雲山，憩劉公近魯小軒。圍棋罷，讀《王百穀集》，和其梅花絕句十首。
四十八歲	清康熙五年（丙午）	1666	居「敗葉居」。又：春，髮漸白。〔註47〕
四十九歲	清康熙六年（丁未）	1667	秋九月，李公跨鼇元配林孺人卒。公往弔，並卹其太孺人。又：公與石崖公同被難劉公象賢間得寢（同寢）。招游虎塘，為序族譜。會劉公六秩初度，公即席為子攽聘其女為婦。
五十歲	清康熙七年（戊申）	1668	夏六月，留湘鄉。與劉公象賢期徐公芳游虎塘，遲至。公病，遂先歸「敗葉廬」。又：秋七月，成《春秋家說》。望日壬子，為之序。

〔註47〕《薑齋五十自定稿》〈早春詩〉有云：「誰道鬢（鬢）添絲」之句。

五十一歲	清康熙八年（己酉）	1669	居「敗葉廬」。輯戊子以來所作古、近體詩，爲《五十自定稿》。又：再繼娶張孺人。又：與唐先生端笏同游「及閣巖」。因留巖中，爲之剖示學術源流。又：九月初一日，公五十齒滿。劉公懿庵、李公國相來祝。又：和郭公都賢補山堂〈洞庭秋詩〉，并爲之記。又：冬，構草庵，開南窗，題曰「觀生居」。石崖公來過。又：編《春秋左氏博議》。
五十二歲	清康熙九年（庚戌）	1670	李公占解以王文恪公所撰其大父〈大崖先生墓誌銘〉見寄，讀竟，書後返寄。又：方公以智屢勸逃禪〔註48〕，公不應。冬，書所示劉安禮見寄。又過雪竹山，訪茹蘖大師，留宿夜話。
五十三歲	清康熙十年（辛亥）	1671	春，作〈瀟湘大人景詞〉。並〈十景詞〉合前〈小八景詞〉編爲〈瀟湘怨詞〉。
五十四歲	清康熙十一年（壬子）	1672	春，同唐先生端笏往祝劉公近魯五十初度，即席賦詩。又：三月，郭公都賢以文字坐繫，沒於江陵。公聞，遙哭。又：八月，石崖公將來「敗葉廬」，有疾不果。逾月小愈，始來。又：方公以智卒於泰和蕭氏。公聞，哭之。又：得唐先生端笏鄂中書，知李公占解卒於魚山，遙哭之。
五十五歲	清康熙十二年（癸丑）	1673	秋七月，與唐先生端笏及其兄端典同游鍾武〔註49〕故城。又：冬，有疾。十二月，公疾愈。〔註50〕
五十六歲	清康熙十三年（甲寅）	1674	正月，吳三桂偽檄至衡州。又：秋，與唐先生端笏渡洞庭，阻風青草湖。公有疾，寓僧寺。安遠靖寇大將軍多羅貝勒公尚善，遣都統劉公省問。〔註51〕
五十七歲	清康熙十四年（乙卯）	1675	公寓城北旃檀林，戴先生日煥來謁。二月，至長沙。舟泊水綠洲，遇劉先生思肯，過舟爲公寫小照。又：舟泊湘陰，

〔註48〕《南窗漫記》：「方密之閣學逃禪潔己，授〈浪覺〉記莂，主青原，屢招余，將有所授。誦『人各有心』之語以答之，意乃愈迫，書示吉水劉安禮詩，以寓從史之至。余終不能從。」劉安禮，名仲鐸，吉水舉人。

〔註49〕鍾武，《漢書·地理志》屬零陵郡，故城在衡陽縣西八十里。

〔註50〕有〈歲晚養疴〉詩。

〔註51〕〈安遠公所遣都護劉君過寓存問詩以贈之〉詩有「佛燈灼灼茶碗清」及「秋風颭颭蘆花蒼，蘆花如雪寒溪長」之句。

			追哭明大學士華亭伯章文毅公曠。又：三月，歸至長沙。拜故明蔡忠烈公道憲祠。還郡。董公達偕章文毅公子有謨由粵西還華亭道阻，不得歸。公遇之，延入旅舍。遂與唐先生端笏同游門下，受公所注《禮記》。又：九月，歸自江西。舟行至湘潭，阻風，訪明將張公永明，弔其灘江殉難烈姬孫氏、呂氏。又：還「觀生居」。於相去二里許石船山下，仍里人舊址築草堂成，徙而居之。
五十八歲	清康熙十五年（丙辰）	1676	居湘西草堂。章先生有謨留從門下。又：二月，吳三桂僞將引萍鄉敗兵趣湘潭，擾茶陵、攸縣。又：十一月，吳逆據衡州。又：始撰《周易大象解》。
五十九歲	清康熙十六年（丁巳）	1677	春乘小舟至郡，登回鴈峰。〔註52〕二月，清兵至長沙。吳逆由常德迎戰，敗走衡州。又：秋，七月。《禮記章句》四十九卷成。
六十歲	清康熙十七年（戊午）	1678	閏三月，吳三桂僭號衡州。其黨以勸進表來屬，公婉詞拒之，逃入深山，作〈袚襖賦〉。〔註53〕又：秋八月，清兵進規衡州。又：九月初一日，公六十初度。徐公芳以松杖、朱履、青袍、竹扇寄壽，公作啓答謝。
六十一歲	清康熙十八年（己未）	1679	二月，清兵復衡州。公與章先生有謨避兵橀（楂）林山中，著《莊子通》。又：還湘西草堂，定經詮，秩散稿，輯閒吟。又：過「觀生居」，見壁粘比歲人士酬贈韻語，盡爲寓人擲棄，惟陳公五鼎二箋尙存，因和其〈詠木魚〉詩二章。又：六月，序《莊子通》。
六十二歲	清康熙十九年（庚申）	1680	居「湘西草堂」。唐先生如心來游門下。又作〈瓶中勺藥〉排律示諸門人。

〔註52〕〈重登回鴈峰〉詩有「朱甍如夢迷雙岸，綠草當春覆一邱。」及「漁舟戰鼓皆今日，慇愧乾坤一影浮」諸句。

〔註53〕賦曰：「謂今日析兮令辰，翔芳皋兮蘭津。羌有事兮江干，疇憑茲兮不歡。思芳春兮迢遙，誰與娛兮今朝。意不屬兮情不生，予躊躇兮倚空山而蕭清。闃山中兮無人，寒誰將兮望春。」

六十三歲	清康熙二十年（辛酉）	1681	三月，有疾。〔註54〕又：作〈廣哀詩〉十九首，悼十九位友人。〔註55〕又：秋，為先開上人訂《相宗絡索》。又：為及門諸弟子說《莊子》。
六十四歲	清康熙二十一年（壬戌）	1682	六月，疾病。〔註56〕又：七月，熊公男公來訪，為公療病愈。又：九月乙巳朔，識《說文廣義》。又：十月甲戌朔，識《噩夢》。又：十一月，復病，至十二月未愈。〔註57〕
六十五歲	清康熙二十二年（癸亥）	1683	春正月甲辰朔，序《經義》。又：秋八月，有疾。〔註58〕又：冬十一月，述武夷公行狀。述譚太夫人行狀。得安成劉公敉功書，知舉主歐陽公霖已卒於庚申，賦詩將哀。
六十六歲	清康熙二十三年（甲子）	1684	春正月，病。〔註59〕又：因松江董公斯行請竟陵吳公既閑撰武夷公暨譚太孺人墓誌銘。又：夏四月，扶病理故人書柬。又：五月初四日夕，扶病讀唐先生如心近詩，口占寄意。初五日，作《俟解題詞》。又：冬十月朔，復病。連雨不省墓。復待吳公既閑所撰誌銘不至為之痛哭。〔註60〕又：十二月，雪。先開上人來問疾。
六十七歲	清康熙二十四年（乙丑）	1685	春正月辛酉朔，作〈遣懷〉詩。〔註61〕又大凌。作〈冰林〉詩。〔註62〕又：秋

〔註54〕〈復病〉詩有「消病一春長」句。

〔註55〕〈廣哀詩〉題注：「辛酉。」序云：「追交生平交游凋替之頻仍。老棲巖谷，唯病相藕而已。」又：「抑此但述哀情，不以隱顯為先後，因長逝之歲月序之。杜陵〈八哀詩〉，竊嘗病其破蘇李陶謝之體。今乃知悲吟不暇為工，有如此者。」

〔註56〕有〈當暑沈疴〉詩。

〔註57〕〈偶成〉詩有「久病春難侍」及「雪瓦封鐙暗」之句。

〔註58〕有〈八月初六夜病不得寐有會而作〉詩。

〔註59〕〈客至〉詩有：「病眼忘春賞，芳辰競客遊」之句。

〔註60〕〈病起連雨〉詩，自注云：「病不得省墓。春因松江董斯行請誌銘于竟陵吳既閑，期以秋至，不得，垂死病中念此二事，唯有痛哭。」

〔註61〕〈辛酉日遣懷〉詩，有「歲華知幾日，人道是今朝。」及「藥力不崢嶸，眉間蹙千撅。」之句。

〔註62〕〈冰林〉詩引：「癸巳春，作〈冰林〉近體十章，亡友劉子參許以瑋麗。子參謝世，稿亦佚亡。今年始春承臘，萬林一色，憶前時清思，渺不相即。率爾別裁，不能就泉臺問子參才盡否。相賞無人，雖拙何嫌哉！」

			八月，《楚辭通釋》十四卷成。〔註63〕又：九月，病中勉爲從遊諸子作《周易內傳》。〔註64〕
六十八歲	清康熙二十五年（丙寅）	1686	春正月，公疾未愈，熊公男公療之而愈。晦日，石崖公卒，年八十。公扶病赴長樂鄉奔喪。又：夏五月，跋石崖公《耐園家訓》。又六月，書《傳家十四戒》授長孫生若。末伏日，述〈病枕憶得〉詩。〔註65〕又：作〈石崖公傳略〉。又：冬十月，敏公以哀毀成疾，亟抱石崖公遺書授公，乞爲訂正傳之。二十一日卒於石崖公殯宮，年五十有七。又力疾至長樂鄉耐園治喪事。又與弟姪輩約修族譜。歸，作〈哀鴻賦〉。
六十九歲	清康熙二十六年（丁卯）	1687	二月，猶病。撰《讀通鑑論》。又：九月，葬石崖公於逆流灣伍家阜，公臨送。會夕，宿熊公男公山莊。又：歸宿別峰庵二如精舍，劉公近魯策杖來慰。又：還草堂。病，自此不復出戶。又：攽公築蕉畦於草堂之側，授生童經業。敏公送子生蕃〔註66〕來學，公與商譜事，力疾成《世系表》稿授之。
七十歲	清康熙二十七年（戊辰）	1688	居湘西草堂。春正月，石崖門人羅先生桐侯來慰問，公以石崖公遺稿授之。又：五月，《南窗漫記》成，初五日爲之記。石崖公孫祁以「耐園」爲石崖公祠，己卯奉主入祀，公以聯一、詩二寄題。又：秋，作〈霜賦〉。又：撰〈武夷公暨譚太孺人合葬墓誌〉。冬，刻石藏嶽阡隧前。又：家譜將成，族人有詆爲淆亂名分者，公恚而止。又：編《七十自定稿》，並序。〔註67〕

〔註63〕《楚辭通釋》〈序例〉：「歲在乙丑秋社日，南嶽王夫之釋。」
〔註64〕《周易內傳》跋：「歲在乙丑，從遊諸子求爲解說。形枯氣索，暢論爲難，於是乃於病中勉爲作傳。」
〔註65〕述〈病枕憶得〉：「歲在丙寅末伏日，船山述。」
〔註66〕〈與弟姪書〉虎止公跋：「次年，攽築蕉畦於草堂之側，以授生童經業。姪生蕃（譜作生陰）亦就學。」
〔註67〕〈七十自定稿序〉：「戊辰歲杪，戊辰日，草堂自記。」

七十一歲	清康熙二十八年（己巳）	1689	居湘西草堂，衰病。〔註68〕又：秋七月，手錄武夷公暨譚太孺人行狀，各記其後，藏之以遺子孫。〔註69〕又：《識小錄》成。〔註70〕又：九月，劉先生思肯來訪，為公再寫小照。公自題小照。〔註71〕
七十二歲	清康熙二十九年（庚午）	1690	正月二十日，序《夕堂永日緒論》。
七十三歲	清康熙三十年（辛未）	1691	居湘西草堂。公久病喘嗽，吟誦不輟。又：秋九月，作《船山記》。〔註72〕
七十四歲	清康熙三十一年（壬申）	1692	正月初一日，公衣冠謁祖。初二日，起坐不憚，指手錄〈武夷公行狀〉、〈墓銘〉，付長孫生若曰：「藏之。」謂子攽曰：「勿為吾立私諡也。」良久，命整衾。時方辰，遂就簀。正衾甫畢，屆午時，公卒。年七十有四。又：葬衡陽金蘭鄉高節里大羅山繼配鄭孺人墓左。遵用自題墓碑曰：「有明遺臣行人王夫之字而農葬於此。其左則繼配襄陽鄭氏之所祔也。」銘曰：「抱劉越石之孤憤而命無從致，希張橫渠之正學而力不能企。幸全歸於茲邱，固銜恤以永世。」〔註73〕

二、著述

　　船山著書凡百種，其著錄有名者，計經類二十四種，史類五種，子類十八種，集類三十八種。仍循王之春《船山公年譜》所引《家譜》〔註74〕列表

〔註68〕〈與我文姪書〉：「衰病老人，更能得幾三歲，通一字於左右也。」

〔註69〕〈薑齋文集補遺譚太孺人行狀記〉：「己巳孟秋，夫之錄。凡我子孫，非甚不肖，尚謹藏之。」

〔註70〕《識小錄》序：「己巳秋，船山病叟王夫之錄。」

〔註71〕《家譜》「自題影贊」〈念奴嬌〉詞：「孤燈無賴，向頹牆破壁為余出醜。秋水蜻蜓無著處，全現衰荷敗柳。畫裏圈叉，圖中黑白，欲說元無有。祇應笑我，杜鵑啼到春後。當日落魄蒼梧，雲暗天低，準擬藏衰朽。斷嶺斜陽枯樹底，更與行監坐守。句撮指天，霜絲拂項，皂帽仍黏首。問君去日，有人還似君否？」一派衰狀。

〔註72〕《船山記》：「辛未，深秋記。」

〔註73〕《薑齋文集補遺》〈自題墓石〉。

〔註74〕《家譜》載：「公節略前後著書百餘種。」

以述〔註75〕：

（1）經類二十四種：

序號	書名	卷數	備註
1.	《周易內傳》	六卷	
2.	《發例》	一卷	
3.	《周易大象解》	一卷	
4.	《周易稗疏》	一卷	
5.	《周易考異》	一卷	
6.	《周易外傳》	七卷	
7.	《書經稗疏》	四卷	
8.	《尚書考異》	一卷	未刻
9.	《尚書引義》	一卷	
10.	《詩經稗疏》	四卷	
11.	《詩經考異》	一篇	
12.	《諧韻辨》	一篇	
13.	《詩廣傳》	五卷	
14.	《禮記章句》	四十九卷	
15.	《春秋家說》	三卷	
16.	《春秋稗說》	三卷	
17.	《春秋世論》	五卷	
18.	《續春秋左氏博議》	二卷	
19.	《四書訓義》	三十八卷	未刻
20.	《讀四書大全說》	十卷	
21.	《四書稗疏》	一卷	
22.	《四書考異》	一卷	
23.	《四書集成批解》〔註76〕		未刻，無卷數。
24.	《說文廣義》	三卷	

〔註75〕《船山全書》第十六冊，頁378～379。
〔註76〕另《四書詳解》已佚，無卷數。

（2）史類五種：

序號	書名	卷數	備註
1.	《讀通鑑論》	三十卷	
2.	《宋論》	十五卷	
3.	《永歷實錄》	二十六卷	卷十六佚
4.	《蓮峰志》	五卷	
5.	《大行錄》		佚，無卷數。

（3）子類十八種

序號	書名	卷數	備註
1.	《老子衍》	一卷	
2.	《莊子解》	三十三卷	
3.	《莊子通》	一卷	
4.	《呂覽釋》		佚，無卷數。
5.	《淮南子注》		未刻，無卷數。
6.	《張子正蒙注》	九卷	
7.	《近思錄釋》		佚，無卷數
8.	《思問錄內編》	一卷	
9.	《思問錄外編》	一卷	
10.	《俟解》	一卷	
11.	《噩夢》	一卷	
12.	《黃書》	一卷	
13.	《識小錄》	一卷	
14.	《搔首問》		佚，無卷數。
15.	《龍源夜話》		續刊本不全
16.	《愚鼓詞》	一卷	
17.	《相宗絡索》	八卷	
18.	《三藏法師八識規矩論贊》		佚，無卷數

（4）集類四十一種

序號	書名	卷數	備註
1.	《楚辭通釋》	十四卷	
2.	《夕堂永日八代文選評》		未刻，無卷數。
3.	《夕堂永日八代詩選評》	六卷	未刻
4.	《夕堂永日四唐詩選評》	七卷	未刻
5.	《夕堂永日明詩選評》	七卷	未刻
6.	《李詩評》		未刻，無卷數。
7.	《杜詩評》		未刻，無卷數。
8.	《劉復愚集評》		未刻，無卷數。
9.	《詞選》	一卷	未刻
10.	《薑齋文集》	十卷	
11.	《薑齋文集補遺》	一卷	
12.	《南窗漫記》	一卷	
13.	《南窗外記》	一卷	未刻
14.	《瀚濤園初集》		佚，無卷數。
15.	《買薇稿》		佚，無卷數。
16.	《憶得》	一卷	
17.	《嶽餘集》	一卷	
18.	《落花詩》	一卷	
19.	《悲憤詩》	一卷	佚
20.	《遣興詩》	一卷	
21.	《梅花百詠詩》	一卷	
22.	《洞庭秋詩》	一卷	
23.	《雁字詩》	一卷	
24.	《薑齋詩編年稿》	一卷	
25.	《柳岸吟》	一卷	
26.	《桃花詩》	一卷	佚
27	《落花詩》	一卷	
28.	《五十自定稿》	一卷	
29.	《六十自定稿》	一卷	
30.	《七十自定稿》	一卷	

31.	《薑齋詩分體稿》	四卷	
32.	《薑齋詩賸稿》	一卷	
33.	《仿體詩》	一卷	
34.	《詩譯》	一卷	
35.	《瀟湘怨詞》	一卷	
36.	《鼓棹初集》	一卷	
37.	《夕堂永日緒論內篇》	一卷	
38.	《夕堂永日緒論外篇》	一卷	
39.	《船山經義》	一卷	
40.	《船山制義》		佚，無卷數。
41.	《龍舟會雜劇》	二卷	

　　船山著作刻印，刻本有三，第一刻本，爲弟子王敔所刊印，所收著作不多。第二刻本，爲船山七世孫王世全刻本，根據六世孫王承佺所輯遺書，刻於湘潭。收著述十八種，名爲《船山遺書》，爲湘潭王氏「守遺經書屋」刊本，咸豐初，燬於火。第三版本，爲曾國藩、曾國荃所刻，著述五十八種，名爲《曾刻船山遺書》，民國十九年，上海太平洋書局，輯「宋遺經書屋」刊本，曾刊本，又增瀏陽劉人熙補刻本、長沙、湘潭、衡陽坊間各散刻本，及新發現手稿本，合爲《船山遺書》，較曾刻本多六種著述。民國六十一年（1972），臺北成立船山學會，印行《船山遺書全集》〔註77〕。以上沿革，可爲船山著述之流衍。

三、補校

　　船山〈傳記〉、《年譜》及著述，已如上述。雖未精要，大抵能突顯船山生命歷程，於船山學術的綜輯，或可略爲窺見。若其中《年譜》部份，則有值討論，今依《年譜》編校者楊堅之述，再作一評騭。

　　如前所引，《船山年譜》作者，一爲劉毓崧，一爲王之春。前者成於同治四年（1865），刊於光緒十二年（1886）；後者成於光緒十八年（1892），刊於光緒十九年（1893）。〔註78〕二譜皆以考訂事跡爲主，本文所列，事跡之外，

〔註77〕參見羅光《中國哲學史・清代篇》頁118～119。
〔註78〕梁啓超《中國近三百年學術史》頁462云：「劉本同治（1865）乙丑年成，前無所承，創作至難，故名曰『初稿』，而自序稱其未備者有七。之春爲船山八世從孫，據《家譜》及他書以正劉本之訛而補其闕，書成於光緒十八年（1892）年壬辰。」

仍重學術之譜系。

　　以二譜撰作言，如王譜所述，劉譜之作在同治之初，以資料未足，未備者七。即就《船山》遺書言，如光緒年間補刻於金陵本後之詩集《薑齋編年稿》、《分體稿》、《憶得》及《薑齋文集補遺》、《龍源夜話殘稿》等，皆劉所未睹，而為王譜所用。是以劉譜有闕，而王譜較完整；劉譜有訛，而王譜正之，後之勝前，應屬通例。即以正訛論之，王譜所舉之例，猶可補充劉譜之欠缺，譬：船山詩集《買薇稿》，劉以為晚歲之作，實則為三十以前所作；船山之子敔，劉譜載其生於順治七年庚寅，實則生於十三年丙申。其例如此，若再加詳考，誤當不止此，或為劉譜之缺。〔註79〕

　　顯然，劉譜之誤，在於資料未備；而在王譜，其誤則在史實的徵引，二者皆有所失，姑取證如下：

例一：

康熙十三年甲寅（1674）船山五十六歲條：

　　公有疾，寓僧寺，安遠靖寇大將軍多羅貝勒公尚善，遣都統劉公省問。

王注：

　　　〈安遠公所遣都護劉君過寓存問詩以贈之〉詩有「佛燈灼灼茶碗清」

　　　及「秋風颯颯蘆花蒼，蘆花如雪寒溪長」之句。

楊堅按云：

（1）此詩收入《薑齋詩編年稿》，劉未見其書，故未之及。

（2）王譜所據史實為：康熙十二年十一月吳三桂叛，清廷於十三年正月起陸續派遣親王、貝勒分別「進剿雲貴」、「鎮守陝西」、「進剿福建」、「進剿四川」、「進剿岳州」、「鎮守江南」、「進剿江西」。尚善即奉命「進剿岳州」之將領，「安遠靖寇大將軍」為其稱號，「多羅貝勒」則其爵位。之春據詩題斷言尚善曾派都統劉某省問船山，船山贈此劉某以詩。王譜刊行二十年後，清朝已亡，船山佚文〈雙鶴舞賦〉公世，其篇首小序言此賦寫贈「我大將軍安遠公」，賦中歌頌其「光贊興王，胥匡中夏」。於是清室遺老陳夔龍、程頌萬等皆有吟詠，以此賦亦係為尚善而作。迄八十年代，仍有人祖述此說。

（3）經譚承耕等考察歷史，分析賦文，咸指此安遠公實為康熙十三年在廣西

〔註79〕據楊堅〈年譜之部編校後記〉整理，《船山全書》第十六冊，頁388。

起兵響應吳三桂並自稱「安遠大將軍」的孫延齡，而非清廷所派的「安遠靖寇大將軍」尚善，問題始澄清。

（4）船山民族思想之一貫應無可疑，其忠貞不二的大節亦無可污。蓋自之春創爲怪論，擾擾焉幾將百年。〔註80〕

然則王譜所述，不免主觀臆測，所舉「安遠大將軍」非清將，而爲晚明的孫延齡，王之春張冠李戴，一時筆誤，造成歷史公案，險陷船山於不義，此疑似之見，實有欠考慮，亦知年譜之作，宜多謹愼，否則擾擾近百年，研究船山之學者，既無法辨證史實，又不知如何排解此段事蹟，形成的誤解，使船山民族大義因之扭曲，終竟不當，故楊堅等之辨，當有助釐清王譜之缺失。

例二：

明天啓二年壬戌（1622）船山四歲條：

　　船山四歲從石崖公讀書。

劉譜謂：

　　「是年先生當入家塾，從伯兄石崖讀書。」〔註81〕

下引潘宗洛《船山先生傳》謂：「先生穎悟過人，讀書十行俱下，一字不遺。」又引《石崖先生傳略》謂：「仲兄稍長，同席受讀」一段，且按云：「先生入塾年分，未見明文。然天資既敏，家教復嚴，其入泮甫十四齡，則入塾必早，姑列於是年以俟考。」〔註82〕

王譜謂：

　　「公與硯齋公同入塾，從石崖公受讀。」

下引〈石崖先生傳略〉一段，文字同劉譜所引。

楊堅按云：

　　謂船山於是年入塾，實無文獻之根據，此乃劉氏引潘傳及〈石崖先生傳略〉而推測云然。〔註83〕

楊說爲是，如劉譜所云「是年先生當入家塾」的「當」字，猶言事或如此，惟尚待考證，其爲存疑，應無疑議。而王譜謂船山「與硯齋公同入塾」

〔註80〕《船山全書》第十六冊，頁387～388。

〔註81〕劉毓崧《王船山先生年譜》天啓二年壬戌，先生四歲。

〔註82〕《船山全書》第十六冊，劉毓崧《王船山先生年譜》頁148。

〔註83〕楊堅〈年譜之部編校後記〉，《船山全書》第十六冊，頁389。

句，即持肯定語氣，意謂事必如此，有欠周延。

例三：

明崇禎六年癸酉（1633）船山十五歲條：

> 船山赴武漢應鄉試。

劉譜謂：

> 「是年先生當往武昌應鄉試。」

下引〈夕堂永日緒論外編〉「因憶與黃岡熊渭川、李雲田以默作一種文字。」又按云：「先生與熊渭公李雲田相識未知年分。壬午秋渭公會同人於黃鶴樓，先生亦在座，然未必是時初識面也。渭公與雲田皆湖北人，距衡陽頗遠。是時湖南與湖北統稱湖廣，未經分省，鄉試皆在武昌。疑鄉試時武昌相晤。附記於此以俟考。」又據《明貢考略》，記是年湖廣正考官為錢謙益、副考官為張第元，及所出的三道試題，首題〈君子思不出其位〉；次題〈修道之謂教〉；三題〈堯舜之知而不遍物急先務也〉三句。〔註84〕

王譜謂：

> 「夏，從石崖公、硜齋公赴武昌省應鄉試。」

其下無引證，僅云：「正考官錢謙益、副考官張第元。」並附同樣三道考題。〔註85〕楊堅案云：

> 此條劉據船山上年即崇禎五年壬申已入縣學，本年恰逢鄉試之期，因而推測「是年先生當往武昌應鄉試。」又船山係於崇禎十五年壬午中舉，自五年壬申至十五年壬午，十年中有鄉試四次，即六年癸酉、九年丙子、十二年己卯、十五年壬午。故劉譜復於九年丙子即十二年己卯條亦各推測：「是年先生當往武昌應鄉試。」皆用「當」字，亦謂文獻無據，而是或如此也。〔註86〕

此同「例二」所云，「當」之用語，僅為推測，未能作為佐證。即以王譜所載，引證亦未標明，則三年中船山是否均往武昌應試，且而應試時，是否石崖公、硜齋公皆同往，此亦有值思慮？蓋以無文獻可考，僅憑年代關聯，即云如此，是為「想當然耳」，其確信度仍值懷疑。

無論如何，撰作年譜，本即耗時費力，只以當事人不存，且所作詩文又未標明年歲月日，要一一羅列，復編排允妥，委實不易。故其缺誤在所難免，

〔註84〕《船山全書》第十六冊，劉毓崧《王船山先生年譜》頁153～154。
〔註85〕見本書注33。
〔註86〕楊堅〈年譜之部編校後記〉，《船山全書》第十六冊，頁389。

尤以清時資訊傳播未如今之發達，欲譜作前後貫串，契合一致，確為困難。即如楊堅所謂「王譜之事實記載頗取劉譜為藍本，而態度有欠謹嚴。」又謂王譜「每剿襲劉氏考察之結果而舍去其論證，讀之但覺其敘論牽強，立說無根。」〔註87〕然若就王譜所舉資料觀之，其範圍仍較劉譜為過之，亦未必定如楊氏所言「立說無根」，畢竟作譜者剪裁去取，有時賅涵主觀之認知，其撰作盲點，恐亦無從識得，此是「當局者迷」，故後之學者能以論古必恕觀點，對王譜從寬理解，則王譜〈凡例〉所云「逐條引注，倍期詳審」之語，必更切當且相符。

〔註87〕同上，頁 390。

第二章　船山禮學淵源

第一節　承禮經統緒

　　船山傳略、年譜及著作、補校已如上述，亦知先生之學博大邃密，欲窮
盡其經、史、子、集之作，即皓首以學，或恐僅識其端涯而已。若前賢研究
先生之學，大抵自義理處切入者多，此當先生通天人之道有以致之，至於先
生五經之作，《易》、《詩》、《書》、《春秋》所述較多，其論《禮》之作，亦惟
《禮記章句》四十九卷，《周禮》、《儀禮》之論，或因體力年歲，故未著力，
然篇中於二書相關名物，亦屢言舉，蓋必以三禮有其相貫處，舉一經而其他
二經皆能有所證印，是以論《禮記》，《周禮》、《儀禮》之內涵必已蘊蓄其中，
尤以名物制度之羅列，雖以《禮記》為主證，二書之引證亦為必然，畢竟《禮
記》名為《記》，為禮的雜文，若系統之貫串與制度名物之考源，《周禮》、《儀
禮》必更進之。因之，船山雖命之《禮記章句》，其所引古書之見、古賢之語，
二書皆有引據可考，是見一《禮記》，而《周禮》、《儀禮》原貌亦皆可見。

　　至於三禮相互關係，以船山之意，其必為體用之互依互倚，此如《禮記
章句序》所云：「自始制而言之，則《記》所推論者體也，《周官》、《儀禮》
用也；自修行而言之，則《周官》、《儀禮》體也，而《記》用也。﹝註1﹞」亦
知自推論之理義言，《禮記》為體，二禮為用；自實行之效應言，則二禮為體，
《禮記》為用；體、用之別，形成禮在各不同程度的表現。

　　今如以史源說，則三禮之名始自東漢末年，其時鄭玄注《儀禮》、《周禮》、

﹝註1﹞《船山全書》第四冊，頁9。

《禮記》三書，並著《三禮目錄》，三禮之名始見稱於世，後有加《大戴禮記》一書，合爲四禮，惟後之治先秦禮制的學者，均合四禮而爲三禮，而稱三禮之學，以是亦簡稱「禮學」。

兩漢以來，治「禮」之學者特盛，以爲禮學即經國濟世之學，且與家國制度、社會習俗及個人道德修養關係密切，故亦稱實踐致用之學。譬西漢末年劉歆作〈移太常博士書〉，以爲當時立學官之今文經僅《士禮》十七篇，顯有不足，主張於今文經外，尙應立古文禮經《逸禮》於學官，如此，乃能依禮書所載施行家國大事。又如王安石《周官新義》，也以禮書所載，作爲推行新法的助力。朱熹更以爲「《禮記》有說宗廟、朝廷，說得遠，復雜亂不切於日用，若欲觀禮，須將《禮記》節出切於日常行者看，節出〈玉藻〉、〈內則〉、〈曲禮〉、〈少儀〉看。〔註2〕」其爲實踐之意可謂明白。而在船山，又將實踐之意提昇至「仁」的道德理域，以爲禮之仁，不僅自己行禮，他人亦須遵禮，人人有禮，大道可期。所謂「《記》之與《禮》相倚以顯天下之仁，其於人之所以爲人，中國之所以爲中國，君子之所以爲君子，蓋將舍是而無以爲立人之本。〔註3〕」合而言之，禮之行在日用云爲的實踐，極致則在人道的確立。其論〈禮記〉開宗明義即云：

> 禮記者，漢戴氏聖述所傳於師，備五禮之節文而爲之記也。《周禮》、《儀禮》，古禮經也。戴氏述其所傳，不敢自附於經，而爲之記，若《儀禮》之記，列於經後以發明之焉。孔子反魯，定禮樂，引申先王之道而論定其義，輯禮經之所未備而發其大義，導其微言。七十之徒，傳者異聞而皆有所折衷，以至周末洎漢之儒者，習先師之訓，皆有紀述。小戴承眾論之後，爲纂敍而會歸之，以爲此書，顯微同異之辭雖若不一，而於以體先聖復性以立人極之意，其不合者鮮矣。
> 〔註4〕

以是知《禮記》者，其爲承《周禮》、《儀禮》之制度，而其中要義，即「七十之徒，傳者異聞而皆有所折衷，以至周末洎漢之儒者，習先師之訓。」因之，會歸船山之意則有二：一爲《禮記》名目之辨析；一爲《禮記》今古文之述說。今再質言之：

〔註2〕《朱子語類》卷八十七。
〔註3〕〈禮記章句序〉，《船山全書》第四冊，頁9。
〔註4〕〈禮記章句〉卷一，《船山全書》第四冊，頁11。

一、禮記名目辨析

論及《禮記》，本非爲「經」，《漢書藝文志・六藝略・禮部》著錄：「禮古經五十六卷，經七十篇。〔註5〕」又著錄：「記，百三十一篇。」班固自注：「七十後學所記也。」《漢志》將《禮》分爲「經」、「記」，且注謂孔子七十弟子及後學所記。此「記」，即解經之書。所謂七十子後學所記，當是孔子門弟子聽聞孔子傳授有關禮的學問，而筆記成書，或更晚的孔門後學，筆記關於禮學所成的文獻，以是知此「記」，應爲「經」之「記」，且於西漢時爲一百三十一篇。

《禮記正義》孔穎達引鄭玄《六藝論》云：「今禮行於世者，戴德、戴聖之學也。」又云：「戴德傳記八十五篇，則《大戴禮》是也。戴聖傳禮四十九篇，則此《禮記》是也。」惟《漢書藝文志》所著《禮記》爲百三十一篇，與鄭說不合。清王先謙則以爲《小戴記》四十九篇之〈曲禮〉、〈檀弓〉、〈雜記〉皆分上下篇數，實止四十六篇，如合《大戴禮》之八十五篇，其數正合百三十一之篇數。〔註6〕此爲鄭氏之說。

此外，《隋書經籍志》又有一說，謂：「漢初，河間獻王得仲尼及後學者所記一百三十一篇，獻之。時無傳之者。至劉向校書檢得一百三十篇，又得〈明堂〉、〈陰陽記〉等三十三篇，〈孔子三朝記〉七篇，〈王氏史記〉二十一篇，〈樂記〉二十三篇，凡五種，合二百十四篇。戴德刪其繁重，合而記之爲八十五篇，謂之《大戴記》。戴聖又刪大戴之書，爲四十六篇，謂之《小戴記》。漢末馬融遂傳小戴之學。融又有〈月令〉一篇，〈明堂位〉一篇，〈樂記〉一篇，合四十九篇。」此爲《隋志》之說。

其實鄭氏、《隋志》之說，都值爭議。以鄭氏說，鄭玄所謂《小戴記》四十九篇，實應爲四十六篇，因〈曲禮〉、〈檀弓〉、〈雜記〉，皆分上下篇，若合併計算，其必爲四十六篇，四十六篇再加大戴的八十五篇，合爲一百三十一篇，然此爲湊足篇數之說，理由稍牽強。如大小戴禮合計爲一百三十一篇，其內容便應有所不同，亦即須有一百三十一篇不同的內容，而今所傳大小戴禮記，其中有其重複，如〈哀公問〉、〈投壺〉二篇仍並存於大小戴禮中，故

〔註5〕漢劉歆校爲十七篇。
〔註6〕此爲王先謙引錢大昕謂：「鄭康成《六藝論》云：『戴德傳記八十五篇，戴聖傳記四十九篇。此云百三十一篇者，合大小戴所傳而言。《小戴記》四十九篇，〈曲禮〉、〈檀弓〉、〈雜記〉，皆以簡冊重多，分爲上下，實止四十六篇。合《大戴禮》之八十五篇，正協百三十一之數。』」是爲湊足《漢志》卷數的解釋。

鄭玄之說，恐有疑議。

鄭說之外，《隋志》之述，亦值討論。《隋志》舉劉向校書合得二百十四篇，戴德刪爲八十五篇，謂之《大戴記》；戴聖刪大戴之書，成四十六篇，謂之《小戴記》。此說看似眞確，實則甚有缺誤。

其一：

劉向校書在漢成帝、哀帝之時，而大小戴是漢武帝、宣帝時人，年代早劉向數十年，何能在劉向校書後，再刪劉向校本爲八十五篇，此是年代之誤，《隋志》所舉，明有缺失。

其二：

《隋志》謂小戴刪大戴之書爲四十九篇。如小戴確是刪大戴書而成，則小戴各篇之作，應皆出自大戴，篇數亦必與大戴重複。今傳十三經之《禮記》即小戴本，與大戴本相對照，篇目固有相同，而大多數並不同。且今存之大戴本爲殘本，僅存四十篇，然非所亡各篇皆同小戴本，或所存各篇皆小戴所刪。譬《大戴記》〈曾子大孝〉，其文載於《小戴記》〈祭義〉中；《大戴記》〈諸侯釁廟〉一篇，見於《小戴記》〈雜記〉中；《大戴記》〈朝事〉部分篇章，見於《小戴記》〈聘義〉中；乃至《大戴記》〈本事〉部分，見於《小戴記》〈喪服四制〉中，等等。足見《大戴記》有所去取，《小戴記》亦有所去取，則《小戴記》非專刪《大戴記》而成四十九篇，頗爲明白。《隋志》之說，證據薄弱。

其三：

《隋志》謂戴聖刪大戴之書爲四十六篇，其後馬融增益〈月令〉、〈明堂位〉、〈樂記〉，合爲四十九篇。然由《漢書》〈儒林傳〉及《後漢書》〈橋玄傳〉，見馬融增益篇章之說，並非正確。

《漢書》〈儒林傳〉云：「小戴授梁人橋仁、楊榮……小戴有橋、楊氏之學。」《後漢書》〈橋玄傳〉亦云「橋玄字公祖，梁國睢楊人也。七世祖仁，從同郡戴（德）學，著《禮記章句》四十九篇，號曰『橋君學』。」又《後漢書》〈曹褒傳〉亦云：「父充，持慶氏禮。褒又傳《禮記》四十九篇，教授諸生。」由上之記載，知橋仁爲直承小戴之學，而橋氏之學，乃傳至七世孫橋玄。《後漢書》〈橋玄傳〉載七世祖「仁」從同郡戴（德）學，戴德當是戴聖之誤。以是知橋仁所傳即小戴之學，《後漢書》載《禮記》四十九篇，正是《小戴禮》的篇數。孔穎達《禮記正義》〈樂記〉下注云：「按《別錄》，《禮記》四十九篇。」於〈月令〉、〈明堂位〉下注云：「此於《別錄》，屬〈明堂陰陽〉。」

亦知劉向所校《禮記》爲四十九篇，〈月令〉、〈明堂位〉、〈樂記〉三篇，原即爲《禮記》篇章，當非馬融增入。

由上論述，知《禮記》一書，有《大戴記》八十五篇，《小戴記》四十九篇，《慶普本》四十九篇，三家皆傳自后倉氏。《漢書藝文志》所著錄一百三十一篇，和〈明堂陰陽〉、《王氏史記》、〈樂記〉之總合，當是漢代《禮記》總篇數，大戴取其中八十五篇，自成一家之學；小戴取其中四十九篇，自成一家之學；而慶普亦取其中四十九篇，自成一家之學。今慶普之學已亡佚，未知篇目是否同於小戴。若大戴今存四十篇，其中有與小戴重複者，有雜入小戴篇中者。至於《小戴記》四十九篇，均無散失，即今現行的《禮記》〔註7〕。於此，船山所謂「小戴承眾論之後，爲纂敘而會歸之，以爲此書。」之說，依綜述之論而言，應可明白。

二、禮記今古文述說

如上所述，《禮記》原來無稱名，《漢書藝文志》在禮經之後，單起一行，著錄「記」百三十一篇，注爲七十子後學所記。就事實論，「記」也者，非所謂之「經」，乃「經」之「記」。經之「記」，即如經之「傳」，皆解經之書。禮之有記，如《春秋》之有傳。惟《春秋》之傳，在《漢志》，即冠以氏別，而禮之記只著錄總數，如《漢書》〈河間獻王傳〉載：「獻王所得書，皆古文先秦舊書：《周官》、《尚書》、《禮》、《禮記》、《孟子》、《老子》之屬，皆經傳說記，七十子之徒所論。」顏師古在「《禮》、《禮記》」下注：「《禮》者，禮經也。《禮記》者，諸儒記禮之說也。」《說文・敘》謂：「武帝末，魯恭王壞孔子宅，欲以廣其宮，而得古文《尚書》及《禮》、《記》、《論語》、《孝經》，凡數十篇，皆古字也。」以是知魯恭王壞孔子宅，所見之《禮》、《記》，即當時流行的《禮》、《記》。此因古文禮經發自孔壁共五十六篇，逸禮三十九篇，餘十七篇即今文經之《儀禮》。果若「禮記」連讀，則孔壁中所見只是「記」而無「經」，即未符合。

由上列名稱之討論，知河間獻王所得書籍有古文禮記，孔壁所見古文書籍亦有禮記，可見《禮記》有古今文之別。至於何以《禮記》未如《春秋》《公羊》、《穀梁》與《左氏》之爭辯，在於《儀禮》已立爲學官，「記」爲解經之書，故未造成今古文的爭議，同樣，亦無從辨別何者爲今文，何者爲古文。

〔註7〕參考王靜芝《經學通論・下篇》頁37～40。

　　說起來，《禮記》今古文各篇，大都彼此相混，並無人特別提出爭論。但如加尋索，仍能知悉何篇目當是古文；何篇目當是今文。譬〈月令〉篇，即同《呂氏春秋》〈十二紀〉之首篇。此篇目，船山於旨要云：

> 〈月令〉一篇，舊云呂不韋所作。今《呂氏春秋》〈十二紀〉之首具有此文，而《管子》、《淮南子》亦皆有之，特其文小異，唯《呂氏春秋》與此異者不過數字，是以知其所傳自呂氏出也。〔註8〕

又云：

> 不韋本以賈人由嬖倖爲秦相，非能自造一家言者，且其駔（ㄗ ㄤˇ）儈姦詭，亦不能依附正道，而此篇亦略髣髴先王之政教，蓋戰國之時教散說殊，九家之儒與雜流之士，依傍先王之禮法雜纂而附會之，作爲此書，而不韋權力襲取，揜爲己有。戴氏知其所自來，非呂氏之獨造而往往與《禮》相近，故采之於《記》，以備三代之遺法焉。
>
> 〔註9〕

　　船山對秦之呂不韋批駁甚深，對〈月令〉之作，仍以爲本之《呂氏春秋》，且此篇章爲戴聖采之於《記》，以備三代之遺法，其說極爲合理。

　　故而《禮記》是七十後學所記，可以解爲七十子中人所記，亦可延長到七十子門人後學，乃至漢代儒者。因此後儒推定《大學》是曾子所作，《中庸》是子思所作，雖不必定論，但亦非絕不可能，如此假設成立，這二篇章也應屬古文，其可能在秦之前寫成，皆可能是古文《禮記》，而漢代所寫，當必爲經文。至於船山之述，則持中肯之論，云：「凡此二篇（《大學》、《中庸》），今既專行，爲學者之通習，而必歸之《記》中者，蓋欲使《五經》之各爲全書，以見聖道之大，抑以知凡戴氏所集四十九篇，皆《大學》、《中庸》大用之所流行。〔註10〕」雖未從古今文證據上作考量，然謂歸之《記》，而存之五經中，雖輝廣聖道，對先秦文獻之量度，則頗謹慎。

　　總之，處理今古文問題，船山雖未就此表示充分意見，可證部分仍不可忽略。是知《禮記》四十九篇，最早作者或爲孔門弟子，延續至漢初儒者，其中戰國時期作品增益必多，是有其古文，亦有其今文，則不必再執議其爲古文或爲今文。

〔註8〕　《禮記章句》卷六，《船山全書》第四冊，頁371。
〔註9〕　《禮記章句》卷六，《船山全書》第四冊，頁371。
〔註10〕　《禮記章句》卷三十一，《船山全書》第四冊，頁1246。

第二節 志宋儒學脈

欲理解船山的禮學，經術之外，其學之原，仍爲主要。如以學之脈絡論，船山的學脈，必爲由宋儒之知解，進入孔孟之大道。

以宋儒之知解言，船山的禮學思想，一如其哲學思想，在主張形上道體的實有論。此實有論，即以「器」顯「道」的實有，而此實有，則以「誠」爲主體，依「誠」抒發，所以肯定人道之極致，此人道之極致，即「仁」、「義」之謂，故船山〈禮記章句序〉引《易》云：「顯諸仁，藏諸用。」又云：「緣仁制禮，則仁，體也；禮，用也。仁以行禮，則禮，體也；仁，用也。體用之錯行而仁義之互藏，其宅固矣。〔註11〕」是「緣仁制禮」，或「仁以行禮」，皆自「有」處行，其終致則在於「誠」。因之，船山反對道家的「無」，反對佛教之「虛」，亦反對陸象山、王陽明的「空疏」。

再就禮學之「理」論，則宋儒言「理」，可別爲二系，一爲以《論》、《孟》、《中庸》爲說的程（頤）、朱（熹）體系；一爲以《易傳》爲說的周（敦頤）、張（載）體系。前者之「理」論，乃以「心」、「性」爲基本觀念，發展而爲以「心、性」爲本的主體論；後者之「理」論，則以「道」爲先、以「性」居後，發展其「天道論」。若夫船山雖自宋儒脈絡而下，以《易傳》爲本，循周、張「天道論」之進路，與程、朱「本性論」是爲有別。

以周、張言，船山主張「道」、「器」之義，是以「器」顯「道」，而引申「理」、「氣」之說，而以「氣」統「理」之觀念，則來自橫渠。基本上，橫渠爲學旨趣，在以「天道論」爲主，以今之觀點說，是建立所謂「形上學」的理論，然其形上理論未嘗周延通透。因之，「天道論」的主體仍然混沌，如其對「氣」的抒解，顯然未能透達圓滿，故在解說上，與程、朱所銜接孔孟的「心性論」，確有所疏離，譬《易傳》和《中庸》的天道觀，皆後起之說，亦皆非孔孟之言，橫渠據此，作其思想的淵源，和孔孟心性之學必已相去甚遠。船山「氣」說，志橫渠而來，在《易傳》、《中庸》的解說上，皆甚著力，然基本上，與孔孟心性之主體，必已判爲二途轍。是以在源流的尋跡上，船山和周、張在「道」的進路上，契合度必較和程、朱爲近。

再者，朱、陸之辯，在學術史上亦是一轉折，尤以陸象山的心學一脈傳至王陽明，於「良知」的心體特有發抒，其「心即理」之說，或異於程朱的

〔註11〕〈禮記章句序〉，《船山全書》第四冊，頁9。

「性即理」；其倡「理氣一元」之論，亦異於程朱的「理氣」分別之說，與船山之理說顯有未合，船山於《大學》、《中庸》中即有所批駁。因之，同爲《學》、《庸》，在《禮記章句》的論述中，船山所言，乃爲承周張、程朱之脈絡，而駁斥陸王。茲分述如下：

一、承橫渠流衍

就〈禮運〉篇旨言，船山云：

> 「運」者，載而行之之意。此篇言「禮」所以運天下而使之各得其宜，而其所自運行者，爲二氣五行三才之德所發揮以見諸事業，故洋溢周流於人情事理之間而莫不順也。蓋唯「禮」有所自運，故可以運行天下而無不行焉。本之大，故用之廣，其理一也。故張子曰：「『禮運』云者，語其達也，『禮器』云者，語其成也。達與成，體與用，合體與用，大人之事備矣。〔註12〕」

船山引橫渠之言，蓋出自《正蒙》〈至當〉第九〔註13〕，其云「禮運」者，在求其達；云「禮器」者，在行其成，即所謂「體用」之道。進一步言，在船山所謂「運天下而使之各得其宜」者，即張載所謂「時措之宜」。必如張載所言：「時措之宜便是禮，禮即時措時中見之事業者，非禮之禮，非義之義，但非時中者皆是也。」又云：「禮不必皆出於人，至如無人，天地之禮自然而有，何假於人？天之生物便有尊卑大小之，人順之而已，此所以爲禮也。學者有專以禮出於人，而不知禮本天之自然。〔註14〕」合張載之言，以爲禮者，不必定出於人，而本天之自然，因之，有所謂「窮神知化」之說，其〈神化篇〉云：

> 氣有陰陽，推行有漸爲化，合一不測爲神。其在人也，智義利用，則神化之是備矣。德盛者窮神則知（智）不足道，知化則義不足云。天之化也運諸氣，人之化也順夫時；非氣非時，則化之名何有？〔註15〕

此「氣」說，就張載言，爲天之所化，其爲不可測之合一體，雖人有智義利用之能，然必氣之化乃可運行，無氣則健順動止浩然湛然之行，皆不得而施。故此氣行之於禮，即化之爲「象」而得時中者也。其實張載之言，亦

〔註12〕《禮記章句》卷九，《船山全書》第四冊，頁535。
〔註13〕《正蒙》〈至當篇〉第九，《張載集》頁33。
〔註14〕《經學理窟》〈禮樂篇〉，《張載集》頁263。
〔註15〕《正蒙》〈神化篇〉，《張載集》頁16。

甚玄渺，與孔孟之說，是有悖離。在船山者，即將此「氣」論轉爲天道觀，進之行其體用之義，譬論《易》〈用九〉即云：「天無自體，盡出其用以行四時生百物；無體不用，無用非其體。〔註16〕」此「天」亦同張載「氣化」之天，推而言之，而含「體用不離」的看法，所以如此，乃辨別儒之與道佛有所歧異，蓋船山以爲佛老皆言離用之體，觀點即同於張載。〔註17〕

再者，通過「禮」之體用說，船山即就張載觀點有所推衍。其以爲「禮」者，延展出去，必爲一生成化育之「用」，而此「用」順著人事的智義利用，相續衍展，終竟在合於「道」，此「道」也者，在顯萬象萬物，其歸結則在乎「天」也。至於「用」之意涵，船山以「節」字涵蓋之。其謂：「禮之爲節，具足於喜怒哀樂之未發；而發皆中節，則情以率夫性者也。敬者人事也，和者天德也，由人事以達天德，則敬以爲禮之本，而因以得和。和者，德之情也，樂者，情之用也。推德以起用，則和以爲樂之所自生，而樂以起，此禮樂相因一致之理有然者。〔註18〕」禮有所節，即不過分，不過分則發而皆中，情必合宜，所施所爲，規矩切當，樂即在其中，是以言樂，即情之和。再以和者順性而爲，其樂事當順之以起，所謂「樂之所生，而樂以起。」胸中安適和樂，樂之美感將因之而生。同張載所言：「『禮反其所自生。樂，樂其所自成』禮別異不忘本，而後能推本爲之節文；樂統同，樂吾分而已。禮天生自有分別，人類推原其自然；故言『反其所自生』；樂則得其所樂即是樂也，更何所恃！是『樂其所自成』。〔註19〕」以「反其所自生」、「樂其所自成」，定禮樂之意，而以「和」爲歸結，是「禮」不必在人，而以天作自然的照應，此張載之說，亦船山推衍之義，思想脈絡，銜接縝密。

二、識程朱精蘊

張載禮說之氣化論影響船山，即程朱論禮之心性論亦影響船山。尤以程朱《大學》、《中庸》之見，對船山禮學影響甚深。其謂《大學》旨要云：

> 《大學》一書，有鄭氏《禮記》傳本，有韓愈古文石經，其序次各
> 別，朱子因程子所定而更爲此篇。蓋諸經之傳，皆有錯闕，而《禮

〔註16〕船山《周易內傳》卷一，《周易上經》，釋「用九天德不可爲首也」語。
〔註17〕若張載《正蒙》〈神化篇〉所云：「世人取釋氏銷礙入空，學者舍惡趨善以爲化。」云者，即言佛氏離用爲體之偏向也。
〔註18〕《讀四書大全說》卷四〈學而篇〉，《船山全書》第六冊，頁592。
〔註19〕《經學理窟》〈禮樂〉，《張載集》頁261。

記》爲尤甚，讀者以意逆志而察夫義理之安，以求通聖賢之旨，非爲鑿也。是篇按聖經之文以審爲學之次第，令學者曉然於窮理盡性、守約施博之道，可謂至矣。愚謂十傳之文，鱗次櫛比，意得而理順，即令古之爲傳者參差互發，不必壹皆如此，而其命意則實有然者，得朱子爲之疏通而連貫之，作者之意實有待以益明，是前此未然而昉（匸尢ˇ，開始）於朱子，固無不可之有，況《禮記》之流傳舛誤，鄭氏亦屢有釐正而不僅此乎！是篇之序，萬世爲學不易之道也。〔註20〕

船山以爲諸經之傳，皆有錯闕，而《禮記》尤甚，然雖錯闕，學者仍能以意逆志，察義理之精微，通聖賢之旨意，所言皆切當而非穿鑿。其能流衍進，甚而意得理順，乃朱子疏通而得其傳，故雖朱子因程子所定而傳承此篇，然非朱子，《大學》無由以明；同此，若無船山，亦無由識朱子。今觀朱子〈大學章句序〉云：

大學之書，古之大學所以教人之法也。蓋自天降生民，則既莫不以仁義禮智爲性矣。然其氣質之稟或不能齊，是以不能皆有以知其性之所有而全之也。一有聰明睿智盡其性者出其間，則天必命之以爲億兆之君師，使之治而教之，以復其性。此伏羲、神農、黃帝、堯、舜所以繼天立極，而司徒之職、典樂之官所由設也。三代之隆，其法寖備，然后王宮、國都以及閭巷，莫不有學。人生八歲，則自王公以下，至於庶人之子弟，皆入小學，而教之以洒掃、應對、進退之節，禮樂、射御、書數之文。及其十有五年，則自天子之元子、眾子，以至公、卿、大夫、元士之適子，與凡民之俊秀，皆入大學，而教之以窮理、正心、修己、治人之道。此又學校之教，大小之節所以分也。夫以學校之設，其廣如此，教之之術，其次第節目之詳又如此，而其所以爲教，則又皆本之人君躬行心得之餘，不待求之民生日用彝倫之外，是以當世之人無不學。其學焉者，無不有以知其性分之所固有、職分之所當爲，而各俛焉以盡其力。此古昔盛時所以治隆於上，俗美於下，而非后世之所能及也。及周之衰，聖賢之君不作，學校之政不修，教化陵夷，風俗頹敗。時則有若孔子之聖，而不得君師之位以行其政教，於是獨取先王之法，誦而傳之，

以詔后世。若《曲禮》、《少儀》、《內則》、《弟子職》諸篇，固小學
之支流餘裔，而此篇者，則因小學之成功，以著大學之明法，外有
以極其規模之大，而內有以盡其節目之詳者也。三千之徒，蓋莫不
聞其說，而曾氏之傳獨得其宗，於是作爲傳義，以發其意。……。
〔註21〕

朱子所謂「自天降生民，則莫不與之以仁義禮智之性」者，其「性」乃
直就程伊川「性即理」處說，《朱子語類》即討論此類言語，如「生之理謂之
性」，「性是實理，仁義禮智皆具。」；又如「問：『性既無形，復言以理，理
又不可見。』曰：『父子有父子之理，君臣有君臣之理。』〔註22〕」以朱子言，
「性」是理內在化之歸結，人得之爲人性，物得之爲物性。由於性即理，故
彰顯其超越性。進一層說，「性、理」原非存在的實物，當然並非可見之一物，
是以非存在物的本質，而是應然的標準。由於不雜氣質，所以是純善。但「性、
理」既無形且不可見，如何得見伸展？只以理不離事，因之，即事而窮理，
只須勤懇地做窮理格物的工夫，則性自在其中，不須求，由問答之中即可看
出。此道理，行諸《大學》，則上自王公，下至庶民，皆依理行事，亦皆循修
己治人之途，是爲合於成德之教。

至於成德之教，朱子舉《曲禮》諸篇爲說，蓋有深意焉。即此諸篇船山
亦特有引述，以爲申論。譬以〈曲禮〉、〈內則〉二篇爲例：
其〈曲禮〉篇，船山引首章：「毋不敬，儼若思，安定辭，安民哉！」謂：

言〈曲禮〉者，舉篇名以冠一篇之文。「曰」者，列其目之辭。「毋
不敬」，大小眾寡之不敢慢，動而慎也。「儼若思」，未有思而端嚴凝
志若有所思，靜而存也。「安」，審處其當也。循事察理，必得其安，
而後定之以爲辭說。言而信諸心也。此三者未及於安民之事，而以
此自治而臨人，則天下之理得而情亦可通矣。於以安民，奚難哉！
「民」者，人之盡辭。此言君子行禮反躬自盡之學。〔註23〕

所謂「君子行禮反躬自盡之學」，必爲「盡其性」之學，盡其性，則能正
心修身，而正心修身之道，即爲禮之本也。此朱子《大學》之命意，亦船山
所深以爲然者。

〔註21〕 朱熹《四書章句集注》序，頁1～2。
〔註22〕 《朱子語類》卷五。
〔註23〕 《禮記章句》卷一，《船山全書》第四冊，頁12。

再以〈內則〉篇言，船山云：

> 「內」，門內之事也。「則」，法也，教也。《周禮》師氏以德行教國子，曰「孝德」，曰「孝行」，曰「孝友」，曰「順行」，其節目之詳，著於此篇。蓋孝友之德生於心者，不學而能，不慮而知，而苟有其心，不能施之於行，則道不立而心亦漸向於衰矣。學以能之，慮以知之，乃能充此心之全體大用，雖有不逮者，習而安焉，則事生心而心亦油然以興矣，故曰「下學而上達」。學者能於此致慎以自勉，而治天下者修明之以立治教則至道之行不出於此矣。〔註24〕

實則「孝友」之德生於禮，禮生於心，必心之全體大用明，修己治人之道即明白無缺，此為窮理盡性之意，亦事上盡理之謂。是《大學》之事，即禮之事，禮存於心，時刻慎以自勉，則政教明，庶民昌，至道即在其中矣。此當朱子之所重，而船山為之闡揚。

至如《中庸》篇，朱子「中和」之說，言「已發」、「未發」，於〈答羅欽夫書〉有一段要緊言語：

> ……蓋赤子之心動靜無常，非寂然不動之謂，故不可謂之中。然無營欲智巧之思，故為未遠乎中耳。未發之中，本體自然，不須窮索。但當此之時，敬以持之，使此氣象常存而不失，則自此而發者，其必中節矣。此日用之際本領工夫。其曰：「卻於已發之處觀之」者，所以察其端倪之動，而致擴充之功也，一不中，則非性之本然，而心之道或幾於息矣。故程子於此，每以敬而無失為。又曰：「入道莫如敬，未有致知而不在敬者。」又曰：「涵養須用敬，進學則在致知。」以事言之，則有動有靜，以心言之，則周流貫澈，其工夫初無間斷也。（原注：周子所謂靜者，以心言之，則故程子說敬。）向來講論思索，直以心為已發，而所謂致知格物亦以察識端倪為初下手處，以故缺卻平日涵養一段工夫。其日用意趣常偏於動，無復深潛純一之味，而其發之言語事為之間，亦常躁迫浮露，無古聖賢氣象，由所見之偏而然爾。〔註25〕

在「已發未發」之義上分析，朱子明言過去缺失為「自來講論思索，直以心為已發，而所論致知格物亦以察識端倪為初下手處，以故缺卻平日涵養

〔註24〕《禮記章句》卷十二，《船山全書》第四冊，頁669。
〔註25〕《朱子文集》卷六十七，〈與羅欽夫書〉。

一段工夫。其日用意趣常偏於動，無復深潛純一之味，而其發之言語事爲之間，亦常躁迫浮露，無古聖賢氣象，由所見之偏而然爾。」朱子當是看到自己病根所在，此病根在默坐澄心之渺渺茫茫，畢竟朱子生命的本質偏在察動一面，如只在默坐處求，其心仍無著落處，若以「涵養用敬」處求，則其心仍能穩熟紮實，是以朱子所謂的心實非超越的本心，而是一實然的心。此心在「已發」處致察，當然會有躁迫浮露的味道，終是不當。故而要此心周流貫澈，自不能只限於已發。於未發之時，即要純然凝慮，澄明皎淨，使本體自然，不須窮索，「敬」以持之，若此氣象常持不失，則自此而發者，其必中節，即是所謂之「和」。此「和」之意，朱子在「已發未發」處用力，在船山則對「和」之義特有申說，且發揮更淋漓。

如《論語》〈學而〉篇，有子曰：「禮之用，和爲貴。先王之道，斯爲美，小大由之，有所不行，知和而和，不以禮節之，亦不可行也。」之章，其「和」字，船山以爲與「中和」之和意不同。

朱注謂：

> 「禮者，天理之節文，人事之儀節也。和者，從容不迫之意。蓋禮之體雖嚴，然皆出於自然之理，故其爲用，必從容而不迫，乃爲可貴。先王之道，此其所以爲美，而小事大事無不由之也。承上文而言：如此而復有所不行者，以其徒知和之爲貴而一於和，不復以禮節之，則亦非復禮之本然矣，所以流蕩忘反，而亦不可行也。」程子曰：「禮勝則離，故禮之用，和爲貴，先王之道，以斯爲美，而小大由之，樂勝則流，故有所不行者，知和而和，不以禮節之，亦不可行。」范氏曰：「凡禮之體主於敬，而其用則以和爲貴。敬者，禮之所以立也；和者，樂之所由生也。若有子可謂達禮樂之本矣。」愚謂嚴而泰，和而節，此理之自然，禮之全體也。毫釐有差，則失其中正，而各倚於一偏，其不可行均矣。〔註26〕

船山云：

> 《集註》以從容不迫釋「和」之義，則是謂人之用禮，必須自然嫻適而後爲貴。使然，將困勉以下者終無當於禮，而天下之不能絲禮者多。且先王之道，亦但物爲禮而已，未嘗有所謂「和」也。從容不迫者，行禮之自爲之也。必從容不迫而後可爲貴，則先王之道非

〔註26〕朱熹《四書章句集註》《論語》頁6～7。

美，待人之和而後美矣。

且所云「和」者，有以德言，則《中庸》發皆中節之和是也。此則爲禮之本，而非禮之用。緣其有和，可使喜、怒、哀、樂之中節，則禮於是起焉。和，性情之德也。禮，天下之達道也。唯「和」乃中節而禮以達，斯和體而禮用，不得云：「禮之用，和爲貴」矣。

若云緣吾性之德有禮，（仁義禮智，性之四德。）而情之德乃有和，則《中庸》之所謂和者，又情之根夫仁義禮智具足之性以生，而不專倚於禮。且在性之所謂仁義禮智者，有其本而已，繼乎天之元亨利貞而得名者也，在率性之前而不在修道之後。今曰：「先王之道，斯小大緣之」，則固指教而言矣。如之何紜紛膠轕，而以此和爲性情之德耶？

夫性情之德，則人盡有之。而君子致之者，其功在存養、省察，而乃以經緯乎天地。是所貴在戒懼慎獨而不在和，又何以云「禮之用，和而貴」哉？

況乎《中庸》之言「和」者，又非從容不迫之謂，乃情之不戾於節者也。故彼之言「和」，乃以贊夫人情中固有之德，而亦以贊君子省察極致、動必中禮之德，故曰「謂之」，而非有所致力之詞，以與「敬」相爲對者也。未發謂「中」，已發謂「中」，可云「敬以致中」者，以靜存之功，主敬爲本，則亦當云「誠以致和」，以動察之功，存誠爲要。今此以敬、和相對而言，其可云喜怒哀樂之未發謂之敬乎？

〔註27〕

要之，「和爲貴」之和，與「中和」之和，意未爲同。其未發已發之和，在性情之和順，與從容不迫之和，竟有分別。進一步說，則禮之爲節，乃具足於喜怒哀樂之未發，而發皆中節，必情以率夫性者也。夫敬者，人事也；和者，天德也。由人事以達天德，則敬以爲禮之本，而因以得和。和者，德之情也；樂者，情之用也。推德以起用，則和樂以生，而樂以起，此爲禮樂相因一致之理。故朱子引程子、范氏之說，謂「敬者，禮之所以立也；和者，樂之所由生也。」敬與和，非爲嚴束，乃要以順適人心，故《中庸》之和，乃本然德體之天則；《集註》之和，乃推行之善道，是不可強合爲一。此爲船

〔註27〕《讀四書大全說》卷四，《論語》，《船山全書》第六冊，591～592。

山之見，亦思慮較朱子爲過之。

由《大學》、《中庸》之例，知船山對程朱之學甚是熟諳，《大學》之「禮」，《中庸》之「和」，皆天理之節文，程朱言之在先，船山推闡於後，亦皆先後映照，則船山得之程朱爲多，雖前所引，但見朱子，未顯程學，然由朱子推溯，程學之說亦涵蓋其中，則船山志宋儒之緒脈，由張載而程朱，其大體蓋爲明確。

三、擯陽明心學

船山對周張、程朱之學深所體認，對陸王之學則頗擯斥。直以陸王學之「心外無物」說落於空疏無根，故於《禮記》之《大學》、《中庸》篇旨，即就王學思想予疾厲批評，其以爲陸王心學近佛氏而影響及於國計民生。如《大學》云：

> 自姚江王氏出而《大學》復亂，蓋其學所入，以釋氏不立文字之宗爲虛妄悟入之本，故以《章句》八條目歸重「格物」爲非，而不知以「格物」爲本始者「經」也，非獨「傳」也。尤非獨朱子之意也。既不揣而以此與《章句》爲難，乃挾鄭氏舊本以爲口實，顧其說又未嘗與鄭氏之言合，鹵莽滅列，首尾不恤（續），而百年以來，天下翕然宗之，道幾而不喪，世亦惡得而不亂乎？〔註28〕

其實，如參照陽明《傳習錄》所見，陽明之學，是爲心學，其爲學之本體，當亦不差，然與禪宗「不立文字」之說並未同一條貫。今如考陽明之說，其言《大學》章旨所謂：「大人者，以天地萬物爲一體者，其視天下猶一家，中國猶一人焉。若夫間形骸而分爾我者，小人矣。大人之能以天地萬物爲一體也，非意也，其心之本若是。〔註29〕」則陽明心學，亦承孟子而來，意乃以天地萬物爲一體，與佛氏的空寂境域當有不同，船山以比對方式作等同之量，是爲疾厲可知，然亦知其於空疏之學必深致不滿。

至於「格物」之說，船山以爲陽明「格物」與朱子「格物」是有不同。此是王、朱二者判別最大關鍵，亦船山所云「鹵莽滅裂」語之所自出，而思想要點仍在心學上，故基本上，仍應從心性處論其別異。

（一）「心外無物」與「性之理」之別

以格物之「物」言，陽明對傳統「物」的觀念，其實不甚滿意，是以對

〔註28〕《禮記章句》卷四十二，《大學》，《船山全書》第四冊，頁 1467～1468。
〔註29〕王陽明《傳習錄》附〈大學問〉，107。

「物」提出一全新解釋。其答〈顧東橋書〉所謂：「物，即事也，如意用於事親即事親爲一物；意用於治民，即治民爲一物；意用於讀書，即讀書爲一物；意用於聽訟，即聽訟爲一物。凡意之所用，無有無物者。有是意，即有是物；無是意，即無是物矣。物非意之用乎！〔註30〕」此段話言簡意賅，在陽明思想中是一大關鍵。「物即事」也，爲一全新觀念。「物」可作一般對象理解，但對象非一孤離的「對象」，須在一系統之脈絡中，才能顯發其意義。由此看來，物即是事，此爲陽明自道德體驗之入手處。其次，「意之所用，必有其物。陽明既自道德體驗處入手，其必欲一意向之架構，此架構乃就形上根源建立其唯心之學。

所謂：「心者，身之主也。而心之虛靈明覺，即所謂本然之良知也。其虛靈明覺之良知應感而動者謂之意。有知而後有意，無知則無意矣。知非意之體乎！〔註31〕」此外，《傳習錄》中，陽明與弟子徐愛問答，亦有一段極爲扼要的陳述：「愛昨曉思，格物的物，即是事字，皆從心上說。先生曰：『然，身之主宰便是心，心之所發便是意，意之本體便是知，意之所在便是物。如意在於事親，即事親便是一物；意在於事君，即事君便是一物；意在於仁民愛物，則仁民愛物便是一物；意在於視聽言動，即視聽言動便是一物。所以某說無心外之理，無心外之物。《中庸》言不誠無物。《大學》言明明德之功，只是個誠意，誠意之功，只是個格物。』〔註32〕」「物」之意，陽明已闡釋於上，其又訓「格」爲「正」〔註33〕，如此作格物工夫乃由外而內，由博返約，而其實即在「致良知」的工夫。亦謂「良知」重在建立心之主宰，主宰建立，與外在見聞之無限追求即了無相涉。「知」若指「良知」，則「知行合一」之觀念順適且必然。故所云：「夫物理不外吾心，外吾心而求物理，無物理矣！遺物理而求吾心，吾心又何物邪？無忠君之心，即無忠之理矣。理豈外於吾心邪！晦庵謂人之所以爲學者，心與理而已。心雖主乎一身，而實管乎天下

〔註30〕同上，卷二，《傳習錄》中，頁39。
〔註31〕同上引。
〔註32〕同上，卷一，《傳習錄》上，頁5。
〔註33〕同上，卷二，《傳習錄》中，頁39，云：「格」字之義，有以「至」字訓者。如「格于文祖」、「有苗來格」。是以「至」訓者也。然「格于文祖」，必純孝誠敬，幽明之間，無一不得理，而後謂之有「格」。有苗之頑，實以文德誕敷而後格，則亦兼有「正」字之義在其間，未可專以「至」字盡之也，如「格其非心」，大至「格君心之非」之類。是則一皆正其不正以歸於「正」之義，而不可以至字爲訓矣。

之理，理雖散在萬事，而實不外乎一人之心。〔註34〕」則「心外無物」之說，當即陽明「致良知」之意，亦「心即理」、「知行合一」的主體。

在陽明者，「心」為主體，其心即理。在船山者，則辨「心」與「理」不一，其「心」承朱子而來，而廣說為「人心」和「道心」：

> 若夫謂「心一理也」，則其弊將有流入於異端而不覺者，則尤不可以不辨。原心之所自生，則固為二氣五行之精，自然有其良能，而性以託焉，知覺以著焉，此氣化之肇夫神明者，固亦理矣。實則在天之氣化，自然必有之幾，則但為天之神明以成其變化之妙，斯亦可云化理而已矣。若其在人，則非人之道也。人之道所謂「誠之者」是也。仁義禮智，人得以為功焉者也。故人之有心，天事也；天之俾人以性，人事也。以本言之，則天以化生而理以生心；以末言之，則人以承天，而心與具理。理以生心，故不可謂「心即理」，諉人而獨任之天。心以具理，尤不可謂即心而即理；心苟非理，理亡而心尚寄於耳目口體之官，以幸免於死也。〔註35〕

船山以「心」為「天」所生，則「心」之「良知良能」皆不應違背天理，人須依天理而行，其心才不陷溺，才能趨善避惡，亦才能合於理，理即禮，有禮而誠，則合於道。是「天以化生而理以生心」，理以生心，則不可謂「心即理」，否則極易流於異端。而對「理外無心」之意，又云：

> 若其云「理外無心」，則舜之言曰：「道心惟微，人心惟危。」人心者能一於理哉？……孟子曰：「盡其心者，知其性也。」正以言心之不易盡，緣有非理以干之，而舍其所當效之能逐於妄。則以明夫心之未即理，而奉性以治心，心乃可養其才以養性。棄性而任心，則愈求盡之，而愈將放蕩無涯，以失其當盡之職矣。伊川重言盡心而輕言知性，則其說有如此。張子曰：「合性與知覺有心之名。性者，道心也；知覺者，人心也。人心道心合為心，其不得謂之心一理也，又審矣。」〔註36〕

由此，船山所重，在「心」非「即理」，而「奉性以治心」乃為必要；且以「性」說「道心」，以「知覺」說人心，所謂「人心」、「道心」合為「心」，

〔註34〕王陽明《傳習錄》中，卷二，〈答顧東橋書〉頁35。
〔註35〕《讀四書大全說》卷十，《孟子》，《船山全書》第六冊，頁1111～1112。
〔註36〕《讀四書大全說》卷十，《孟子》，《船山全書》第六冊，頁1111～1112。

即「心」是「合性與知覺」，此亦橫渠之意。至引伊川謂「盡心而輕言知性」
之說，船山並無多解釋，其意蓋恐陷矛盾之泥沼中，故此問題僅點到爲止，
亦無多談。然在道心與人心的詮釋中，仍以爲人心道心不離，亦即人道通於
天道。惟人道欲成其爲可通，則須建立一「自我」、「自由意志」或「主體性」
之觀念〔註37〕，使「心」能離「性」成爲可解。而離「心」之「性」理，船
山提出所見：

> 性之理者，吾性之理，即天地萬物之理；論其所自受，因天因物，
> 而仁義禮智渾然大公，不容以我私之也。性之德者，吾既得之于天
> 而人道立，斯以統天而首出萬物；論其所受，既在我矣，惟當體之
> 知能爲不妄，而知仁勇之性情功效效乎志以爲撰，必實有我以受天
> 地之歸。無我，則無所凝矣。〔註38〕

此爲船山「實有」之觀，所肯定者，即「道德主體」之意，其由天道通
乎人道，乃在「自我」觀念的申延。易言之，「我」者，爲「知仁勇」之我，
是渾然之大我，而「居德之體」，即「萬物皆備于我」，爲「大公」之所凝，
與以心爲主體的「無我」是爲未同，此爲船山承程朱「性即理」，與陽明「心
即理」，在實有與「虛靈明覺」間，有所岐異。

（二）「良知」與「心知」之分

就「禮」之理而言知，船山的「知」是建立在「感覺之知」，與「心之知」
的基礎上，近於宋儒的「聞見之知」，與「德性之知」。陽明則由「心即理」
建立「良知」的理論，而以「致」的動力去貫串。兩者是有不同。

以陽明言，其謂「良知」：「良知者，心之本體，即前所謂恆照者也。心
之本體，無起無不起。雖妄念之發，而良知未嘗不在，但人不知存，則有時
而或放耳；雖昏塞之極，而良知未嘗不明，但人不知察，則有時而或蔽耳。
雖有時而或放，其體未嘗不在也，存之而已耳；雖有時而或蔽，其體實未嘗
不明也，察之而已耳。〔註39〕」又云：「未發之中，即良知也，無前後內外，
而渾然一體者也。有事無事，可以言動靜，而良知無分於有事無事也。寂然
感通，可以言動靜，而良知無分於寂然感通也。動靜者所遇之時，心之本體，
固無分於動靜也。理，無動者也，動即爲欲。循理，則雖酬酢萬變，而未嘗

〔註37〕勞思光《新編中國哲學史》三下，頁716。
〔註38〕船山《思問錄》〈內篇〉。
〔註39〕王陽明《傳習錄》中，〈答陸原靜書〉頁51。

動也。從欲，則雖槁心一念，而未嘗靜也。動中有靜，靜中有動，又何疑乎。有事而感通，固可以言動，然而寂然者未嘗有增也；無事而寂然，固可以言靜，然而感通者未嘗有減也。動而無靜，又何疑乎，無前後內外，而渾然一體，則至誠有息之疑，不待解矣。〔註40〕」所謂「寂然感通，動靜所遇之時」者，云寂照所至即心之本體，本體與天地萬物感應，則天地萬物與我息息相關，此當是超越的自我，而可以徹上徹下，達澈底之知，即所謂之「天理」，故天理即良知，良知又是心的虛靈明覺，則天理、良知、心三者本為一體，通過內在體證，其體才眞正發用，此體證，在陽明說來，即是「致良知」。故云：「天理在人心，亙古亙今，無有終始，天理即是良知，千思萬慮，只是要致良知。〔註41〕」則陽明之知，乃由內在道德修養工夫，而臻形上之天理。是此「知」當非經驗之知，而為體悟之知。

　　在船山則以為人之知識，自有其感覺，亦有其心思。此同於宋儒之分知識為見聞之知和德性之知。見聞之知為感覺之知，德性之知為心思之知，有如張載《正蒙》〈大心篇〉所云：「見聞之知，乃物交而知，非德性所知。德性所知不萌於見聞。」感覺之知，概由感官、對象之物與心三者合之而成。就儒者而言，所謂感覺之意，皆據孟子「物交物」所引之說，即由對象之物牽動感官，而不提出心知。船山則以為感覺亦為心之動，《張子正蒙注》所謂「形也，神也，物也，三相遇而知覺乃發。〔註42〕」即外在感體之物與感官相接，感官接受外物形相，引發心的注意，乃形成感覺的知識。最簡易之解，如船山註《正蒙》〈大心篇〉所云：「耳與聲合，目與色合，皆心所翕闢之牖也。合故相知，乃其所以合之故，則豈耳目聲色之力哉。故輿薪過前，群言雜至，而非意所屬，則見如不見，聞如不聞，其非耳目之受而即合，明矣。〔註43〕」由此感知，船山即以禮樂為證，講明玉帛、鐘鼓之聞見，仍待乎感知與心知的相接，此當非良知的瞬焉即行：

《論語》〈陽貨〉篇「禮云禮云，玉帛云乎哉？樂云樂云，鐘鼓云乎哉？」之解，船山云：

　　　　禮之所以然者「敬」也，樂之所以然者「和」也。以序配和，乃就
　　　　禮樂之已成而贊其德。禮行而序著，樂備而和昭。故曰：「禮只是一

〔註40〕同上，頁 53。
〔註41〕同上，頁 92。
〔註42〕《張子正蒙注》卷一，〈太和篇註〉頁 10。
〔註43〕《張子正蒙注》卷四，〈大心篇〉葉 2。

> 個序，樂只是一個和。」〔註44〕

又云：

> 若夫禮之有序者，如事父事兄之殺，此是胸中至敬在父，次乃敬兄，
> 自然之敬而因生其序，序者敬之所生也。倘以敬父者敬兄，則是夷
> 父於兄，而以敬兄者敬父矣。〔註45〕

此感官之知，推而行之，即禮行而序著，樂備而和昭，禮行樂備，在
合於情理，如情理不合，即有鋪陳式的禮或矯飾般的樂，到底只是外在的
妝點，無法因序而著，亦無法由和而昭；必也出自內心之敬。又內心之敬，
人皆有之，如敬父敬兄之義，在陽明也者，是為良知；然如無節制，良知
亦無由豁顯，須為與物相交，心知乃現，然其胸中之敬，又須依序而生，
非可率爾即行，此所謂由聞見之知萌而為德性之知，又為船山「心知」之
說，由此亦知，良知訴諸直感，心知在乎知與心的連接，二者在心之境遇，
是有所差異。

然則船山之承宋儒擯陽明，乃在陽明心體發揮極致，不免落入若佛氏的
空寂，故擯陽明，其實亦擯佛氏。此在朱熹已先言之，如《朱子語類》卷一
二六即以「實」、「虛」分儒與佛，且云：「釋氏虛，吾儒實。釋氏二，吾儒一。
釋氏以事理為不緊要而不理會。」又云：「釋氏只要空，聖人只要實。釋氏所
謂敬以直內，只是空豁豁地更無一物，卻不會方外。聖人所謂敬以直內，則
湛然虛明，萬理具足，方能義以方外。」所謂「敬以直內，義以方外。」指
的禮義所自，在於規矩明白，此規矩明白，當是禮的踐履篤行；而在陽明，
謂「無善無惡，心之體。」雖終結處與禪宗未同，但其立本之源則近慧能「真
性」不染善惡的理念，其心體在無善無惡處發端，蓋與禪宗聯接，是以直內
方外之禮，未必皆為規矩明白，亦未必皆踐履篤行。若夫船山，對此問題即
多所著意，於《中庸》「慎獨」之見，即深切批駁。謂「專言慎獨者，蓋終身
而未嘗有其獨也。於是為邪說者益叛而為遁辭曰：『獨者無對之體，是不與非
對，善不與惡對，己不與物對，事不與理對，即吾性也。』則其竊佛氏真空
不二之說以洸養浮游於人心之危，而本心盡失。〔註46〕」謂獨為無對，其末
即入釋氏的真空不二，亦所謂洸養浮游於人心之危，使本心意旨不明，放失

〔註44〕《船山全書》第六冊，《讀四書大全說》卷七《論語》，頁867。
〔註45〕《船山全書》第六冊，《讀四書大全說》卷七《論語》，頁867。
〔註46〕《船山全書》第四冊，《禮記章句·中庸》頁1253。

無所歸嚮。至迴溯其流，亦同陽明無善無惡的本體接映，此船山以為當所擯斥。是而船山直以孔孟心學而下，而賡續張載、程朱的脈絡，其「在事上求」的理氣互融觀念，與陽明「心即理」只在「良知」說本心之述當有判別。

第三章　船山禮學誠道思想

　　在前一章中，敘及船山學說淵源，分三層次論述，所謂「志宋儒學脈」、「識程朱精蘊」、「擯陽明心學」，歸結仍在闡揚孔孟之道，若其源頭，又在經學的追溯。是以船山諸作，言《易》、言《詩》、言《書》、言《春秋》，乃至《禮》說思想，皆自經書一貫而下，學之所由，壹在承先聖之作，傳不刊之鴻教，立意之深，宏願之廣，可以想知。

　　而同爲經傳之見，船山之說與乾嘉學者究竟不同。以船山言，其爲動蕩交迫之年代，陽明末流侈談心性的空疏無根，是爲人心的下陷。船山學之提出，當亦針就道德淪喪之悲感而作，義理之發抒，信必同顧、黃二氏的拯人心於衽席。若乾嘉學者所處，乃承平時局，文字獄的迭興，已對學者心靈箝制影響極大；又以利祿的誘使，其回溯經傳考證乃爲必然。因之，船山全集所述，考證少，義理富，是又爲當然。然非所有論皆偏義理，如《禮記章句》所載，仍兼考證，亦知船山論證學問，爲義理、考證兼具。若義理處，則《曲禮》以下篇章引論，皆涵蓋之；其制度考證處，則〈王制〉以下篇章關乎名物者，皆有所言攝，亦見船山學養統貫綜會，非僅局促區區一隅，其宏觀胸襟，蓋可知見。

　　至於禮學所述，雖云禮亦爲理，然禮不出於誠，則禮亦虛飾無用，必也以誠爲體，禮之發抒才適理義，亦才合序合節，否則違禮以行，理義流於放肆，又何誠之可言，所謂「不誠無物」，無物即無所有，天理人道均歸滅沒，橫行者反是人欲，那即是大災害。是以船山禮說，其篇章首要義旨，當自「誠道」入手，於此，乃識船山慧智所在，亦知誠與性道及天命之銜接，爲《中庸》之根本，亦儒家哲思之所寄。故本書篇章結構，其義理處，仍宜先鋪敘「誠」道，庶幾能闡發禮之旨要。

第一節　禮以誠爲本

禮之所重在人，無人則禮無所立。禮之所發，在尊尊親親之義，而尊親之義又造端於孝道，如《中庸》引孔子之言，謂「武王，周公，其達孝矣乎！夫孝者，善繼人之志，善述人之事者也。」船山注云：「『達』，通也。承上章〔註1〕言武王纘大王、王季、文王之緒以有天下，而周公成文、武之德以追崇其先祖，此繼志述事之大者也。〔註2〕」是繼志述事爲孝道之延續，亦爲禮之醇然，而其根柢又爲源自祖先終始的誠敬，此「誠」者，爲心之所發，亦敬意之粹然展露，體現者則在乎人，故船山言禮，必先云誠，而其造端則在人。

一、誠即禮之源

儒家思想，括而言之，即人文哲學之綜述。其人文之意，追本溯源，又自《易》、《禮》二書而出。以《易》言，《易經》之卦涵三爻，乃即天地人三才，地居下，天居上，人則處其中。雖天尊地卑爲《易》之定位，然其位仍以中爲主，是天地人三才必以人中心；而《禮記》之記，乃人云得天地秀氣而生，有人才能行其教化；是《易》、《禮》之述，皆人文素養之表露。船山云：

> 天地之生，人爲貴。惟得五行敦厚之化，故速見之慧。物之始生也，形之發知皆疾于人，而其終也鈍。人則具體而儲其用，形之發知，視物而不疾也，多矣。而其既也敏。孩提始知笑，旋知愛親，長始知言，旋知敬兄。命日新而性富有也。君子善養之，則耄期而受命。
>
> 〔註3〕

「天地之生，人爲貴。」數見於《易》、《禮》二書。船山所承，即此思想。以天地之變化，在順乎自然，自然之道其昭顯宇宙，則待乎人爲。易言

〔註1〕言武王、周公之繼志述事。孔子云：「無憂者，其唯文王乎！以王季爲父，以武王爲子，父作之，子述之。武王纘大王、王季、文王之緒，壹戎衣而有天下，身不失天下之顯名，尊爲天子，富有四海之內，宗廟饗之，子孫保之。武王末受命，周公成文、武之德，追王大王、王季，上祀先公以天子之禮。斯禮也，達乎諸侯大夫及士庶人：父爲大夫，子爲士，葬以大夫，祭以士；父爲士，子爲大夫，葬以士，祭以大夫。期之喪達乎大夫，三年之喪達乎天子，父母之喪無貴賤一也。」又曰：「武王、周公，其達孝矣乎！夫孝者，善繼人之志，善述人之事者也。」《禮記章句》卷三十一，頁1274～1276。

〔註2〕同上，頁1276。

〔註3〕《思問錄・內篇》頁10。

之，天道之豁顯，無人道即無由得行，是物之始，其形之發疾于人，而終也乃鈍；人則具體而藏用，形之發，非如物之疾，然其終也，則敏于物，其較物爲高，是爲貴；是能順乎自然而豁顯天道。故云：

> 言道者，必以天爲宗，必以人爲歸。〔註4〕

又云：

> 天地之生，以爲爲始，故其弔靈而聚美，首物以克家，明聰睿哲，
> 流動以入物之藏而顯天地之妙用，人實任之。人者，天地之心也。
> 故曰復其見天地之心乎！聖人者，亦人也，反本自立而體天地之生，
> 則全乎人矣。〔註5〕

天地生物，物類成長，賴乎人去成全，人者弔靈聚美，首物克家，明聰睿智，入物之藏而顯天地妙用，是爲天地之心。及聖人者，亦爲人，然反本自立而體天地之生，是又爲全人矣。如以元亨利貞表天地之完成，則仁義禮智即人心的展露，若人能盡己之心性，則能「體天地之生，贊天地之化育。」皆反本自立，此聖人能之，人亦能之，是爲全人。故船山又云：

> 自天生之而皆誠，自人成之而不敢不明。〔註6〕

又云：

> 自然者天地，主持者人，人者天地之心，不見之誠。生於一念之復，
> 所賴於賢人君子者多矣。〔註7〕

又云：

> 天之化裁，人終古而不測其妙；今裁成，天終古而不代其工。〔註8〕

是而天生之，人成之，天人皆誠，互爲合諧，其自然運轉，必爲合律；然天只爲理想，事之是否能成，則待人完成。而人能行其自由意志，如其意志堅實無礙，能完成一己之化育，即是盡了己之性；盡己之性，以《大學》言，即是「明明德」，必船山所謂「自天生之而皆誠，自人成之而不敢不明。」此當謂禮之節度，禮有節度，凡事皆明，即爲無礙；以無礙之心，推之於物，物亦顯其德澤，而能光輝照耀，欣欣向榮，當合於《中庸》「盡人之性，則盡物之性」之意，則參贊天地之化育必在乎其中。

〔註4〕《尚書引義》卷五，〈多士〉，頁11。
〔註5〕《周易外傳》卷二，〈復卦〉，頁12。
〔註6〕《尚書引義》卷一，〈堯典〉，頁4。
〔註7〕《周易外傳》卷二，頁14。
〔註8〕《尚書引義》卷一，〈皋陶謨〉，頁19。

然此觀點與王陽明之說是又不同,陽明之意,是有人心而後有天地萬物;有天地萬物而後有人心,其謂人心是萬物,萬物是人心。船山則以人心爲靈明,人爲萬物最優秀者,萬物之美皆照映於人之心,天地生理亦在人心完全表現,人可以贊天地之化育,亦惟人才有創生之義,此創生之義在誠,誠藉禮而表現,有其誠,即有其禮,禮之彬彬,才能盡己之性,亦才能盡人之性,推而廣之,即盡物之性。

二、禮由誠以行

如上所述,「誠」在船山思想佔一緊要地位。船山反晚明之理學,責爲空疏,以致忘國;是以主張實學,以誠表實,亦以禮表實。以知識論,知有其實,有其內涵,目之爲誠;名字有其實,亦稱爲誠。同理,宇宙萬物爲實,是稱爲誠;人稟性天然明德,仍稱爲誠;人之率性而行,坦然敦篤,是亦爲誠。

惟吾人應知,船山所謂之「誠」,可以稱爲「實」之誠,然未可稱爲「實體」之誠,與西方哲學所云之「存在」是有不同。西方哲學之「存在」,是依實體而言,有其絕對性,在船山而言,是一具人性之誠,與合禮之誠,可以是性之誠,可以是仁義禮智之誠,而非實體之誠,更不必爲絕對之存在。如所釋「唯天下至誠」,《讀四書大全》及《禮記章句》均有所載:

> 蓋誠者,性之撰也,性者,誠之麗也。性無不誠,非但言誠即言性,誠以行乎性之德,非性之無他可名,而但以誠也。性實有其典禮,誠虛應以爲會通,性備乎善,誠依乎性。誠者,天之用也,性之通也。性者,天用之體也,誠之幹也。故曰:唯天下至誠爲能盡其性。〔註9〕

又:

> 人物之性,亦我之性,但以所賦形氣不同而有異耳。能盡之者,謂之無不明而處之無不當也。……。親親、仁民、愛物,形氣既異,差等不迷。異端但知物我性,而不知形氣之異,是以窮大而無實,究以逆人物之性而自逆。〔註10〕

以是知,誠非實體,其爲涵於性之特質。所謂之「性」,映現的即是自己,

〔註9〕 《讀四書大全說》卷三,《中庸》第二十二章,頁15。又《船山全書》第六冊,頁541〜542。

〔註10〕 《禮記章句》《中庸》頁1293。

物即依己性有所變易。若誠者，乃「性之撰」，其爲附性之上。至於人之自身，其一生常在變易，變易隨境遇而轉，因人而異，有吉有凶，有福有災，有樂有憂，其終則有幸有不幸，這是流轉，雖隨人形氣而有不同，然其根本規律則不變，此即「自然」之道，自然之道即天道，是不變的原則，乃《中庸》所說：「誠者，天之道也。」至於人者，雖爲萬物之靈，其實隨物而變，順境而易，其變易之道，則在盡人事之當然，此即「誠之者，人之道也」。易言之，誠者，爲天理之本然；誠之者，在人於變易中，仍未能眞實無妄，故盡其人事之當然，即盡其眞實無妄之謂。誠如此，禮亦然；禮之理即本然，因了形氣之異，禮的表現即有其當與不當，當者，眞實無妄，爲其誠；不當者，未能眞實無妄，故須「誠之」；「誠」與「誠之」，在天理與人事之別，有其等次，是而有親親、仁民之差異，與佛、道之視物我相等，確爲不同。

其次，船山又以「誠」爲人性之眞實，眞實才能豁顯人的價值。然人性雖眞實，如無克制能力，人性也必因外物之引而虛妄不眞，此即「私欲」之蔽。故「誠之者」，必在克其私慾，還其本來，亦即還其天理之當然，但這不容易作到，乃因人都平凡，爲聖爲賢者，幾乎少之又少，所以要更多克制，克制之道，即來自教化，此即「自明誠，謂之教」之意，如此，才能稱之謂「盡之」。船山云：

> 聖人之盡性，誠也；賢人之奉教，明也。誠則明矣，教斯立矣；明則誠矣，性斯盡矣。……聖人之德，自誠而明，而所以爾者，則天命之性，自誠明也，賢人之學，自明而誠，而其能然者，惟聖人之教，自明誠也。〔註11〕

聖人之德，所以「自誠而明」，在其修持圓熟，紀綱條理，昭晰不貳，得以列禮、樂、刑、政，確然行於天下後世，使匹夫匹婦可以與知與能而盡其性。以是知聖人有其誠而必有其明，其盡性而合天者，固自然之發見。聖人之所明，賢者得之而可以誠，「明」開於聖教，非教之但可以明而無當於誠，是賢人明聖人之所明，亦立聖人之所誠；賢人之所以學聖人而幾於天者，用功之資始即有以明。進而言之，聖人之心清淨無欲，其性乃自誠而明；然人性易爲私欲所蔽，即賢人亦不免於蔽，因之，賢人必恪守聖人教訓，勉力於人性，才能自明以誠，而其自明之道，則惟「禮」以行之。以禮者，誠之於

〔註11〕 《讀四書大全說》卷三，《中庸》第二十一章，頁13。又《船山全書》第六冊，頁538。

內而行諸於外，是以能不勉而中，不思而得，而從容中道。

再者，誠亦爲仁義禮之樞紐。既云「誠之者，人之道也。」則誠之所至，在立人之道，而立人之道，無他，在「仁」與「義」而已。仁義之用，因於禮之體，則禮爲仁義之所會通，而天所以盡其自然之品節以立人道；再分析之，仁之本，乃天地生物之心，而人得以生；義之本，乃天地萬物利物之理，而人得以宜；禮之本，乃天地秩物之文，而人得以立。〔註12〕而人之得以生，得以宜，得以立，皆在得天理之自然，其彰顯明白者，則在於「誠」，所以「誠者，天之道也；誠之者，人之道。」合仁義禮三者觀之，則誠之義尤爲明確。

第二節　禮因誠之性而顯

誠合仁義禮，聖人自誠而明，賢人遵循聖人教訓，由聖人之明以達到誠，二者皆爲人之眞實，亦盡己之善性。故而知「性」乃實理，非爲虛飾或空疏，此當船山理論之所堅持。

然性者，形之於外，亦可謂之命，惟此命者，非流轉之命運，乃承天所受之天命。是此命者，涵括萬物之性與天地變易之道，外延較人性爲廣；其在於禮者，即天地節文之展現；且而天命亦非高亢不可即之道，其落實乃爲人之根本，即所謂之性，此即「天命之謂性」；而性者，乃人之所以爲人之理，無「性」，「命」亦不得其行；是性亦須命以流轉，命要流轉，須有所動，此動者又非其他，乃爲「才」也。此「才」爲何，簡言之，即「性之才」。人性有許多才能，只有人性，才能不顯，人性亦無從展露，其命亦無法流轉，是性待乎「才」，而才如何而能，則在乎用，爲用才能，人性才能得其實，而此才如何用，必在於學，是以「惟有才，則可學。」而所謂學者，在擇善而固執之，能擇善固執，學才有益，亦能合乎「禮」，至於禮之要，在於性之端，性得其善，才乃有所顯，學即有所得，方不失爲人之禮，故船山以爲禮者，「誠」之外，「性」亦爲主體，由知「性」乃能知人，知人能能知禮，而性之源，又從「天命」一貫而下，故宜先述禮之天命。

一、禮所涵天命意

所謂人性之論，孟子之後，二千年來，此問題即成儒家思想與爭論的焦

〔註12〕同上，頁518。

點。宋儒之前，儒者論述人性，皆著意於「善、惡」的是否，對「性」的含意，意著意於「能」與「用」的探討，所重在乎人之向善向惡或可善可惡的「能」，並未言及「性」的本體。若宋儒則探討「性」何以有善有惡，所碰觸即「性」本體之說。朱熹倡理氣二元，即以性爲理，而以人之性，乃「理」、「氣」相合的氣質之性；若王陽明則以性爲「良知」，良知即天理，天理自誠而明，是性即「天理」。

　　船山則主張理附於氣，氣不僅是理，亦是人所受天命之理，而此理即聚於「氣」。如陽明云：「性寓於氣質之中」，又云：「非氣質則性安所寓」，乃謂性寓於氣之中。船山則駁之以爲非，且謂：

　　　在天謂之理，在天之授人物也謂之命，在人之受於氣質也謂之性。

　　　若非質則質未有性。〔註13〕

　　云「氣質之性」，依船山之解，乃「氣質中之性」，此必不同於陽明之說。而謂之「質」者，乃人之形質，其範圍著乎生理，而其形質，又爲「氣」之充。故云「盈天地間，人身以內、人身以外，無非氣者，故亦無非理者。理，行乎氣之中，而與氣爲主持分劑也。故質以函氣，而氣以函理。質以函氣，故一人有一人之生；氣以函理，一人有一人之性也。若當其未函時，則且是天地之理氣，蓋未有人者是也。乃其既有質以居氣，而氣必有理，自人言之，則一人之生，一人之性；而其爲天之流行者，初不以人故阻隔，而非復天之有。是氣質中之性，依然一本然之性也。〔註14〕」此「氣質中之性」，爲「本然之性」，即「天命之謂性」，爲船山性論之所據。天是理，如以天爲超然，則理亦超然；但此與「本然」有違，則不爲船山所承認，蓋如承認超然之理，則此理便爲太虛之理，以太虛之理歸爲命，命字便不可解，同理，「禮」之理亦無由落實。若此，船山曾引朱熹註釋：

　　　《章句》言「命猶令也」。小註朱子：「命如朝廷差除。」又曰：「命猶誥敕。」謂朝廷固有此差除之典，遇其人則授之，而受職者領此誥敕去，便自居其位而領其事。以此喻之，則天無心而人有成能，審矣。董仲舒對策有云：「天令之謂命。」朱子語本於此。以實求之，董語尤精。令者，天自行其政令。如月令、軍令之謂，初不因命此人此物而設，然而人受之以爲命矣。

〔註13〕《讀四書大全說》卷三，〈陽貨〉篇，頁7。又《船山全書》第六冊，頁863。
〔註14〕同上，頁857～858。

又云：

> 天只陰陽五行，流盪出內於兩閒，何嘗屑屑然使令其如此哉？必遂
> 人而使令之，則一人而有一使令，是釋氏所謂分段生死也。天即此
> 爲體，即此爲化。若其命人但使令之，則命亦機權之緒餘而已。如
> 此立說，何以知天人之際。〔註15〕

船山以天爲陰陽五行自然流行的代表，易言之，天即自然。陰陽五行按
運行之理交結成物之性，此即「天命」之謂，惟此天命並非有其心之天，亦
非存心命令人，否則人性一切聽之於天，人豈非皆成傀儡，而云禮者，豈非
一無是處。因之，《易・繫辭》第五章所載「一陰一陽之謂道，繼之者善也，
成之者性也。」船山即云：

> 一陰一陽之道，天地自爲體，人物之所受命，莫不然也。而在天者
> 即爲理，不必其分劑之宜；在物者，乘大化之偶然，而不能遇分劑
> 之適，得則合一陰一陽之美，以首出萬物而靈焉者，人也。

又云：

> 一形之成，必起一事；一精之用，必載一氣。濁以清而靈，清以濁
> 而定。若經營之，必博捥之，不見其巧，無以喻此。則分劑之密，
> 主持之定，合同之和也；此太極之所以生出萬物，成萬理，而起萬
> 事者也。〔註16〕

云「天」者，爲陰陽運行之道，即「一陰一陽之謂道」，亦即太極。太極
爲陰陽未分之氣，爲本體之理，又爲太虛之氣的理。太極變易，自然神妙，
分合與主持「不見其巧」。人、物則因太極變易而有陰陽，陰陽運行偶然成此
人此物，其成非有心安排，順此思想澈底衍說，即落於老莊之說，而以天地
爲不仁，以萬物爲芻狗，終至自生自滅。然此當非儒家之所願，儒家講仁，
朱熹且說天地以生物爲心，人得天地之心爲心故仁，以仁行其禮，行其義，
此生生之意，是爲天地之大德。如何而落之於不仁，豈非矛盾！就此，船山
解釋云：

> 天地之大德曰生，就陰陽柔剛而言之，萬物之生，天之陰陽具而噓
> 呼以通，地之柔剛具而融結以成。陰以歙之而使固，陽以發之而使

〔註15〕《讀四書大全說》卷二，《中庸》第一章，頁1。又《船山全書》第六冊，頁
454。
〔註16〕《周易內傳》卷五，《繫辭》上，頁12。

靈，剛以幹之而使立，柔以濡之而使動，天地之，即立天地之本德，
於其生見之矣。〔註17〕

天地之德，見於陰陽剛柔相合而生萬物，在天地說即是一德能；聖人效
天之生而有仁心，以爲民之父母，故稱之爲「仁」，是仁乃道德之極，推而言
之，仁乃統攝禮、智、信，其不同於老莊者，概爲明白。是以：

一陰一陽之成性，而此於守位聚人言之者，自其效天下之動，以利
用者言也。仁義並行，而後聖人之盡人道者配天地之德，以善天下
之動，則六位以盡之才，其效益著明矣。〔註18〕

與朱熹、王陽明相較，船山較二者重陰陽二氣之自然運行，更以人性之
成，爲「乘大化之偶然」，又云「天地無心」，於是後之學者即引此以爲唯物
論，而冠船山以「唯物主義」者，其實對「天」之見，船山非從物之觀點著
論，乃從天的敬意述入，如其對《詩》、《書》之天，即充滿欽敬，並未蔑視，
且視聖人之德若天之高，如《論語・泰伯》「巍巍乎，唯天爲大，唯堯則之。」
極爲一證。船山謂：

先須識取一天字，豈夐絕在上，清虛曠杳，去人間遼闊之宇，而別有
一天哉。且如此以爲大，則亦無與於人，而何以曰「大哉堯之爲君也」？
堯之爲君，則天之爲天，天之爲天，非僅有空曠之體。「萬物資始」，
「雲行雨施，品物流行」，「各正性命，保合太和」，此則天也。

又謂：

且天所以長養、收藏乎物，利用物、厚物生、正物德者，未嘗取此
物而長養收藏、利厚而正之，旋復取彼物長養收藏、利厚而正之，
故物受功於不可見，而不能就所施受相知之垠堮以爲之名。〔註19〕

是「天」者，非雲上之天，而是太極自然的變易，是萬物得生得性的始
源，亦使萬物資始，各正性命。而如堯之聖人，其德配天，故能親九族，平
章百姓，甚至協和萬邦。然此「天」，是蕩蕩之德，其於萬物，雖有長有養，
有收有藏，有利用有厚生，但不可謂長養、收藏及利用厚生，即是所謂之天，
畢竟「天」以踰越利用厚生之道，而以「巍巍」作爲最高的形容詞。同理，
既爲「巍巍」，則無以名之；既無以名之，必如篇章所言「民無名焉」，此方

〔註17〕《周易內傳》卷六，《繫辭》下，頁4。
〔註18〕《周易內傳》卷六，《繫辭》下，頁4。
〔註19〕《讀四書大全說》卷五，〈泰伯〉篇，頁16。又《船山全書》第六冊，頁724
　　　～725。

爲「大德」。所以船山特引老子「橐籥」之說以爲喻證。所謂的「橐籥」，即指天之浩瀚，其爲涵蓋萬物，又不爲萬物所涵蓋，是以名爲「橐籥」，卻不見橐之爲何，亦不見誰人之鼓其籥。惟此說法，有時說得玄深，欲人人知解，恐亦不能，故船山即由高高之天，向內拉入，而以「天命之謂性」之「性」，作爲人之天，亦即由廣浩之天，內在而爲「性」理之天。

二、禮所歸攝之性義

禮之義在誠，誠得之於天，天則內化爲人之性，是禮之理，可化爲性之理，就其歸攝言，禮之理可涵人之性，而性之本體，又在乎氣。船山云：

> 理即是氣之理，氣當得如此便是理，理不先而氣不後。理善則氣無
> 不善；氣之不善，理之未善也。人之性只是理之善，是以氣之善，；
> 天道惟氣之善，是以理之善。〔註20〕

人之性是理之善，性爲理，然理不能離氣，理即氣之理，氣之善，即理之善，理中必有氣，理氣凝而爲性，在天爲「道」，在人爲「性」；然天不能無生，生則必有所變合；性不能無動，動必效於情才；是天道可化爲陰陽，人性可合爲仁義，此陰陽與天道，在船山言，又爲氣之實，是而理氣相合而有性，此性自然展見，形之於仁、義，乃至禮、智，亦莫非性之流露。然性之兼理氣，在船山者，與朱熹所謂氣質之性仍未相合。其辯程朱之性謂：

> 以愚言之，則性之本一，而究以成乎相近而不盡一者，大端在質而
> 不在氣。蓋質一成者也，氣日生者也。一成則難乎變，日生則乍息
> 而乍消矣。夫氣之在天，或有失和者，當人之始生而與爲建立，於
> 是因氣之失以成質之不正。乃既以爲質矣，則其不正者，固在質也，
> 在質則不必追其所以建立而歸咎夫氣矣。〔註21〕

又云：

> 質能爲氣之累，故氣雖得其理，而不能使之善。氣不能爲質之害，
> 故氣雖不得其理，而不能使之善。又或不然，而謂氣亦受於生初，
> 以有一定之清剛、濁弱，則是人有陳陳久積之氣藏於身內，而氣豈
> 有型而不能聚散之一物哉！故知過在質而不在氣也。〔註22〕

〔註20〕《讀四書大全說》卷十，《告子上》頁2。又《船山全書》第六冊，頁1052。
〔註21〕《讀四書大全說》卷七，〈陽貨〉，頁3。又《船山全書》第六冊，頁859。
〔註22〕同上，頁4；又《船山全書》第六冊頁860。

又云：

> 乃人之清濁剛柔不一者，其過專在質，而於以使愚明而柔彊者，其
> 功則專在氣。質，一成者也，故過不復爲功氣，日生者也，則不爲
> 質分過，而能（爲）功於質。且質之所建立者，固氣矣。氣可建立
> 之，則亦操其張弛經緯之權矣。氣日生，故性亦日生。（生者氣中之
> 理。）性本氣之理而即存乎氣，故言性必言氣而始得其所藏。〔註23〕

云「性本氣之理而存乎氣」，則性因氣而存，亦因氣而藏，性在氣中，氣
日生，性亦日生，融攝之道，即在氣中涵性，與「氣質之性」之氣到底有別。
畢竟程朱所謂「氣質之性」與「義理之性」有別，其「氣質」之「氣」，爲「清、
濁」之氣，稟清者爲賢，稟濁者爲愚；最簡要之說，如《朱子文集》〈答徐子
融〉所謂「氣質之性，只是此性墮在氣質之中。」朱子用一「墮」字，明顯
分出此「氣」因物而轉，亦隨物而染，非義理之純然，亦非本然之善性，與
船山「性本氣之理」之說，實質已有未同。

至云「氣質」者，程朱僅就「氣質」連言，船山則以「氣之質」說之，
謂「氣」可與「質」相合，然「質」必爲良質，否則如與「習」相相攝，久
之不免有害。然而氣之與質，其中關係究竟如何，船山未特別指明，遂使「氣
質」與「氣之質」之解陷於相互混淆之矛盾。

因之，純就「本然」意論之，則船山所指氣質之性，非爲習染之性。如
前所述，其氣之性，爲「氣質中之性」，則船山所謂之「氣」，當指萬物的本
源，亦即「天地之產，也必須從此著眼。」〔註24〕是所謂之「性」，必自「氣」
上著眼，必不同程朱之「氣」；且「天下豈別有所謂理氣。得其理，之謂理也；
氣原是有理底，盡天下之間，無不是氣，即無不是理也。〔註25〕」謂「理」
即「氣」，義理、氣質本一體，別無氣質之性外又立義理之性，此與程朱論說
之異，蓋已明矣。

然則船山思想中，其禮念之「性」與「命」應爲同一。其性是「生之性」，
氣爲「自然之流行」；以其爲生之性，自然隨「氣」的運行與變化。如前所述
「氣日生，故性亦日生，性本氣之理而即存乎氣，故言性必言氣而始得其所
藏。」是「性」本氣之理，而存乎氣，言性必言氣，「性」爲氣化之「性」，

〔註23〕同上，頁4；又《船山全書》第六冊頁860。
〔註24〕《思問錄‧內篇》卷1，頁14。
〔註25〕《讀四書大全說》《孟子‧告子上》卷十，頁9。又《船山全書》第六冊頁1058。

是乃可知。

三、禮所涵性之原發義

前云「天命」意、「性」意，皆在「氣質之性」打轉，似化費許多言語，然如不從此源頭入手，實無以理解船山「明誠」之道，亦無法知解船山純然之「禮」從何而來，故論天命及性，其實即說明「禮」之原委，蓋由「禮」而知「性」與「命」，道即在其中矣。至若船山之「性」說，前雖曾云承周張、程朱等而來，所述則仍在流行之義上周旋，於其基本意之申敘，似嫌未足，故今仍宜再就性之「原發義」多所闡述。

今者，若船山所云，人性爲氣化所致，然則人性究竟爲何？在船山而言，所謂「性」，乃具人之所以爲人的規定性，此規定性與他物必然有異。《張子正蒙注》謂「凡物皆太和絪縕之氣所成，有質則有性，有性則有德。草木鳥獸非無性無德，而質與人殊，則性亦殊，德亦殊爾。〔註 26〕」則人性即具人之爲人的確定性，此確定性船山以爲即是人的生命，亦人之具體意涵之生命，此生命與純生物之原始本能究竟不同，如前所引《論語・陽貨》夫子之論「性與天道」載「一人之生，一人之性」云云，其「生」即「性」，意謂人性即人生命的「存在」，而船山概以「生理」稱之，必謂「夫性者，生理也，日生則日成也。〔註 27〕」又前所引《思問錄・內篇》所云：「命日降，性日受。性者生之理，未死以前，皆生也，皆降命受性之日也。」則所謂「生理」，必然不是指人生理衝動的欲望而言，所指必爲人之爲人的確定性，即是人稟賦的質素。所謂「天以其陰陽五行之氣生人，理皆寓焉而凝之爲性。故有聲色臭味以厚其生，有仁義理智以正其德，莫非理之所宜。聲色臭味，順其道則與仁義禮智不相悖害，兩合者而互爲體也。〔註 28〕」則船山「生理」之義，所指即人稟賦的「仁義禮智」，亦即道德價值的根源。同理之語，若「仁義自是性，天事也；思則是心之官，人事也。天與人以仁義之心，只在心裏面，唯其有仁義之心，是以心有其思之能，不然，則但解知覺運動而已，此仁義之本而生乎思也。〔註 29〕」仁義本乎思，即禮智亦本乎思，由是知人的生命所涵蓋的道德準則，即船山所云「生理」之謂，亦原發之基本意。

〔註 26〕《張子正蒙注》卷 5，頁 74。
〔註 27〕《尚書引義》卷 3，頁 36。
〔註 28〕《張子正蒙注》卷 3，頁 21。
〔註 29〕《讀四書大全說》卷 10，頁 40。又《船山全書》第六冊，頁 1091。

再以氣化的義蘊言，船山所云「生理」，其第二層意義，一當指人之智慧與理性，一又爲社會道德的特徵。此種人性與道德價值的意念，近於孟子的四端之心，其間差異，在孟子是以直述之說言道德的良知，船山則以曲折思辨之言對道德意涵作更細緻的論述；此孟子所言是直線性的述論，船山之論，卻是螺旋式的曲進，雖進路不同，歸趨則一致。

至如孟子之後的釋「性」之道，有以「性」釋性，亦有以「理」及「習染」釋性；前者如東漢王充，後者如宋明學者。若船山之論，其「生理」之說，一則承王充的氣稟說，一則取宋儒引理入性之思，進之融成自身的氣蘊說，即前述「天以其陰陽五行之氣生人，理皆寓焉而凝之爲性」之論，當爲前有所承。

船山承王充、宋儒思想，受宋儒思想較王充爲深，是以就思想淵源言，本文仍著力於宋儒之見。惟就人性層面論，船山思想之展露仍力圖超越傳統，其爲從形下的「氣」，談「性」的局限，而深入形上之「理」來析論人性的內涵。然其「理」、「氣」之說，究竟與宋儒未同，人性論的觀點與宋儒出入亦甚大。進一層說，程朱的「理」雖有其規律性，但其「理」仍先於「氣」而存在，「理」是主宰「氣」先驗的本體。因之，程朱「性即理」的性，即非「人身實有其當然者」的社會道德特徵，而是帶有神秘的超驗性，其所謂的「理」，必然不是外在的「氣」，「理」、「氣」呈現分殊之況，之後，乃途轍而爲「天命之性」與「氣質之性」二元說的人性論，此與船山意見相左，是談船山禮說思想，如不從此點剖析，對其主體架構當亦無法瞭解。

四、禮之性乃理氣一體

在理、氣的聯系上，船山反對理、氣二元，而張理統於氣，此即氣的一元論。其云：「在天謂之理，在天之授人物也謂之命，在人受之於氣質也謂之性。〔註30〕」又云：「性即理也，即此氣質之性。〔註31〕」「天下豈別有所謂理？氣得其理之謂理也。氣原是有理底，盡天地之閒無不是氣，即無不是理也。〔註32〕」是船山肯定「性即理」，然此理必在氣之中，非氣外別有一理。若此諸例，《孟子・告子上》之議論，尤爲明確。

〔註30〕《讀四書大全說》卷7，〈陽貨〉，頁7，又《船山全書》第六冊，頁863。
〔註31〕《讀四書大全說》卷7，〈陽貨〉，頁7，又《船山全書》第六冊，頁863。
〔註32〕《讀四書大全說》卷10，頁9，又《船山全書》第六冊，頁1057。

理，即是氣之理，氣當得如此便是理，理不先而氣不後，理善則氣
無不善；氣之不善，理之未善也。〔註33〕

又云：

天人之蘊，一氣而已。從乎氣之善而謂之理，氣外更無虛託孤立之
理也。乃既以氣而有生，而專氣不能致功，固必因乎陰之變、陽之
合矣。有變有合而不能皆善，其善者則人也。其不善者則犬羊也。

〔註34〕

又云：

人有其氣，斯有其性；犬羊既有其氣，亦有其性。人之凝氣也善，
故其成性也善；犬羊之凝氣也不善，故其成性也不善。氣充滿於天
地之間，即仁義充滿於天地之間，充滿待用，而爲變爲合，因於造
物之無心，故犬羊之性不善，無傷於天道之誠。〔註35〕

上列之說，有可注意者，在船山惟以氣說天，氣有陰陽變合，故天惟有
「誠」而不能盡「善」。氣之變合未盡善，然不得謂天有不善，以天之造化本
出無心，而僅由於一氣變合之行於不容已〔註36〕。其次，船山亦以爲天之命
人，一半用理以爲健順五常，一半用氣以爲窮通壽夭；理只在氣上見，其一
陰一陽，多少分合，主持調劑者即理也。以是知凡氣皆有理在，則凡命皆氣，
而凡命皆爲理。

因之，船山所謂「理」、「氣」，二者並非獨立存在。依「理只在氣上見」
的用語，知「理」只是「氣」的屬性，理既在氣上見，理氣相合，一元論的
意義就更明確。所以如前述船山「氣質之性」，即非宋儒別於「義理之性」的
「氣質之性」。而是「氣質中之性」。是本文雖幾經周轉，無非申述此意，則
氣論必爲船山思想之精微奧邈處。再者，所謂之「質」，所指爲人的形質，範
圍人的生理；形質之內，則氣充之，而盈於天地之間。易言之，即人身以內、
人身以外，無非氣者，亦無非理者。理行乎氣中，與氣互爲涵蓋，故「質以
函氣」，而「氣以函理」；反向而言，則「氣」是人生命存在的物質基礎，所
以「函氣以生」；而「理」又是人性的本質，是人在現實存在的形上根據。以
是，於氣化生人時，固「命」之以理與氣，但理、氣在人身上卻是統一的，「質

〔註33〕同上，頁2。又《船山全書》第六冊，頁1052。

〔註34〕同上，頁2。又《船山全書》第六冊，頁1052。

〔註35〕《讀四書大全說》卷10，頁4，又《船山全書》第六冊，頁1054。

〔註36〕錢穆《中國學術思想史論叢·五》〈王船山孟子性善義闡釋〉頁134。

函氣，氣函理」，理在氣中，人性即「氣質之性」，亦爲人「本然之性」。

由此「性一元論」，船山當然不能認同程、朱的分性爲氣質、天命之性。
有如錢穆所言：

> 又張、程首有「義理之性」與「氣質之性」之分別，而朱子取以注
> 此章，謂：「此所謂性，兼氣質而言。」又引程子曰：「此言氣質之
> 性，非言性之本也。若言其本，則性即是理，理無不善，孟子之言
> 性善是也，何相近之有哉？」今船山曰：「豈孔持子所言者一性，而
> 孟子所言者別一性哉？」是針對朱注而發，語極明顯。又曰：「所謂
> 氣質之性，猶言質中之性。」而又將氣質二字分別言之，是於程說
> 顯不贊同，隱言之而已。並於義理之性，文中全未提及。〔註37〕

由是知船山不同意程、朱之分性爲氣質、天命之性，而以「性」爲涵理
與氣。故云：「性只是理，合理與氣，有性之名，則不離於氣，而爲氣之理也。
爲氣之理，動者氣也，背理也。故曰：『性不知撿其心，心則合乎知覺矣。合
乎知覺則成才，有才則有能。』故曰：『心則撿性。』〔註38〕」性爲理，然理
不能離氣，性乃統理與氣。心是性之動，動爲氣；心爲氣，氣不能離乎理，
心兼性情，動而有才，才而有能，才與能卻非性。因之，船山極力主張理不
能離氣而獨立，理乃是氣之理，所以性之合理氣，乃爲必然。

於是性兼理氣，說與朱熹「氣質之性」未合。朱熹所言二元之人性論，
先決條件即理在氣先，因而有善惡的論斷。如所云「天命之性」，因所稟之理
爲善，所以是善；而「氣質之性」，因其爲習染，所以是惡。此如：「人之性
皆善，然而有生下來善底，有生下來惡底。此是氣稟不同。〔註39〕」又如：「但
稟氣之清者，爲聖爲賢。如寶珠在濁水中，所謂明明德者，就濁水中揩拭此
珠也。〔註40〕」文中所謂「揩拭」，即指化性起僞的氣質之性。而在朱熹的思
想中，所謂「天命」、「氣質」之性，即是去「人心（欲）」，而成「道心」，亦
即存理去欲。然在船山言，既反對性之二元論，當然也拒絕禁欲的意向。人
性既爲一本，當無天命與氣質之性的對立，自然無必須除去的氣稟之惡，那
又何須「揩拭」？由此亦知船山人性之一元論，是徹底否定氣稟之惡，而將
天理統一於氣稟之中。

〔註37〕同上，頁132。
〔註38〕讀四書大全說》卷10，〈孟子·盡心上〉頁5，又《船山全書》第六冊，頁1108。
〔註39〕《朱子語類》卷4。
〔註40〕《朱子文集》〈答鄭子上〉。

至於「氣質之性」其義爲何？在船山者，即將之分爲「氣」、「質」、「性」、「習」四個觀念。依前之述，「質」是形質，由氣而成。譬人初生之時，即因氣而有形質，且一成不變；再以人的形質包括生理所有機能，也包括所有才能，即「心兼性情，動有才，才有能」之謂。其次，人的形相和聰明智慧，生即具有，各有不同，即人天生之質。氣是人的元素，化成人的形質，而充滿人身，以是人之質，由氣而成，質之不同，氣因之不同。再回轉說來，性兼理和氣，質本在氣的觀念之外，然質由氣而成，性便含有質。「質者，性之府也；性者，氣之紀也。〔註41〕」所謂氣質之性，即是此性。故而依上之推斷，顯然船山是反對人受命之初只有「理」，是以肯定「理」與「氣」相伴而生。因此，有理必有氣，人受命之初即是理氣統一於自然本性之中，當然無具先驗存在之「理」的「天命之性」。所以船山的「禮之性」，即是一本之性，亦即是氣質之性。易言之，在「理、氣」的關係中，理統一於氣，是人性中的理與氣並非歧立，而是融入一元的自然之本性，〔註42〕此一元的自然本性，在船山禮學中，毫無疑問，必爲思想觀念之主體，主體明，主幹必明；主幹明，其他枝葉即因得以明。

五、禮之性善說

如再就前之回顧，則船山肯定人性爲「生理」，且「理」在船山思想中又爲氣化之秩序與條理，此當與朱熹「氣質之性」有異。朱熹所講氣質之性，是解說性善惡的問題，主張本然之性爲善，氣質之性可善可惡。若船山者，則主張性無不善，理由是「性之善者，命之善也，命無不善也。」性善因「性」，來自天命，天命不能不善，但天命爲何？天命是陰陽之道，即是理，由是船山「性善」的根源，即在天命之理；此理即是天理。若從天理處著眼，則船山說法與朱熹之說可以相通，但船山卻不稱理爲性，因性必兼理和氣，這點與朱熹顯然不同。其次，人性之惡基本皆在於質，「夫氣之在天，或有失其和者，當人之始生而與爲建立，於是因氣之失以成質之正，乃既已爲質矣，則不正者固在質也。〔註43〕」意謂人生之時，由氣而成形質，氣的陰陽在結合時，有正有不正，質亦有正與不正；因質的正不正，性乃有善有惡。船山以

〔註41〕《讀四書大全說》卷7，〈陽貨〉，頁5，又《船山全書》第六冊，頁861。
〔註42〕胡發貴《王夫之與中國文化》頁145～146。
〔註43〕《讀四書大全說》卷7，〈陽貨〉，頁4，又《船山全書》第六冊，頁860。

－66－

為不正在於質，當不必追究到氣，所謂「在質，則不密追其所有建立而歸咎夫氣矣。〔註44〕」然而應該追究「質」所以建立的元素即是「氣」；質的正不正，應由氣承擔。以是知船山「質」的正不正，當非如朱熹所說「有其氣的清濁，氣清為善，氣濁為惡」；卻在氣的結合失和或不失和。因之，質的正不正，並非自氣來，而是來自陰陽的結合，此是船山與朱熹相異處。

再就「氣」本身說，氣有清濁，清為陽則剛，濁為陰則柔；然而不能謂「剛常」即善，「柔常」即惡；剛不得其正則惡，柔得其正則善。善惡不在氣的清濁，是在氣的正不正。人之初，得氣以成形質，質因氣之正或不正而成其為正為否。質的正不正，即是分辨人是善是惡的基礎；然而人之是善是惡，其構成因素，依船山之說，當不是「氣」，而是「習」。

後天之性何得善？習與性成之之謂。先天之性，「天」成之；後天之性，所以成之，則在乎「習」。乃習所以成乎不善者，物也。物何以不善？取物而後之所從來，必有所自起，當在氣稟與物相授受之交也。氣稟能往，往非無善；物能來，來非無善。一往一來間有其地焉，有其時焉；化之相與往來，如不能恆當其時其地，於是而有不當之物，物不當而往來者發不及受，則不善生矣。於是來者成蔽，往者成逆，不善之習成，而熏染以成固有，雖莫之感，而私意私欲蓋已發矣。

由是知，質之正不正，只是善惡的基礎。善惡的形成，在於行動，而此行動即是人氣稟與物的相接。人的氣稟乃是人心，人心與物相接而心動，動合於時合於地為善；不合於時不合於地則為惡。如《中庸》所說喜怒哀樂發時的中節不中節即為此意，亦禮節文之所詮解；相對以言，中節即合於時地，不中節即不合於時地，行動既久，蔚成習慣，習慣成自然，成為第二天性，即「後天之性習成之」之謂，既為熏染，欲其改之，恐是困難。〔註45〕

至於「後天之命習成之」之說，若逆溯以述，回至性善源頭，乃可看出船山所謂的「性」，是指人的本質，這本質是人之有道的文化基礎。易言之，船山是從人的社會倫理之屬性揭示人性的本質，所以否定人性無善無的說法，畢竟無善無惡之說是漠視人之為人的性以及人跟人的相處之道。因之，船山不同意告子自然的人性論，認為「食色性也」只是基本欲求的甘食悅色，不是真正的人性，真正的人性在其有「天性之善」，且又合於「人之有道」，

〔註44〕同上，頁5。又《船山全書》第六冊，頁859。
〔註45〕參考羅光《中國哲學史・清代篇》頁231～232。

亦即合於人類運作的軌道，否則僅能以「衝動」來形容人暫時的滿足，於「生理」的超越性應無助益。

此外，船山亦重視氣稟與物往來的「幾」效。所謂「幾」也者，是心意未動將動時的狀態，也是初動的氣，此氣延展出去，足以影響心之為正為否。蓋心因物不動，心不動，氣亦不動；物動，心隨之而動，氣亦隨之而動。此雖唯物的原則，然其動必為「正」向之動，否則必流於惡，其為善為惡，端倪在乎幾微，卻是聖、愚的差別。至於「幾微」之道為何，船山亦有其解：

> 天地無不善之物，而物有不善之幾。物亦非必有不善之幾，吾之動幾有不善於物之幾，亦非有不善之幾，物之來幾與吾之往幾不相應以正，而不善之幾以成。故唯聖人為能知幾，知幾則審位，審位則內有以盡吾形吾色之才，而外有以正物形物色之命，因天地自然之化，無不可以得吾心順受之正，如是之性亦無不善矣。故曰：「性善也」。嗚呼！微矣。〔註46〕

聖人所以道德臻於至善，在於知幾，知幾則能審位辨識，知何者當，何者不當，在內盡其性，在外順其命，因自然變化安然受之而得其正，趨善袪惡，其行始終如一，雖蠻貊夷狄之邦，皆無不可之行，則其性之善為可知。

六、禮之心性與情才的相關義

儒家論禮言性，其意在修身，而修身要緊工夫，即在正心。心的研究，在儒家學者中，常佔重要地位。王陽明在《陸象山文集》序中提出「心學」之說，又說心學的流傳，始於孟子，繼之者則為陸象山。陽明承陸象山之學，又主張良知，以為修身在致良知，王學遂被稱為儒家心學。實際上儒家學者都講正心，但對「心」的解釋則有未同。以朱熹言，其以心兼性情，即是心兼理氣。其意為人順天地之秀以生，秀為清氣，氣清則靈，人心靈明能知，為人身的主宰，然此是一般心性的論點，實際並未能解決性在善惡的歸屬性。對此問題，關係宋明儒的心性之說，宜先提出討論。

首先，對「心」的認知，須先設定心有其能正能負的能力。依此設定，則善惡之分，應定為心之不同方向的活動。譬在心外立一自存的「理」，心循理以進即為善，反之，即為惡，此是程朱的路數。若以「理」為內在於心者，則心之「理」，依順而去，表現之況，是可實現，亦可不實現，其先覺條件，

〔註46〕王夫之《讀通鑑論》卷10，頁2。

即在心有其正有其負，此路數又以陸王爲代表。程朱、陸王路數雖不相同，但就心設定的正負言，卻未見殊異。

再以「心」細論，人所涉及者爲一「普遍」與「特殊」的心。以程朱而言，其心中有其「共同之理」，亦有其「殊別之理」；而一般論斷中，常有原爲特殊者，誤判爲共同者，使「特殊」與「共同」混淆，遂不能循事物之「理」以應物。例如人之需要食物，此需要原是形軀之「性」，亦即其「理」，故不能說之爲惡；然若人以形軀的需求作爲一共同標準而處萬事萬物，則是以此形軀的「理」誤作萬物的「理」，此所生的活動，即形成一「私欲」世界，處處皆強萬物爲此形軀所用，而萬物皆不能實現其「理」矣。〔註47〕

進一層說，人之「心」可以誤以特殊爲普遍，即生「惡」悖「理」；亦可不由如此錯誤，即生「善」循「理」；此是程朱所云善惡的議題。然人「心」在何種條件下乃有此誤陷？以程朱之論，遂落於氣稟對「心」的限制上。蓋以氣稟本身亦代表特殊性，當其作主時，則「心」的普遍性即不顯；故程朱道德工夫之論，必落在「義理」與「氣質」之性的劃分上。此固非「氣質」皆惡，然亦強調氣質的特殊性，與「心」趨「理」的普遍性自有一衝突，此是概念上的理解。

至於船山之言「心」言「性」，其以爲人之「心」可以不合「性」。故引張載說謂：

> ……心也者，不可加以有善無惡之名。張子：「合性與知覺，則知惡、覺惡亦統此矣。」乃心統性，而性未舍心，胡爲乎其有惡之幾也？蓋心之官爲思，而其變動之幾，則以爲耳目口體任知覺之用；故心守其本位以盡其官，則唯以其思與性相應；若以思爲耳目口體，任知覺之用爲務，則自曠其位，而逐物以著其能，於是而惡以起矣。

〔註48〕

此處表明「心」之「思」可以和「性」相應或不相應；「心」的本位與「性」是相應的，若「心」只如此活動，即是守其本位，亦即所謂「道心」。反之，心如逐物，而「曠其位」，則不與「性」相應，而「惡」遂由此起。由此亦知，「心」與「性」如不相應，遂有「惡」的可能。依船山之說，「人心」本不必然與「道心」相合，其分「道心」與「人心」，即不以人心代表「心」。「心」

〔註47〕勞思光《新編中國哲學史‧三下》頁710。
〔註48〕《讀四書大全》卷10，《孟子‧盡心》上頁2。《船山全集》第六冊，頁1105。

字在《大學》的詮釋，指的是修身的出發點，謂「身之所自脩」；又非爲「動」，因「動」即是「意」，以是「心」者，是「未介於動，尚無意者也。」

> 龜山云：《孟子》一書，只是要正人心。此語亦該括不下，向聖賢語中尋一句作紐子，便遮蔽卻無窮之理。……孟子説心處極詳，學者正須於此以求見吾心之全體大用。奈何以至正人心字蓋過去。所云欲正之人心，則是仁義充塞後邪説之生心爾。若《大學》言正心，自是天淵。……《大學》夾身與意而言心者，身之所脩而未介於動，尚無意者也。〔註49〕

又謂：

> 孟子云：「存其心。」又云：「求其放心。」則亦道性善之旨。其既言性而又言心，或言心而不言性，則以性繼善而無爲，天之德也；心含性而效動，人之德也。乃其云「存」，云「養」，云「求」，則以心之所有即性之善，而爲仁義之心也。仁義，善者也，性之德也。心含性而效動，故曰：「仁義之心」也。仁義者，心之實也，若天之有陰陽也；知覺運動，心之幾也，若陰陽之變合也。〔註50〕

船山雖以孟子之學爲心學，但不贊成楊時（龜山）所説《孟子》一書只是正人心。正如上之所説，船山將心分爲道心和人心，卻不以人心代表「心」。再就「心含性而效動」言，實即孟子「心統性情」之説，此心即含性之善，性之善爲仁義，心之本質即是「仁義」，故稱仁義之心。此仁義之心，形之於外，是爲中規中矩，一切合於榘矱，即是合於「禮」。是「禮」存之於內，亦仁義之心；形之於外，即爲仁義之呈現，以是禮之心含其性而統性情，於仁義之心可見之。其次，仁義之呈現，亦禮之呈現，則仁義禮之心必有所動，心有所動，即發之爲意；意有所動，即出之爲情。是而心之統性情，即心性不分，此是宋明理學家的意見。

然在船山則性爲體，心爲用，而體用不分。既云性爲心之體，反過來說，心即爲「具體之性」。性本於理，理必合於氣，理合氣乃是心。因之，船山以爲「心」和「性」不分，當若「仁義之心」，即「仁義之性」；而禮之「心」，即禮之「行」。無論如合，或爲宋明儒，或爲船山，「心統性情」，亦或「心性不分」，其「禮」之體用，皆爲一致，亦皆爲善之端，殆無疑議。

〔註49〕《讀四書大全》卷8，《孟子·梁惠王》上頁1。《船山全集》第六冊，頁892。
〔註50〕同上，頁2。《船山全集》第六冊，頁893。

　　至於以「禮」的條件說，就內在的「心」、「意」言，心與意當有所別，亦即心非意。蓋以意包括忿懥、恐懼、愛惡、憂患等之情，是則情屬於意，不屬於心。意雖不是心，根本上仍屬於心，此心爲體，意爲用。朱熹解「意」，以意爲心動時之所向，所向爲志。志能動氣，氣又能搖動心，如是，心與意互爲因亦互爲用，所以說「意居身心之交」，謂心要動「身」時，「必以意爲之傳送」。然在船山，就禮內蘊言，「心」、「意」的互因互用並非必然，乃各自有其體有其用。譬如事件的發生，心可能未發，意卻將發；心靜爲內，意動爲外。是而從心所發的意說，那是心先意後。先者爲體，存於中；後者爲用，發於外。因此意之發，當然不盡是因心而起，其爲自感通來，無感通自無其意。這說法與朱熹顯然有異，卻因迂迴詮釋而有所牽強。最簡之例，如船山說「心不在，則身不能脩」，然而是否身不能脩，意即不能誠，此是個大問題。

> 所謂脩身在正其心者，以凡不能正其心者，一有忿懥恐懼好惡憂患
> 則不得其正矣，唯其心不在也。心不在焉，而不見不聞不知味，則
> 雖欲脩其身，而身不聽，此經所謂脩身在正其心也。〔註51〕

　　船山根據《大學》經文，以「正心」爲求心之所在，心不正，則是孟子所說「放其心」。心不存，身當然不能脩。而通常所說的正心，是使心得其正，心得其正，在於意誠。船山認爲心與意互爲因互爲用，心之正，不全靠意之誠；而意之誠，則靠心之正。然船山不願單提一心字而講「正心」，以爲只提心字，心將是空虛無物，所以刻意把心與意連在一起講，從而禮之念也貫穿其中。爲此，特別評擊陽明的「良知」說，以爲「良知」是空虛無物，因之，肯定心之實在乎「仁義」，故云：「仁義者，心之實也，若天之有陰陽也。」意謂「仁義」是心的實體，則仁義就是人的「性」。

　　心之實爲「仁義」，亦爲「禮」，則心之正亦得之仁義，得之禮，此即船山所謂天地有陰陽，心有仁義，陰陽爲天地的實體，仁義也是心的實體，推而言之，禮智之心，亦是實體。

> 必須說箇仁義之心方是良。蓋但言心，則不過此靈明物事，必其仁
> 義而後爲良也。心之爲德只是虛靈不昧所以具至眾理，應萬物者。
> 大端只是無惡而能與善相應，然未必其善也。須養其性以爲心之所
> 存，方使仁義之理不失。孔子曰：「操則存」，操此仁義之心，仁義

〔註51〕《讀四書大全說》卷1，《傳》第七章，頁4。又《船山全書》第六冊，頁422。

－71－

存也。「舍則亡」，舍此仁義之心，而仁義亡也。「出入無時」，言仁
義之心，雖吾心之固有，而不能必存在也。「莫知其鄉」，言仁義之
心不倚於事，不可執一定體以為之方所也。「其心之謂與」，即言此
仁義之心也。〔註52〕

　　心的本體，固然是靈明不昧，具有眾理，以應萬事；然僅就這層面說，
只講到心的特點，而且講得空洞。船山批評這種講法：「說此書者，其大病在
抹下仁義二字，單說箇靈明底事物，《集註》已未免墮在。〈北溪〉更添上一
段，描畫得恍恍惚惚，似水銀子，算來卻是無甚行貨，大概釋氏之說，恰是
如此。〔註53〕」船山不喜言虛，若心只是靈明不昧，便空虛無物，所以一定
要說仁義為心之實。以是孔子所講的心，即是仁義之心，所講的操舍存亡，
即指的仁義。心的仁義來自性。性有陰陽，所謂「形而上者，不離乎一陰一
陽也。」且而道在氣中，「氣自生心，清明之氣自生仁義之心。」孟子曾說心
有惻隱、羞惡、辭讓、是非四端，然這只是「端」，尚不是仁義之心，這仁義
之心，即是萬物皆備於我的心。

　　然而必如何才能見仁義之心？船山以為在「動」處體會方是恰當。譬「立
人之道曰仁與義」，仁與義俱在動處發現；又譬「維天之命，於穆不已。」那
是動而不已，而動之來，必因物之感；又譬《易》云：「感而遂通天下之故」，
所謂一陽來復的天地之心即是。聖賢之體天知性，居德行仁，無一非「動」
字。因此船山對孟子所說：「仁，人心也。」的解釋並不同意。蓋「心則只是
心，仁者，心之德也。徑以心為仁，則免守此知覺之靈明以為性。此程子所
以必於孟子之言為之分別也。然孟子，則固（豈）無病。〔註54〕」是此仁義
之心，依船山之見，即是「道心」〔註55〕，則仁義禮智，莫非道心。而道心
之所對即是人心，此人心卻非船山所謂的仁義之心。蓋因人心皆人所固有，
其靈明知覺，乃氣質之性，亦皆人人所有的具體之性，唯此心與物相交乃生
情，其情之所發，可中節可不中節，故云「人心唯危」。

〔註52〕《讀四書大全說》卷10，《孟子‧告子上》頁17～18。又《船山全書》第六
　　　　冊，頁1077～1078。
〔註53〕《讀四書大全說》卷10，《孟子‧告子上》頁18。又《船山全書》第六冊，
　　　　頁1078。
〔註54〕《讀四書大全說》卷10，《孟子‧告子上》頁20。又《船山全書》第六冊，
　　　　頁1080。
〔註55〕同上，頁19。又《船山全書》第六冊，頁1079。所云：「謂欲生惡死，是人
　　　　心，唯義所在，是道心；則區別分明。」

「人心」是人之固有，易與物相交，物交物則相引，即為下陷，是以必得「道心」，人性方得昇華。船山則就前述中和「未發」、「已發」處申說，所謂：

> 夫舜之所謂道心者，適於一而不更有者也。惟精惟一，僅執其固然而非能適於有，弗精弗一，或蔽其本有而可適於無者也。未發有其中，已發有其和，有其固有，而未發無不中，已發無不和，無其所無者也。固有焉。故非即人心而即道心，僅有其有而或適於無，故曰微也。〔註56〕

未發為人心，中為道心；已發為人心，和為道心。若「中」則為人心之中，「和」則為人心之和；「中」與「和」為心之本體；而惟精惟一者，即在執著心固有的本體，以是「未發無不中，已發無不和。」道心則無不中與不和，蓋「無其無所無者也。」然而人心的本體並不能始終堅定不移，於物交之際，易因物誘而生情，情之所發，又易與欲相接，乃而引心之不正，則發而不和，如船山所言：僅執其固然而非能適於有，弗精弗一，或蔽其可適於無者也。因此之謂「道心」。

至於人心與道心，其中別異何在？船山則以「人心統性」、「道心統情」二者述論。所謂「人心統性」的性，指的氣質之性，心則為靈明運動之心；道心所統，指的天命之性，天命之性蘊涵在氣質之性中。天命即是理，那是氣質之性的本原，這本原是以仁義之心為心的實質，乃至禮智亦莫非如此，而此心由清氣而生；而仁義之心必有理，理必有氣，天命之理合氣即是仁義之心，亦為禮智之心，所以道心即是仁義禮智的心。而謂之「道心統情」者，是因人心統性，道心是理，蘊涵在氣質之性，其與情是互屬關係，仍須透過氣質之性而運情；然氣質之性必因氣而生仁義禮智之心，此仁義禮智之心又可宰制氣質所生之情。因之，道心即統情，道心亦因情而顯。

今如仔細考量，船山的說法與程朱之說並無二致，只是船山喜歡繞箇大圈子。試看道心和人心之別，其幾微在心與物的交引處，旨義所在，即情感的發抒是否合於天命之理。合，則是天命之理直接流行，那是道心；不合，則是心受物交引的迷惑，不是天命之理，即是情感的無法節制，便是人心之惡。這道理程朱已談及，其以道心為心的本體，人心則是含有情感，若夫慾情本身亦非惡，但如人過於縱慾，便常傾於惡，因此人心常被看成惡。事實

〔註56〕《尚書引義》卷1，〈大禹謨〉頁13。

上，道心、人心都是人的心，心由性而成，性有動靜，動靜相反而有喜怒哀樂之情；情有動靜，動之來，因心與物的交感，若小人則惑於物，而偏於情之動；然情則有靜，靜則息，息則無，無則不虛，人心不虛，在有仁義禮智之實，這是動靜之分，也是君子小人之別。

總之，船山對道心人心的解釋，還是在道德的顯隱處立基，其二分法，即體爲道心，用爲人心。人心動而立時，道心隱；人心靜而息時，道心顯，此一動一靜，心即實而不虛，而情無自性，如無心物交感，情即不生而寂無。換言之，因心物之交而生情，然情能顯仁義之心，也能蔽仁義之心，顯蔽之際，即善惡之所繫；操持涵養，則在道心存養的是否。

再以性與才而言，船山以「人之體惟性，人之用惟才。〔註57〕」作導引，以才爲道之用，道即是性，才即性之用。人之能在盡其才，盡其才，則人無不善；不盡其才，則雖獲才仍不得其用，必不得其正而爲惡；然亦有獲其才而不得其正，因不得其正亦爲惡。至於人的是善是惡，仍不能歸咎於才，畢竟才只是表現，無才亦不能是惡，是因不得其正才是惡。是以關鍵所在，即在「動之幾」，如船山所言：「性不能無動，動則必效於情才，情才而無必善之勢矣。〔註58〕」由此知，爲惡不能歸之於才，爲善也不能歸之於才，「動之幾」才是善惡的由來。

> 孟子不將情才與性，一例竟直說箇善字，本文自明白：可以爲善，即或人性可以爲善之說也。曰：「若夫爲不善，非才之罪也。」則告子性無不善之說也。彼二說者，只說得情才，便將情才作性。故孟子特地與他分明破出，言性以行於情才之中，而非情才之即性也。……若夫爲善，非才之功，而性克爲主，才即輔之，性與才合能成其績，亦不須加以分別專歸功於性而擯才也。〔註59〕

船山舉孟子之說，謂孟子比人爲不善，不是才的罪，乃同於告子所說性無所謂善惡，只是人可以用它爲善，用它爲惡，其實是反賓爲主，性是體，情才是用，不能說性可以用於善可以用於惡，應該說情和才可以用爲善，可以用爲惡。其次，如作箇比喻，則「才」如眼睛可以看，如耳朵可以聽，眼睛和耳朵的聰敏即是才。若眼睛看邪色，耳朵聽淫聲，則不是耳朵、眼睛才

〔註57〕《尚書引義》卷4，〈洪範三〉頁17。
〔註58〕《讀四書大全說》卷十，頁6。又《船山全書》第六冊，頁1056。
〔註59〕《讀四書大全說》卷十，頁14。又《船山全書》第六冊，頁1064。

能的罪，有不是外面美色、聲音的罪，是情之向善向惡的罪。所以船山提到
「才不任罪，性尤不任罪，其能使爲不善者，不在情而何在哉？〔註60〕」而
情爲何？關鍵仍在動與未動之幾。心幾之動與未動，相接相契而生情，所以
情不是性，不是才，也不是心；爲善爲惡，不是情之才，不是才之動，是心
之動。而人之爲惡，惡即來自情，成於習，惡事之來，是情發而不正；情使
用才，才不能認爲惡之首，才受性的節制。性是理和氣，氣有理，理是情的
節制，氣發而爲心，心用理以節制情，使才盡而情歸於正。

　　歸結上列之說，船山所謂禮的內涵，仍是以「情」爲心和物交往之所發，
其情在心又在物，情用才，是心之動，卻又不屬於性。以圖爲說：

　　　性（體）……情（用）（已動、未動之幾）

　　　　↓　　　　　↓

　　　←才→心之動→（善、惡）

　　是「性」與「情」皆可爲善惡之幾，而「才」受性、「情」的節制，乃能
趨於爲善爲惡，最後連結，則在心之動與否。此即動而有才，才即所謂心之
官；心之體爲性，心之用爲情，而心之官爲才。合而言之，性、心之與情、
才關係密切，其顯其隱，亦在乎人的修持。

　　綜上之說，由禮的源頭論述，則船山禮的心性、才情之辨，基本上溯源
於《孟子》，此《讀四書大全》已可證。而如以義理深處論，則《讀四書大全》
所述較《禮記章記》爲過之，是以本書於「禮」基本觀點之認知，所取則《大
全》多，而《章句》少，然如以「禮」的架構論，則依衍展層面言，當爲《章
句》多，而《大全》少，其實以通篇說，當無所謂《大全》、《章句》多少的
問題，著意之點，只在材料取擇是否發揮船山禮之涵蘊，如此而已。

第三節　禮依誠立人道

　　船山言禮，以誠爲本，亦因性而顯義，故其心性情才之說，終結仍歸誠
道。此說在《禮記章句》中，於《學、庸》雖見之，範圍稍尟；《四書大全》
所載則多，故論禮之「人道」，所舉《大全》較能發揮船山之意，是而謹依此
書作底本，以抒發船山之見。

　　王孝魚《船山學譜》卷四〈修養論〉，立行「禮」之綱領，若〈論克己復

〔註60〕《讀四書大全說》卷十，頁16。又《船山全書》第六冊，頁1066。

禮〉、〈論念不可忘〉、〈論思維〉、〈論正心誠意〉、〈論求放心〉、〈論存養省察〉〔註61〕；其說有可取之處，然細分之，仍不離《論》、《孟》、《大學》觀點，蓋以船山思想由朱、張而上，其源仍在孔孟，是以王氏〈修養論〉舉「克己復禮」等目爲說，大體不差，只是引言及論述稍爲簡要，如再推而充之，於「禮」理念之闡述或者更爲清晰。因之，參酌王氏〈修養論〉所言，以「誠」爲體，依禮之進路，有所論列。

一、禮之思誠義

船山之修養論，其實即修爲之論，亦即如何作聖賢之論。推其源頭，乃本橫渠「性與天道合一存乎誠」之義，即以《中庸》「思誠」之說及《易》「存誠」之念爲教。此若《讀四書大全說》所謂：

> 盡天地，只是箇誠，盡聖賢學問，只是思誠。天地只是誠，而天無心以立教。唯聖人知其性之本於天之誠，而知性在乎思誠。故以誠立教也。〔註62〕

盡天地只是箇誠，所言即天道眞實無妄，無往不實。以其眞實無妄，之後生人生物，之後人物才有其性，此之謂一貫。以是天道之善人物，人物之性能凝天道之善，其源皆自於誠。故船山云：「惟其誠，是以善。誠於天，是善於人。〔註63〕」是人凝天道之善以爲性，此即天道之誠；有此誠者，即爲人之善。人能誠其所誠，善其所善，則能立一眞實無妄的人道，即可以繼天之道，亦所謂：

> 夫誠所以充乎萬理，周乎萬事，通乎萬物者，何也？……夫人之有道，因其有性，則道在性之中；人之有性，因乎天之有命，則性又在天之內。人受此理謂之天，固有其道矣。誠者，天之道也。二氣之運行，健誠乎健，順誠乎順；五行之變化，生誠乎生，成誠乎成。終古而如一，誠而以爲日新也；萬有而不窮，誠而以爲富有也。惟天以誠爲道，故人得實有其道之體。乃誠爲天之道，則道之用分天之所爲功，而存乎人。於是有誠之者焉。有是心，以載是德，故誠可存也；有是才以備斯道，故誠可發也。誠之未著於未有是理之中，而森然有理之可恃；誠之或虧於未盡善之中，而確然有善之不易；

〔註61〕 王孝魚《船山學譜・目錄》頁2～3。

〔註62〕 《讀四書大全說》卷九，頁11。又《船山全書》第六冊，頁996。

〔註63〕 同上，卷十，頁1。又《船山全書》第六冊，頁1051。

則命之所凝也，性之所函也，以起人生之大用，而爲事理之所依也。
〔註64〕

又謂：

天人同於一原，而物我合於一心者，其惟誠乎。實有是物，則實有
處是物之事；實有此事，則實有成此事之理；實有此理，則實有明
此理、行此理之心。知有所不至，則不誠；行有所不盡，則不誠；
以私意參之，但致其偏，而失其全，則不誠；以私欲間之，雖得其
跡，而非眞，則不誠。凡此皆棄其性之固有，人乃背天，而亦無以
感通於物矣。……君子之全學，歸於一誠之克盡；而天下之心理，
皆於一誠而各得。〔註65〕

又謂：

若反身而誠，則通動靜，合內外之全德也。靜而戒懼於不睹不聞，
使此理森森然在吾心者，誠也；動而愼於隱微，使此理隨處發，一
直充滿，無欠缺於意之初終者，誠也。外而以好、以惡、以言、以
行，乃至加於家國天下，使此理洋溢周遍，無不足於身者，誠也。

〔註66〕

所謂天道，當爲眞實無妄，以其眞實無妄，則日生日成。而物與天道，
固有往來，其往也，如由實入虛，則疑若不實；而如往而復來，則又由虛而
實，此一往一來，順逆相循，天道乃見。再以太虛也者，皆爲一實，則虛實
相合，乃爲天道之誠。若順此道觀物，則道爲眞，物亦莫不眞實，亦無不爲
誠，是往來之天地，其虛實相依相率，莫非一誠之所周遍。推之於物，則物
之生，當非才生即滅，必得合爲一生生之歷程，此生生之歷程，雖隨時變化，
然亦爲一誠之所周遍。然物只是物，雖爲誠之周遍，但仍不能凝天命以盡其
性，是亦不能載誠以爲德。唯一能盡之者，乃在於人，蓋以人能凝天命以爲
性，以性載道，而有此道之體，是以能率其性存其誠，能率性存誠，自能成
己成物，此集人思誠之功，發之爲禮，即能以之立道而合天道。

若夫人之思誠，其功效即在乎心，以心之官則思，是思誠者，乃心之事。
故云：「道者率乎性，誠者誠乎心。仁義禮智，性也；有定體而莫之流行者也。

〔註64〕《四書訓義》卷三，頁32。
〔註65〕同上，卷三十一，頁24。
〔註66〕《讀四書大全說》卷九，頁19。又《船山全書》第六冊，頁994。

誠，心也；無定體而行其性者也。〔註67〕」只以人心所以能思誠，蓋以心感物，則將有應物之事；有應物之事，則有當如何應物之理，如仁義禮智之理爲是。此理具於心，即爲心之性；理雖未顯，然理自森然而穩妥，則仁義禮智之善，即確然存之於是。因之，人如能竭其思之功，則知至理行，凡事皆善，而於此知理之間，純然專壹，無私意雜念，則心與理皆得，即能合於天人、物我之境。

再以人之無私無欲，胸中坦然，即能明理之所在，知亦無所不至，即可順之以行，且行無不盡，亦即可以存誠而發其誠。〔註68〕

故而人能知理以行，則知無不行，行無不盡，其思誠而誠之功得，人道之善即有以立。是以天之生人使有心思，乃由誠而明；人之承天而竭其心思，依知理而行，必爲由明而誠。由明而誠，則存人之誠，即存天之誠，乃達於天人之合一。若在賢聖之人，則一由明而誠，以合天而成聖成賢，能合天而成聖成賢，即能由誠而明。由誠而明，必爲率性以成己之事：由誠而明，又爲修道以成物之教。此故船山云：

> 天不容已於誠，而無心於明。誠者，天之道也；明者，人之天也（由明而誠）。聖人有功於明，（自誠而明，其明皆誠也。）而不能必天下之誠。明者，聖人立教之本也；誠者，教中所有之德也。（聖人之教中，即有此誠之德；而教人明，亦不外明此誠之德也。）賢人志於誠，而豫其事於明。則不明乎善，不誠乎身。學問思辨（明之事），所以因聖而爲功者也。此在天在人，聖修教，賢由教之差等，固然有其別。而在天爲誠者，在人則必有其明。明授於性，而非性之有誠而無明。（心能思，則有明矣。）故聖人有其誠，而必有其明。聖之所以盡性而合篇者，固其自然之發見。聖之所明者，賢者得之而可以誠。明開於聖教，而非教之但可以明而無當於誠。故賢人明聖人之所明，而亦誠聖人之所誠。……故曰不明乎善，不誠乎身。明雖在天所未有，而聖必有，（原注：自明誠，明字屬聖人說。）在賢必用。（明則誠矣，明字屬賢人說。）《中庸》所以要功於誠，而必以明爲之階牖也。〔註69〕

〔註67〕《讀四書大全說》卷三，頁30。又《船山全書》第六冊，頁545。
〔註68〕《唐君毅先生全集》卷十九，《中國哲學原論·原教篇》頁590。
〔註69〕《讀四書大全說》卷三，頁26～27。又《船山全書》第六冊，頁539～540。

以是知「自誠明」，有其實理；「自明誠」，有其實事。若聖人者，率性而顯理；賢人者，修道以自致；合而言之，則聖人之教，乃歸之於天；賢人之學，則學之於人。是教者，爲教人之學，然教必非學；而學者，爲學人之事，必因教而學乃有成，此聖賢之別，若其歸結，皆在乎誠。故知聖人之自明而誠，其明皆誠；賢人自誠而明，其必志於誠而明於事，終則由學問思辨以入。無論如何，爲聖爲賢，其所以明，皆自始至終以誠爲本，此即思誠之功，亦思誠之義。

二、禮通三達德之義

禮之內在爲誠，修養工夫則在思誠。蓋以思誠者，能致其知而盡其行，使知行也者，爲眞實無妄；人由此眞實無妄以明誠，即能上合天道，成就人之完善。然而此完善究竟爲何？乃善其所善之謂。以天道之善言，則天之生人生物，進之善人善道，此即《易》所云「元亨利貞」之善。是天之所誠，乃誠此元亨利貞之善；若人道之善，即凝此元亨利貞之善，以成仁義禮智之性善。而此善之端倪，既不在於天，亦不在於人，卻在天人之分際。所謂：

> 一陰一陽之謂道，道不可以善名也。誠之者性也，善不可以性域也，善者，天人之際者也。道不可以善名也。成之者性也，善不可以性域也。善者，天人之際者也。故曰繼之者善也。善有體、有用焉。繼之者善，體營而用生也；成之者性，用凝而成體也。善之體有四，仁義禮智也，繼天之元亨利貞，而以開人之用者也。善之用有三，曰智仁勇，變合四德之幾，而以生人之動者也。〔註70〕

船山以「仁義禮智」配「元亨利貞」，言四者爲善之體；而以「智仁勇」三達德爲善之用，是爲體用之相對應。以達德言，其爲由內達於外之德，正是善之用。如《中庸》云「好學近乎智，力行近乎仁，知恥近乎勇。」則好學、力行、知恥，皆自心的活動言，亦皆心之用，故船山乃以三達德爲善之用，以其爲心之所見，亦爲誠之所發。而自反向言，則用智不若用好學，用仁不若用力行，用勇不若用知恥。能用好學，即能達於智；能用力行，即能達於仁；能用知恥，即能達於勇。是好學乃知之始，智乃知之明；力行乃仁之始，仁乃行之純；而知恥乃恥己行有未逮。括而言之，三者皆在行其仁德，亦在行其禮教。蓋以智仁勇爲善之用，內在之體即仁義禮智，而禮智乃存於

〔註70〕《續春秋左氏博議》卷下，頁11。

仁義之中，終其歸宿，則在於仁。以是回溯智仁勇三者，其智，必知之明，而以明辨義；其仁，則爲行之純，行純則能循禮；至於勇者，壹在知恥，知恥則兼合禮義，若人能恥不義無禮，則寧死必不棄義，造次必不違禮，乃能成就所謂完美的人格。故論《春秋》之義即謂：

> 義成乎智，禮成乎仁，學者之所知也。當死而無棄義，造次而無忘禮，勇之兼成乎義禮者，固賓賓然夷猶委順，以修儒度者之所不知也。〔註71〕

夫三德之中，知恥尚勇尤爲重要，亦船山所特發揮。以知恥者，即能恥己之不義無禮，亦能恥人之不仁不智。其知之行者，既知善而行善，於尚勇處，即能恥己之不善，亦能恥人的不行善。是而知恥尚勇，即能知其所知，行其所行，進之知無不明，行無不盡，而致乎「誠之」之道。

三、禮貫仁義之用

「誠之」爲智仁勇之樞紐，而「誠」者又爲仁義禮之樞紐。而同爲「仁」者，有智仁勇之仁，亦有仁義禮之仁，關係爲何？其實仁者，本即心所凝具的天理，與三達德的仁，自不相妨。就人性之德說，仁即是「天下之達德」，是仁可與誠相通，亦可謂擇善固執的誠。因之，三達德的仁所言爲天德，而仁義禮的仁所言爲聖學，一以性說，一以理說，合之即爲通流之德。

至於聖哲有謂「仁者人也」之說，一說此「人」，便有徹始徹終、屈伸往來之理蘊寓其中。進一層說，「仁者」爲就人道以言，「人者」乃就天道以言。蓋一君子修道以仁，而天道則在立人。如同「親親」之義，仁者心中自然慈愛，那是人道；推人道於親親孝養，便是天道。於是仁者，爲見端於天理自然之愛；其親親者，又由仁推之於義道，於是由「義者宜也」一路而下，使得仁義並行，其義之所立，即合於天理當然之則，應事接物皆適宜而弗失，是以才能擇其善端推於親親之外，即所謂「尊賢」是也。船山云「仁義之相得以立人道，猶陰陽之並行以立天道。〔註72〕」亦即仁義相得，立其人道，而親親、尊尊之義以成。故船山引朱子云：「仁便有義，陽便有陰」〔註73〕之說，乃謂天地間既有陽，則陰自生；人道中既有仁，則義自顯。而仁義之施，

〔註71〕《續春秋左氏博議》卷下，頁11。
〔註72〕《讀四書大全說》卷三，頁3。又《船山全書》第六冊，頁516。
〔註73〕《讀四書大全說》卷三，頁3。又《船山全書》第六冊，頁516。

自有其由近及遠的等差之道，若其等差也者，即由禮以貫串，是禮之起，乃
爲仁義之大用。

　　再者，仁之與義，如首之與尾，彼此呼應。而禮者，通貫於仁義之中。
故由「事親」之仁，而爲「知人」之義，事親、知人之間，又以禮出之。此
因禮有其自然的節文，其中節文爲仁義所當爲，所以稱之爲「用」。好比「人
道敏政」，政要其敏，要得人心，必要行其仁義，而欲仁義行，爲政者須行其
彬彬之禮，使等差之間合其序，此即所謂立人道而有其品節。否則，只是立
人之道，品節不得彬彬之禮，則應對進退殊無節制，其政之「敏」必因之緩，
當無法行其「立」之基準。因之，就仁義禮三者言，雖皆立人之道，但無其
禮，其立亦不足訓。以是知仁者雖「天地生物之心」，義者雖「天地利物之理」；
在禮者，則爲「天地秩物之文」；必如此，道才能行之久遠，才能立人與達人，
亦以誠爲樞紐的主體，才能顯豁光燦。〔註74〕

四、禮行克己之義

　　誠爲立人的樞紐，禮爲仁義之發用，亦立人之節文。誠與禮，乃至仁義，
始終即在立人達人。惟欲立人，則己得先有以立，己不立，如何立人，又如
何達人。此故船山於「克己復禮」之義，申述特詳；於《論語・顏淵篇》所
述尤明，其解「克」、「復」之義即謂：

　　　　「克」字有力，夫人而知之矣，乃不知「復」字之亦有力也。《集註》
　　　　言：「復，反也」，反猶「撥亂反正」之反。〔註75〕

又云：

　　　　夫謂克己、復禮，工夫相爲互成而無待改轍，則可；即謂己不克則
　　　　禮不復，則復禮者必資克己，亦猶之可也；若云克己便能復禮，克
　　　　己之外，無別復禮之功，則悖道甚矣。〔註76〕

　　蓋以「克己」與「復禮」非等同之轍，克己而修養有得，即能復禮；但

〔註74〕此船山云：「道也，（脩身以道。）仁也，義也，禮也，此立人之道，人所當
　　　　脩者。猶地道之於樹，必莖、爲華、爲實者也。」而莖也、華也、實也，可
　　　　云之爲仁義禮，而仁義之華實，又待禮之莖以貫穿。若其所發，則大樹之展
　　　　露，此大樹亦以誠譬之，是以謂之樞紐。同上，頁5～6。又《船山全書》第
　　　　六冊，頁518～519。
〔註75〕《讀四書大全說》卷六，頁17。又《船山全書》第六冊，頁765。
〔註76〕《讀四書大全說》卷六，頁17。又《船山全書》第六冊，頁765。

非克己必能復禮。關鍵在克己者是爲己或非己，使克爲己，則己有得，即能從容復禮，以其出之以誠；使克而非己，只是一時之至，則其復禮難免虛飾，以其非爲誠。此如匡章出妻屏子，陳仲子母不能事〔註 77〕，雖能克己之欲，卻無法復禮，亦未見其有所得。

由此知復禮之功，何其精嚴。或以爲克己即爲復禮，此又未盡然。以禮之未復，則所克者，乃爲己私，既爲己私，即不得爲禮，亦非有所誠。然則克己必須復禮，此是據德、依仁的緊要性，亦存養省察之必要工夫。蓋以存養省察，在於摒其私意、私欲。如程子之言：「非禮處便是私意」〔註 78〕，其私意者，即人欲之謂。至如私意何所起，當在己欲之所發，若己所不欲，意必不生。易言之，己既起欲，意即不善，爲奸爲詐之事即爲之起，則其爲禮，亦因之以非，是爲非禮。故未能復禮者，雖其本無欲意，但欲卻乘虛以見端，因之，發念之間，心即有所不安，理亦有所不得，此即是自我之下陷，亦知克己工夫，是多麼不易。

至於非禮之視聽與非禮之言動，當未必即爲人欲。以非禮之視聽言動本已存在，那是一誘惑，不去關注，則亦無所謂之非禮。譬如鄭聲淫，佞人邪，如其「放鄭聲，遠佞人」，立定站穩，其淫其邪，自然可去。再者，之所以有私欲，其體仍在於己，必是心上發出不好底念頭，己意無法掌制，非禮之念即乘虛以入。以是要去禮之非，除克去非禮之視聽言動，要緊處，更要持志而勉勵以行。因之，船山以爲克己之「克」、復禮之「復」，必要極大的決心，才能克其所克，復其所復，必如此，私欲乃能去盡。如所言「乃己私意雖無所容於內而禮已充實，然猶浮動於外而以遏禮之光輝，使不得發越，則禮終有缺陷之處。是又復禮之後，再加克己，而己無不克，乃以禮無不復。此所謂『人欲淨盡，天理流行』也。〔註 79〕」故己之內雖以禮充實，然外仍有浮動之物以搖眩，若己無能克，則欲必進入，禮即有缺陷，是以必謂淨盡人欲，而後天理乃流行，惟此非容易事，必在其人之持志養氣，心不動搖，否則欲去私意，恐也困難，亦知修養之不易。

再者，修養在修身，船山所言克己之道，在乎義理層面，若典籍所載，可舉者仍多，亦可取以爲印證。如《中庸》云：「齊明盛服，非禮不動，所以

〔註 77〕《讀四書大全說》卷六，頁 17。又《船山全書》第六冊，頁 765。
〔註 78〕引自《讀四書大全說》卷六，頁 20。又《船山全書》第六冊，頁 768。
〔註 79〕同上，頁 23。又《船山全書》第六冊，頁 771。

修身也。」關於「齊明」者，船山《禮記章句》詮釋甚簡要。云「齊」者，謂「齊之言齊也，所以齊不齊而致其齊也。」又謂「明，猶潔也。」〔註80〕以爲潔身而明，盛服端正，當能致不齊以爲齊，即合修身之禮。「齊明盛服」之外，同爲《禮記》篇章之〈曲禮〉、〈少儀〉，皆是其禮。如〈曲禮〉所謂「夫禮者，所以定親疏，決嫌疑，別同異，明是非也。禮，不妄說人，不費辭。禮，不踰節，不侵侮，不好狎。修身踐言，謂之善行。行修言道，禮之質也。」此段言語，爲聖賢依禮書說教，船山解其「定」字，謂「不以私愛逆天倫也。」語義間，略見模糊，〔註81〕實則乃別姦佞之謂。又〈少儀〉之篇，所記即「少事長、賤事貴之禮。朱子所謂小學之支流餘裔也。〔註82〕」所述皆克己復禮之事。再以《春秋繁露・天道・施篇》亦載「夫禮，體情而防亂者也，民之情，不能制其欲，使之度禮。目視正色，耳聽正聲，口食正味，身行正道，非奪之情，所以安情也。」則正色、正聲、正味、正道，凡事出之以正，所謂制吾之目而勿視，制吾之耳而勿聽，至吾之口而勿言，制吾之心而勿行〔註83〕，則正心以制身，即合禮義之道，而臻誠之善德，概可知矣。

〔註80〕《禮記章句》卷三十一，頁 27。《船山全書》第四冊，頁 1270。
〔註81〕《禮記章句》卷一，頁 5。《船山全集》第四冊，頁 15。
〔註82〕《禮記章句》卷十七，頁 1。《船山全集》第四冊，頁 837。所取之禮，若相見，適喪，致賻，賓主交接，洒掃，問卜，侍尊長，事君，御車，饋贈，侍食，飲酒，膳羞等等，包羅甚廣。
〔註83〕劉寶楠《論語正義》卷十五，頁 484。

第四章　《禮記章句》理義旨要論

　　以前諸章言，論船山禮學淵源及其誠道思想，皆就禮之義理層面說，而通篇看去，知船山思想主體仍在義理。至其《禮記章句》抒解之處，則義理、考證兼而有之。亦知船山在學的進路上，於詁訓部份仍時有著意，非僅止於義理之言教而已。

　　若其《禮記章句》四十九篇，除《學庸》外，其四十七篇則義理與考證，皆時相對應，亦即義理之抒發有之，考證之處亦有之，順其篇章作一整理，仍能見出船山禮學端倪。因之，本章即就《學庸》之外的四十七篇，逐一統整，亦冀由諸篇章之旨要中，凸顯船山學問之廣涯與內蘊之深厚。

　　今如依船山所言，則禮之作為與仁相合，有其體亦有其用。所謂「緣仁制禮，則仁體也，禮也；仁以行禮，則禮體也，仁用也。〔註1〕」此體用說，自理處說，是仁體禮用，即「天道」之所藏；自行處說，是禮體仁用，即「人道」之所顯。易言之，「禮」兼合體用，可通乎天道，行乎人道，終則辨乎人禽，而歸之以誠。

　　至若《禮記》之作，篇章之間，有歸理之體，亦有為行之用。就大體言，與《周禮》、《儀禮》又互為表裏，此如船山所言「自始制而言之，則《記》所推論者體也，《周官》、《儀禮》用也；自修行而言之，則《周官》、《儀禮》體也，而《記》用也。〔註2〕」則《禮記》在制度、行為之意見，與《周禮》、《儀禮》必為不可分，其習禮之總結，即在成「為人」之道，此為不易之理，否則講禮只是說說，未能依禮以習，亦未能順禮而行，則其「仁」如何得顯，

〔註 1〕船山〈禮記章句序〉。
〔註 2〕船山〈禮記章句序〉。

又如何自謂「中國之所以為中國，君子之所以為君子。」所說不亦空談。由此知，船山〈禮記章句序〉提「仁」、「禮」之互顯，及《禮記》與《周禮》、《儀禮》之相倚，是在求體用之相互切當，將人之價值推至至善。

次者，若以船山《禮記章句》篇首旨要以對，則《學庸》之外，於仁體處，特重〈禮運〉、〈禮器〉、〈曲禮〉、〈學記〉、〈坊記〉、〈表記〉、〈經解〉、〈玉藻〉、〈深衣〉諸篇；若〈內則〉、〈喪服小記〉、〈大傳〉、〈少儀〉、〈雜記上〉、〈雜記下〉、〈喪大記〉、〈祭法〉、〈祭義〉、〈祭統〉、〈緇衣〉、〈奔喪〉、〈問喪〉、〈服問〉、〈三年問〉、〈冠義〉、〈昏義〉、〈鄉飲酒義〉、〈射義〉、〈燕義〉、〈聘義〉、〈喪服四制〉諸篇，則為禮之用，尤以冠昏喪祭為人生儀節，更為禮之所重；而〈曾子問〉、〈文王世子〉、〈哀公問〉、〈仲尼燕居〉、〈仲尼閒居〉，即為儒門為禮之展現；而〈檀弓〉之篇，其詆諆孔門之重，船山之述，卻甚簡要，或有所忽；至〈樂記〉、〈月令〉、〈明堂位〉、〈儒行〉，船山則頗斥其謬。綜合上列之說，依仁體禮用、人生儀節及批駁、有疑之論，順次言敘，於船山立人之述，所見當明。

船山《禮記章句》之仁體禮用說，其〈禮運〉、〈禮器〉、〈曲禮〉、〈學記〉、〈坊記〉、〈表記〉、〈經解〉、〈玉藻〉、〈深衣〉諸篇，其為言理言義，與船山思理關聯甚夥，依相關旨要，分四組以述，其〈禮運〉、〈禮器〉可為一說；〈學記〉可為一說〈坊記〉、〈表記〉可為一說；若〈經解〉、〈玉藻〉、〈深衣〉亦可為一說。依節次其衍義分述如下：

第一節　〈禮運〉、〈禮器〉、〈曲禮〉旨要衍義

船山所以重〈禮運〉、〈禮器〉，蓋以二者合於體用，載之以行，可以運天下而使之得宜。其論〈禮運〉謂：

> 「運」者，載而行之之意。此篇言禮所以運天下而使之各得其宜，而其所自運行者，為二氣五行三才之德所發揮以見諸事業，故洋溢周流於人情事理之間而莫不順也。蓋唯禮有所自運，故可以運天下而無不行焉。本之大，故用之廣，其理一也。故張子：「《禮運》云者，語其達也；《禮器》云者，語其成也。達與成，體與用，大人之事備矣。〔註3〕」

〔註3〕《禮記章句》卷九，頁1。《船山全書》第四冊，頁535。

　　「張子曰」之句，引自《張子正蒙‧至當篇》，所言「語其達」、「語其成者」，船山注云：「『運』云者，運行於器之中，所以爲體天地日月之化而酬酢於人事者也。〔註4〕」則禮運於器中，乃能酬酢於人事。如回顧〈至當〉篇原句，其文爲「禮器則藏諸身，用無不利。〔註5〕」船山注云：「禮器，禮運、曲禮之要。禮器於多寡、大小、高下、質文，因其理之當然，隨時位而變易，度數無方而不立所尚以爲體，故曰：『禮器是故大備』，言盡其變以合於常也，全乎不一之器，藏於心以爲斟酌之用，故無不協其宜。而至當以成百順。〔註6〕」亦知禮運之於器，在應時而變，然非絕不可減損，蓋以古有古之禮，今有今之儀，今儀未必定要合古禮，此才合於達用。如朱子所云：「禮，時爲大。使聖賢有作，必不從古之禮。疑只是以古禮減殺，從今世俗之禮，令稍爲防範節文，不至太簡而已。今所集禮書，也只是略存古之制度，使後人自去減殺，求其可行者而已。〔註7〕」又云：「所因之禮是天做底，萬世不可易。所損益之禮是人做底，故隨時更變。〔註8〕」是隨時更變、應時而變，皆在禮之運，禮之運存於器，則不泥於時而有所變，此方達其用，達用相符，大人之事乃備，所以如此，在其以天理之節文合爲大器，而不倚於一偏之謂。

　　又所謂「周流於人情事理之間而莫不順」者，相對於〈至當篇〉所言「運則化矣，達順而樂亦至焉矣。」船山注云：「禮運本天地日月之化而推行於節文，非知化者不能體。」又云：「通達大順，得中而無不和，則多寡、大小、高下、質文之損益，曲暢人情之安矣。律呂之高下，人心之豫悅，此理而已。蓋中和一致，中本於和而中則和，著於聲容，原均而動靜以時，所謂『明制有禮樂』也。故禮器以運爲本。」〔註9〕然則曲盡人情，則合〈曲禮〉之說，亦在「詔人之無微而不謹，尤下學之先務。〔註10〕」故而以〈曲禮〉開宗明義所云：「毋不敬，儼若思，安定辭。」即船山所謂：「以此自治而臨人，則天下之理得而情亦可通矣。〔註11〕」如是，理得情通，天下之事焉能不得其所運。

〔註4〕王夫之注《張載正蒙》頁167。
〔註5〕王夫之注《張載正蒙》頁167。
〔註6〕王夫之注《張載正蒙》頁167。
〔註7〕《朱子語類》卷八十四。
〔註8〕同上，卷二十四。
〔註9〕王夫之注《張載正蒙》頁167～168。
〔註10〕《禮記章句》卷一，頁1。《船山全書》第四冊，頁12。
〔註11〕同上，頁2。《船山全書》第四冊，頁13。

再者，述及〈禮器〉，張載既云「禮器則藏諸身，用無不利。〔註12〕」船山所注亦云：「禮器於多寡、大小、高下、質文，因其理之當然，隨時位而變易，度數無方而不立所尚以爲體，故曰：『禮器是故大備』，言盡其變以合於常也，全乎不一之器，藏於心以爲斟酌之用，故無不協其宜。而至當以成百順。〔註13〕」然「不一之器」如何藏心以斟酌之用，則橫渠、船山並未言說，所重在形上之理，於形下之器所述或簡明。然如以〈禮器〉旨趣言，船山所論，亦甚切要：

> 「形而上者道也，禮之本也；形而下者器也，道之撰也。禮所爲即事物而著其典，則以各適其用也。此篇詳論禮制之品節盡人情而合天理者，一因於道之固然而非故爲之損益，與〈禮運〉一篇相爲表裏，蓋一家之言也。運者體也，而用行焉；成乎器者用也，而要以用其體。張子曰：『禮器者藏諸身，用無不利，修性而非小成者與！』其說是已。」〔註14〕

然則何以禮器「即事物而著其典」，且「盡人情而合天理」，其義安在，仍待說明。若清阮元〈商周銅器說〉所論應可補足：

> 形上謂道，形下謂器。商周二代之道，存于今者，有九經焉。若器則罕有存者，所存者銅器鐘鼎之屬耳。古銅器有銘，銘之文爲古人篆蹟，非經文隸楷縑楮傳寫之比，且其詞爲古王侯大夫賢者所重，其重與九經同之。北宋後古銅器始多傳錄，鐘鼎尊彝敦槃戈劍之屬，古詞古文，不可勝識。其見稱于經傳者，若〈湯〉之盤、正考父、孔悝之鼎，其器皆不傳于今，然則今之所傳者，使古人見之，安知不載入經傳也。器者所以藏禮，故孔子曰：「唯器與名，不可以假人。」先王之制器也，齊其度量，同其文字，別其尊卑，用之于朝覲燕饗，則見天子之尊，錫命之寵，雖有強國，不敢問鼎之輕重焉。
>
> 用之于祭祀飲射，則見德功之美、勳賞之名，孝子孝孫，永享其祖考而寶用之焉。且天子、諸侯、卿大夫，非有德位，保其富貴，則不能制其器；非有問學，通其文詞，則不能銘其器。然則「器」者

〔註12〕同上，頁2。《船山全書》第四冊，頁13。
〔註13〕同上，頁2。《船山全書》第四冊，頁13。
〔註14〕見《禮記章句》卷十，頁1。《船山全書》第四冊，頁579。

先王所以馴天下尊王敬祖之心，教天下習禮博文之學，商祚六百，
周祚八百，道與器皆不墜也。且世祿之家，其富貴精力，必有所用：
用之于奢僭奇衺者，家國之患也。先王使用其才與力與禮與文于器
之中，禮明而文達，位定而王尊，愚慢狂暴好作亂者鮮矣。……故
吾謂欲觀三代以上之道與器，九經之外，舍鐘鼎之屬，曷由觀之。
〔註15〕

是器者，乃所以發爲尊王敬祖之心，而教天下習禮博文之學，其功甚夥，
本不可以等閒視之。而器之重要者，尤在鐘鼎，必如阮氏〈積古齋鐘鼎彝器
款識・序〉所言「三代時，鼎鐘爲最重之器。」亦惟鐘鼎而識三代文物、商
周文字，且知商周宗法之傳承，於文化流衍，得以徵實。其例如：1.立國以鼎
彝爲分器，譬周武王有分器之篇，魯王亦有彝器之分〔註16〕；2.諸侯大夫朝享
而賜以重器：譬周王予虢公以爵，晉侯賜子產以鼎〔註17〕；3.以小事大而賂以
重器，譬齊侯賂晉以地而先以紀甗，魯公賄晉卿以壽夢之鼎，鄭賂晉以襄鐘，
齊人賂晉以宗器，陳侯賂鄭以宗器，燕人賂齊以斚耳，徐人賂齊以「甲父鼎」，
鄭伯納晉以鐘鎛〔註18〕；4.以大伐小而取爲重器，譬魯取郜鐘以爲公盤；齊攻
魯以求岑鼎〔註19〕；5.爲述德徹身之銘以爲重器，譬〈祭統〉述孔悝之銘，叔
向述讒鼎之銘，孟僖子述正考父鼎銘，史蘇述商衰之銘〔註20〕；6.爲自矜銘以
爲重器，譬「禮至」以銘殺國子，季武子以銘得齊兵〔註21〕；7.鑄政令于鼎彝

〔註15〕阮元《揅經室三集》卷三，頁591～592。
〔註16〕事爲：《書序》武王分諸侯，「班宗彝」作分器。又《左定四年》分魯公官司
彝器：分康叔「大呂」，「姑洗」皆鐘也。
〔註17〕事爲：《左莊二十一年》鄭伯之享王也，王以后之鞶鑑予之，虢公起器，王予
之爵，鄭伯由是惡王。又《左昭七年》晉侯賜子產莒之二方鼎。
〔註18〕事爲：齊侯賂晉先以紀甗於《左成二年》。又魯公賄晉以鼎於《左襄十九年》：
「公享晉六卿，賄荀偃束錦加璧乘馬，先吳壽夢之鼎。」；又鄭賂晉以鐘於《左
成十年》：「鄭子罕賂晉以襄鐘。」杜注：「鄭襄公之廟鐘。」；又齊人賂晉以
宗器。《左襄二十五年》杜注：「宗器，祭祀之器。」；又陳侯賂鄭以宗器仍於
《左襄二十五年》；又燕人賂齊以斚耳於《左昭七年》；又徐人賂齊以鼎於《左
昭十六年》；又鄭伯納齊鐘鎛於《左襄十一年》，亦見《晉語》。
〔註19〕事爲：魯取郜鐘於《左襄十二年》；齊攻魯求鼎，《呂氏春秋》「齊攻魯求岑鼎，
晉君戴鼎以往，齊侯弗信。」又見《說苑》、《新序》。
〔註20〕此叔向、孟僖子、史蘇事，分載於《左昭三年》、《左昭七年》及《晉語》。
〔註21〕事爲：《左僖二十五年春》：「衛人伐邢，二禮（指禮至與其弟）從國子巡城，
掖以赴外殺之。正月丙午，衛侯燬滅邢，同姓也，故名。禮至自以爲銘曰：『余
掖殺國子，莫余敢止。』」又季武子事見《左襄十九年》。

以為重器，譬司約書約劑於宗彝，晉鄭鑄刑書於刑鼎〔註22〕；8.王綱廢墜之時，以天子之社稷與鼎器共存亡，譬武王遷九鼎于雒，楚王問鼎于周，秦興師臨周求九鼎〔註23〕。

　　由上諸例，則禮器以之尊王敬祖，且以之習禮博文，其為重要可知。即以之證史，亦信而有徵。此即「欲觀三代以上之道與器，九經之外，舍鐘鼎之屬，曷由觀之。」之義，亦〈禮器〉所云「禮器，是故大備。大備，盛德也。」是船山以此為總綱，而綜述謂「器有大小，有精有粗，有薄有厚，有貴有賤，各順其則，以成萬物之能而利生人之用，故合以成章而大備焉。〔註24〕」又云：「此章總言禮器之所自備而本之以德。〔註25〕」則合以鐘鼎之器，細以析論，乃知「器」之用，於禮之德，其義大矣。

第二節　〈學記〉旨要衍義

　　〈學記〉所述，為記學習得功用、方法、目的、效果，而推及教學為師之理，與〈大學〉闡揚之道術相為表裏，故甚為宋之理學家推重，以為《禮記》除《學庸》外，唯〈學記〉、〈樂記〉最近道。而若本篇所載，論親師敬業，為初入學不可不知的事，比較〈大學〉所言奧衍之理義，為更切實用〔註26〕。故如以〈學記〉、〈大學〉義蘊相表裏，復論〈樂記〉中禮樂相依之理，於船山之禮義，說述當更詳盡。船山〈學記〉旨要云：

> 此篇之義，與〈大學〉相為表裏，〈大學〉以發明其所學之道，推之大，析之密，自宋以來，為學者之所服習。而此篇所論「親師敬業」，為入學之事，故或以為末，而未及其本。然玩其旨趣，一皆格物致知之實功，為大學始教之初務。則抑未可以為末而忽之也。此之不講，乃有凌躐鹵莽，以談性命而詭於佛老者，為正學之大蠹，固君子所深懼也。〔註27〕

〔註22〕「司約」事為：《周禮・秋官・司寇第五》：「司約（契約），掌邦國及萬民之約劑，……凡大約其齊書于宗彝（宗廟常器），小約齊書于丹圖樣（丹書）。」又晉鄭鑄刑書於《左昭六年、二十九年》。
〔註23〕武王遷鼎、楚子問鼎事，均見《左宣三年》；秦興師求鼎，則見《戰國策》。
〔註24〕《禮記章句》卷十，頁1。《船山全書》第四冊，頁579。
〔註25〕《禮記章句》卷十，頁1。《船山全書》第四冊，頁579。
〔註26〕參見王夢鷗《禮記今註今譯》頁477。
〔註27〕《禮記章句》卷十八，頁1。《船山全書》第四冊，頁869。

　　船山之意，〈學記〉所論爲親師敬業之事，亦爲格物致知之實功，是大學始教的實務。以其爲實務實功，故不可以爲末，當以教之切務視之，此即宋之理學家所重，而與〈大學〉相表裏之謂。

　　至於「學」之意涵，《禮記章句》限於篇幅，只在句式上作一詮解，未專就「學」之展延多番衍說，惟既云爲「格物致知」之實功，且與〈大學〉相表裏，則船山心志及與此，乃屬必然，故在「學」之論題上，有必要作深一步之研析與探討。

　　以「學」之價值觀言，其爲一重要且複雜的問題。蓋以人須經過學習始能造就其才。因之，如何依嚴謹的態度進學，如何依切當的方法去學，又如何定下學之目標，終竟皆將影響個人且造就其人之是否成就完整的人格。

　　論及傳統儒者，皆曾就學之問題多所討論，於知性之學討論則較少。此因傳統儒者所定之學習目標，較爲重視道德人格之成就，所重即在具體實踐上用工夫，以今之名詞言，即「通識」之謂，亦即通識之學，行之得當，人格之完美得以成就，此爲現代教育觀點，本文當不必論列。

　　其實在傳統學習理論中，經驗之知的學習，並未在道德教育中受適當重視，甚至若干儒者亦以經驗之知的學習與道德人格之培育無關，此主觀之認定，當然迂腐而不切實際，所造就者，即是書呆子之流，譬後之顏元流輩，即強調道德理想不足訓，從灑掃應對作中學，才是緊要。由是知，現代新的教育理論，已不再是經驗之知與道德人格的分離，而是經驗之知與道德人格的相融，此意謂道德教育與精神教育，不能僅依倫理課程或公民課程的學習，亦即不能僅靠內修工夫，須要實踐之學，才能在現今時代潮流中有所挺立，故而吾人亦知學習者，及其學習過程、生活環境，在「學」的價值觀中，必密切銜接而不可契分。今再依上之觀點，就傳統儒者之念，作一匯整與分析。

一、學以成行

　　學是工夫，行亦是工夫。只學不行，學必空疏。反之，只行而不學，無內涵以處世，則行必不得其道。漢揚雄云：「學：行之，上也；言之，次也；教人，又其次也；咸無焉，爲眾人。〔註28〕」此同於〈學記〉云：「君子化民成俗，其必由學乎！」船山注云：

〔註28〕揚雄《法言・學行篇》。

人君飭法求賢，民悅其治而聽不及遠者，法未宜民而求之未必其用也；用賢宜民，四方歸之而民不鄉善者，政立而教未先，無以移民之志也。唯立學校以教其俊士，而德明於天下，則民日遷善而美俗成矣。〔註29〕

「唯立學校，以教其俊士。」有俊士，才能用賢宜民；無俊士，則民不得潛移默化，俗亦無法成其美善，是而「學」以教民，影響極大。然此中之學，船山以「學校」言，非自個人修習說，只以學校為大團體，所學之道多，所行之術亦多，而其發為賢人之途必多，以賢者之學導引眾民，眾民乃能有所遷，此雖化民成俗之行，亦同揚雄所云「咸無焉，為眾人。」亦即「化民成俗，其必由學乎」之謂。

二、學之歷程

學者，學於學校。然學必要有課程及年限，依課程、年限修習道術，依一定時間為之，循序以進，其成乃得。

〈學記〉云：

「古之教者，家有塾，黨有庠，術有序，國有學。比年入學，中年考校。一年視離經辨志，三年視敬業樂群，五年視博習親師，七年視論學取友，謂之小成。九年知類通達，強立而不反，謂之大成。」

此小成、大成也者，皆在言其次序。有如朱熹所言：「博學謂天地萬物之理，修己治人之方，皆所當學。然亦各有次序，當以其大而急者為先，不可雜而無統也。〔註30〕」所謂「以大而急者為先，不可雜而無統。」即為學之要道。至船山則就「古之教者」以下注云：

此謂先王立學建師之道也。古之仕而已也，歸教於閭里，旦夕坐於門以教焉。門側之堂謂之「塾」。五百家為「黨」，六鄉之屬也。萬二千五百家為「術」，在遠郊之外。堂有室曰「庠」，以養老為主，無室曰「序」，以射為主。「國」，國中。「學」，大學也。〔註31〕

又自「比年入學」以下注云：

「比年」，每年。「中年」，間一歲也。「一年」，考校之始歲。「視」，亦考也。「離」，析也，分析文義，知其旨趣也。「辨」，別也，旌別

〔註29〕《禮記章句》卷十八，頁2。《船山全書》第四冊，頁870。
〔註30〕《朱子語類》卷八。
〔註31〕《禮記章句》卷十八，頁4。《船山全書》第四冊，頁872。

其志，異於流俗也。「敬」，信而重之也。「樂羣」，行之和也。「博習」，
旁習於非所授之業，以考同異也。師嚴而親之，好學之驗也。「論學」，
於學有得而能自爲論説也。「取友」，知擇善也。「知類」，推廣其知，
以辨事類也。「通達」者，通所知以達於行也。「強立不反」，守之固
也。「小成」者，致知之功。「大成」者，力行之效。〔註32〕

由致知而力行，即由小成而至大成，此必爲學習之歷程，故「廣立學校
而以時考其成爲進退焉，則士勸於善而民知觀感，風行而天下歸之。〔註33〕」
最終目的當然是以學之所得來化民易俗，使近者悅遠者懷，即風行而天下歸
之之謂。

三、學須有法

學之終極，雖在化民成俗，然學不進，未有所得，學亦無益，更不用談
及化民之道。是以謹之於學，學方有益。最簡要者，莫過於孟子的「求放心」，
但那是心之專，卻無法可言，反而〈學記〉之言更能貼切。所謂「善問者如
攻堅木，先其易者，後其節目，及其久也，相説以解；不善問者反此。善問
者如撞鐘，叩之以小者則小鳴，叩之以大者則大鳴，待其從容，然後盡其聲；
不善答者反此。此皆進學之道也。」船山注云：

> 喻善問者因言以知意，即顯以察微，漸漬之久而大疑自決。若擇隱
> 奧者以爲詰難之端，而輕其淺易者爲不足問，是不誠於求知而躐等
> 以矜善問，終於迷而已，程子所謂「揀難處問」者也。

又云：

> 因問而答，大者不吝，小者不濫，而意味有餘，使人思而得之，引
> 伸於無窮。〔註34〕

合而言之，則學之法，在「顯以察微」，即由可見之物，察其奧微之理，
學者必不可因物之顯，即以淺易爲不足問，如是，胸即不誠，所求只在躐等
而矜善，非迷即茫，必也凡事皆問，所問切合理境，則問必有味，而大者不
吝，小者不濫，其味有餘，其思無窮，學乃日進，此故教者當審知學者理解
之淺深，而後聽其問以達其語，進之循循誘導，則學者思緒當豁顯明白。

〔註32〕 《禮記章句》卷十八，頁4。《船山全書》第四冊，頁872。
〔註33〕 《禮記章句》卷十八，頁4。《船山全書》第四冊，頁872。
〔註34〕 《禮記章句》卷十八，頁15。《船山全書》第四冊，頁883。

四、學待乎教

學若無師，必不得法，雖努力鑽研，亦事倍功半，穫之鮮少。蓋師也者，在傳其道，授其業，解其惑；若惑不得解解，業不得授，所傳之道，即空幻而渺茫。是以教與學，學與教，彼此相輔相成，此為可知。有如《孟子‧盡心》所云：「君子所以教者五：如時雨化之者，有成德者，有達財者，有答問者，有私淑艾者。此五者，君子所以教也。」則教人之術，莫善五者，養育英才，為君子所珍，其所不倦，皆在誨人。

〈學記〉亦云：「雖有嘉肴，弗食不知其旨也；雖有至道，弗學，不知其善也。是故學然後知不足，教然後知困。知不足然後能自反也，知困然後能自強也。故曰：教學相長。」就此段落，船山只解云：「學日益其所不足，則教不困。教而自強，則學益充。〔註35〕」亦謂學日益，則知之求益多，為教者，即更應所自強，乃能因應知之寬闊而不落於淺知。

五、學以興藝

學不能只求道，依然要以術相合，道術不離，學才有進。否則，日日講道，無術以行，不免僅於坐之而言，或者竟是清談之輩，以今之理念言，即職場技藝之謂。職場技藝興，術即有方，以之浸進，道即在前。而如只是存道，無藝以興，最後只為百一用之書生，見笑大方，亦何得用。此〈學記〉云：「學，不學操縵，不能安弦；不學博依，不能安詩；不學雜服，不能安禮；不興其藝，不能樂學。」船山注謂：

> 「學」，言凡學之道也。「操」，琴瑟曲名。「縵」，引也，今曲中有慢者，即其義。……「博依」，謂博通於鳥獸、草木、天時、人事之情狀也。「雜服」者，衣冠、器物、進退、登降之數也。「興」，尚也。操縵、博依、雜服，皆「藝」也。詩、禮、樂之精微，非樂學者不能安意而曲體之，然形而上之道，即在形而下之器中，唯興於藝以盡其條理，則即此名物象數之中，義味無窮，自能不已於學而道顯矣。〔註36〕

「形而上之道，即在形而下之器中。」其器亦術之用。易言之，名物象數乃藝之所興，其興於藝，即尚於藝，玩藝有得，自然曲盡其體，自能不已

〔註35〕同上，頁3。《船山全書》第四冊，頁872。
〔註36〕同上，頁8。《船山全書》第四冊，頁876。

於學而顯其道。是以操引琴瑟，博通禽鳥草木，乃至推明衣冠器物，皆所以因術而明道。則船山此注，當有辨明其非僅止於論道而已。

第三節　〈坊記〉、〈表記〉旨要衍義

〈坊記〉爲《禮記》第三十篇，〈表記〉爲《禮記》第三十二篇，第三十一則爲《中庸》篇章。論其旨要之推衍，則分二節述之：

一、〈坊記〉旨要衍義

言「坊」者，乃治人之道；「表」者，乃修己之道；而「中」者，在言「性」與天道。三者之間，爲天道、人道的依繫，關係極爲密切。就〈坊記〉旨要言，船山云：

> 此篇與〈表記〉相爲表裏。「坊」者，治人之道；「表」者，修己之道。修己治人之實，禮而已矣。性之所緣（由）失者，習遷之也。坊習之流則反歸於善，而情欲之發皆合乎天理自然之則矣。習俗氾濫以利其情欲者，爲凡民之所樂趨，故坊之也不容不嚴。是以篇內多危激之詞而疑於人之難與爲善，然苟達其立言之旨以與〈表記〉參觀之，則《易》所謂「過惡揚善，順天休命」之理於此著焉。〔註37〕

坊者，堤防。如鄭玄〈目錄〉所云：「名曰〈坊記〉者，以其記六藝之義，所以防人之失也。〔註38〕」則謂之「防」者，乃因習俗氾濫以利情欲，故有所防。蓋以情欲爲人之性，此爲生理之本然，亦天理之自然，然若因習俗之遷而致情欲犯濫，則性即失誤，人亦因之有所墮落，故防也不可不嚴。惟欲之來，如只以禮言說，謂如此乃能制欲懲忿，事實恐不可能，是禮之外，嚴格制約仍爲必要，此即船山所謂「篇內多危激之詞而疑於人之難與爲善」之意。

而其實就〈坊記〉通篇觀之，亦非皆「危激」之詞，要義所繫，仍在「上行下效」，故而君子以德服人，民亦仰之。若夫危激所至，用之以刑，乃爲不得已。觀其篇首云：「大爲之坊，民猶踰之。故君子禮以坊德，刑以坊淫，命以坊欲。」船山注云：

> 「坊德」者，坊德之過不及而制之中，所以坊君子之失也。「命」，令也，制也。中人以下者不能自強於禮，徇情而淫佚，徇形而從欲，

〔註37〕《禮記章句》卷三十，頁1。《船山全書》第四冊，頁1213。
〔註38〕《禮記注疏》頁863。

故爲之刑法禁制以輔禮而行，蓋因人情之下流，不得已而以維禮之窮者也。〔註39〕

則「坊德」者，防君子之失，其爲不得已。只以人因物欲而變，其徇情淫佚或徇形從欲，或心之晃動，或物之所誘，如禮不能約束，其刑法禁制乃得以行，是刑法禁制只能輔禮而行，非謂其爲必然。無論如何，禮、法二者，孰輕孰重，仍須有所判別，才能「命以坊欲」，否則，實難以維繫禮之困窮。因之，就禮之與法，依〈坊記〉之言，二者在效用及身份上，是有所不同：

（一）以效用言

最簡潔如《論語・爲政篇》載：「道之以政，齊之以刑，民免而無恥；道之以德，齊之以禮，有恥且格。」此段文字，船山《讀四書大全》未見注解，《家語・刑政篇》則引孔門師弟問達作印證。謂：「仲弓問於孔子曰：『雍聞至刑無所用政，桀、紂之世是也；至政無所用刑，成、康之世是也。信乎？』孔子曰：『聖人治化，必刑政相參焉。太上以德教民，而以禮齊之；其次以政導民，而以刑禁之。化之弗變，導之弗從，傷義以敗俗，於是乎用刑矣。』」所謂「化之弗變，導之弗從，傷義以敗俗。」即不受教化、不受引導，且不行正義而傷風敗俗，才用之以刑，是「刑」之不得已又爲一證。

至於〈坊記〉篇章，仔細考察，卻是無一字言「刑」者，而前後章次，又似上下失次，較值得提出之段落，如子云：「夫禮，坊民所淫，章民之別，使民無嫌，以爲民紀者也。」船山僅注云：「此一節孔子之言。男女之繼，不大明其別則無往而非嫌，章其別則無嫌矣。『紀』者，父子君臣之所正，以維繫人道而別於禽狄者也。」〔註40〕亦重在基本道德觀念，如踰越此道德尺度，結果如何，〈坊記〉未言，船山亦未述，目之爲「盲點」可也。倒是《大戴禮》於禮、刑之矩度與規範的分野，言之反較清晰。其〈禮察篇〉云：「爲人主計者，莫如安審取舍。取舍之極定於內，安危之萌應於外也。以禮義治之者積禮義，以刑罰治之者積刑罰，刑罰積而民怨倍，禮義積而民和親。故世主欲民之善同，而所以使民之善者異也。或導之以德教，或毆之以法令。導之以德教者，德教行而民康樂；毆之以法令者，法令極而民哀樂。哀樂之感，禍福之應也。〔註41〕」是導之以德教者，則善同；毆之以法令者，則善異。善

〔註39〕《禮記章句》卷三十，頁2。《船山全書》第四冊，頁1214。

〔註40〕《禮記章句》卷三十，頁2。《船山全書》第四冊，頁1238。

〔註41〕參引劉寶楠《論語正義》卷二，頁42。

之同異，此禮、刑效用之分際，乃爲可知。

（二）以身分言

君子與小人，其爲有別。此雖封建使然，亦身分之有不同。畢竟尊之與卑，天子之與平民，其價值所示，一爲天下之人，一爲民之個人，於禮之施行，到底仍有差異，其在天子如此，在諸侯亦如此。如〈坊記〉所言：「子云：『君子不與同姓同車，與異姓同車不服。』。」船山注云：「『君子』，人君之稱。『同車』，參乘也。『不同服』者《（周）禮》云『車右虎裘，御者狼裘。』又云：『御者恆朝服是也。』同姓有相代爲君之道，故分別尤嚴。〔註42〕」又如「君子約言，小人先言」句，船山注云：「言，所以自衒而求祿者。君子務進脩而不急人知，故其言若不足。小人飾言以干祿故行能未逮而先言之。有國家者貴德而不以爵祿爲尚，則小人無所售而君子進矣。〔註43〕」是君子、小人有別。惟此中君子究爲在位者或才德之人，仍須有所釐清。如同爲〈坊民〉篇，其引孔子云：「君子貴人而見賤己，先人而後己，則民作讓。故稱人之君曰君，自稱其君曰寡君。」所指乃在位者；而「君子辭貴不辭讓，辭富不辭貧，則亂益亡。故君子其使食浮於人，寧使人浮於食。」又爲指才德之人；二者分別蓋如此。

至若禮、法身份之別，則如《群書治要・治亂篇》引袁準所云：「夫禮者所以正君子也；法者，所以治小人也；治在于君子，功在于小人，故爲國不以禮，則君子不讓；制民而不以法，則小人不懼。君子不讓，則治不立；小人不懼，則功不成。是以聖人之法，使貴賤不同禮，賢愚不同法，毀法者誅，有罪者罰。爵位以其才行，不計本末，刑賞以其功過，不計輕重。言必出于公實，行必落于法理，是以百姓樂義，不敢爲非也。」其君子者，又爲在位者與才德之人的合稱。然則無論如何，皆在防民，而壹歸於正道。

二、〈表記〉旨要衍義

若夫「表」者，乃德行之建立。要義蓋指君子行爲之正及仁義相互關係，而謙謙禮教即蘊寓其中。以鄭注言，所謂：「以其記君子之德，見於儀表者也。」首以「子言之」爲開端，孔穎達疏云：「此一篇總論君子小人爲行之本，並論虞夏殷周質文之異，又論爲臣事君之道，依文解之。稱『子言之』，

〔註42〕《禮記章句》卷三十，頁6。《船山全書》第四冊，頁1218。

〔註43〕同上，頁9，又《船山全書》第四冊，頁1221。

凡有八所。皇氏云：『皆是發端起義，事之頭尾，記者詳之。』〔註44〕」引皇侃謂「子言之」者，在發端起義；其下如闡明其事，或曲說其理，則直稱「子」。其事若君子行爲、仁義互用，虞夏商周政教得失、事君之道、言行待人及卜筮等項，而謙益之風又煦然可見。鄭注、孔疏如此，至船山復爲一說，其云：

> 「表」者，植木爲標，以測高下淺深之度者也。凡爲坊者，必先立表以爲之則，表雖無與於坊，而爲坊之所自出，是坊末而表本也。以禮坊民，民猶踰之，既不可以爲無益而廢之，抑不可更峻其坊而束民以不堪，則唯反躬自治以正其表，斯正己之盡而物可得而正矣。故三代以禮坊民，而踰之也率在末君失德之世，則知表之爲重，而亦不可咎坊之徒勞矣。〔註45〕

所謂「坊末而表本」者，在防民也者，只是治標，非爲治本；論其本來，則在君子根本之修爲，此鄭、孔之言如此，船山之言亦如此。然船山不自「子言之」處著眼，而自「反躬自治以正其表」立論，是爲更深入一層。至於君子之德，內以化之，則在謙謙之美，此又〈表記〉之章所需推衍者。西人李約瑟曾內化觀察中國人之生活，而謂：

> 在中國社會裏，一個人的美德，社會的威望和最大的面子，都是由退讓中來，讓的風俗已經變成了中國文化重要的一環。

又謂：

> 凡在中國住過一段時間，親身體驗過出入門庭時，與眾人揖讓進退舉步維艱者，或是在宴會上看到學者先生們爭先恐後的搶末座的情形，都會了解面子和德望，在中國文化中實已成爲舉足輕重的力量。
> 〔註46〕

李約瑟的話證明「面子與德望」爲君子之風，亦中國文化特異之姿采。而謙讓之德又爲君子之所重，是以〈表記〉之「表」，當非外在之表，當爲謙讓君子之表。有如首句所云：「子言之：『歸乎！君子隱而顯，不矜而莊，不厲而威，不言而信。』」船山注云：「稱『子言之』者，挈其大綱，謂聖人之言如此，而凡所引伸皆斯言之義也。『隱』、『顯』，以出處言。以莊示人。『厲』，

〔註44〕《十三經注疏‧禮記》卷五十四，頁908。
〔註45〕《禮記章句》卷三十二，頁1。《船山全書》第四冊，頁1317。
〔註46〕中譯李約瑟《中國之科學與文明》第二冊，頁92。

以威加物也。夫子周流而道不行，乃反而信其自得之理不必施之政教，而但盡其躬行之實，自彊不息，合於天德時行物生之妙，默成於己，而天下萬世之興起變化皆自此出，所謂『不行而至，不疾而速』也。〔註47〕」船山之言，是有些複雜化，本爲君子之修養，而謂之以「合於天德時行物生之妙」，便爲理念之超越，與修養之意或有扞格。譬同爲「子曰」之第五章所載：「君子愼以辟禍，篤以不揜，恭以遠恥。」船山注云：「揜，蓋藏也。立志敦篤，所行皆實，直行而無蓋藏以辟譏非也。君子禍患毀謗恥辱之至，無規避之術，唯盡其誠敬而已，蓋處變而唯不失其敬也。〔註48〕」則此章便直就人事而講，並無天理之妙越可言。只是君子如何處變不失其敬，或如何規避毀謗恥辱，船山亦只以「誠敬」解說，並未進一步詮釋。而其實自禮之謙意言，於「表」義之闡明當更清晰。此清錢大昕《十駕齋養新錄》論〈謙讓〉所載，可作一補充：

> 孟子曰：無辭讓之心，非人也。又曰：辭讓之心，禮之端也，恭敬之心，禮也。恭敬辭讓，本非兩事，舍讓而言敬，則空虛無所著，雖曰言敬，而去禮愈遠矣。禮者，自卑而尊人，人與己相接，而不知退讓，則橫逆及之矣。天道虧盈而益謙，鬼神害盈而福謙，孔子至聖，賢於堯、舜，而自言竊比老彭，謙之至，讓之至也。有禮者敬人而人恒敬之，舍謙讓何以哉！〔註49〕

是有禮者敬人，人恆敬之，而此禮者，在自卑以尊人；能卑以尊人，時時自警，又能謙以待人，則禍患恥辱必不至，此即修身有得之謂，亦「表記」之顯義。

第四節　〈經解〉、〈玉藻〉、〈深衣〉旨要衍義

禮與五經爲體用關係，前已述及。其在「經解」篇復能就此抒發。船山以爲教化之實在禮，禮之根本在經，然禮之經須由生活細節以行，故〈玉藻〉、〈深衣〉之儀節亦須因禮而顯，是此三篇，應可合而觀之，宜就其旨要衍論之。

〔註47〕《禮記章句》卷三十二，頁2。《船山全書》第四冊，頁1318。
〔註48〕同上，頁4。又《船山全書》第四冊，頁1320。
〔註49〕《錢大昕全集》第七冊。《十駕齋養新錄》卷十八，頁485。

一、〈經解〉旨要衍義

　　《莊子・天下篇》嘗就學術源頭，分為《詩》、《書》、《禮》、《樂》、《易》、《春秋》，清馬敍倫曾疑其由古竄入，非〈天下篇〉本文。然則為經書作解題，當以本篇為最早，後之《通志堂經解》、《學海堂經解》等抒解經義之作，莫不仿此。細觀本篇文句，所採多為《荀子》、《大戴記》、《家語》之文，由總述六經宗旨及其得失，而後歸結於禮，極言禮之關係於社會生活的重要性。學者或以為本文出於漢儒所記，其篇首概冠以「孔子曰」三字，孔穎達遂通篇解其為孔子之辭，固屬拘泥，然如以其非儒者之說，又似有所偏失。若船山則直就〈經解〉一辭點題，不在篇章淵源處探求，是為高明。其云：

> 此篇首明六經之教，化民成俗之大，而歸之於禮，以明其安上治民
> 之功而必不可廢。蓋《易》、《詩》、《書》、《樂》、《春秋》皆著其理，
> 而《禮》則實見於事，則五經者《禮》之精意，而《禮》者五經之
> 法象也。故不通於五經之微言，不知《禮》之所自起，而非秉《禮》
> 以為實，則雖達於性情之旨，審於治亂之故，而高者馳於玄虛，卑
> 者趨於功利，此過不及者之所以鮮能知味而道不行也。〔註50〕

　　所謂「《易》、《詩》、《樂》、《春秋》皆著其理，而《禮》則實見於事。」則《易》等之書，為理之體，《禮》之作為理之用，蓋為可知。而所重當如鄭玄所言：「名曰經解者，以其記六義政教之得失也。〔註51〕」是引孔子之言：「入其國，其教可知也。」船山注云：「教行自上而習成於下，貞淫醇疵之本，不可不慎也。〔註52〕」言教化者，在風行草偃。

　　再如「其為人也，溫柔敦厚，《詩》教也；疏通知遠，《書》教也；廣博易良《樂》教也；絜靜精微，《易》教也；恭儉莊敬，《禮》教也；屬辭比事，《春秋》教也。」船山注云：

> 「為人」，謂學者言行趣尚之別也。「溫柔」，情之和也；「敦厚」，情
> 之固也。「疏通」，達於事；「知遠」，辨於古也。「廣」，量有容也；「博」，
> 志不狹也；「易」，心無險也；「良」，行不暴也。「絜靜」，安吉凶之
> 正也；「精微」，察性命之理也。「恭」，不傲也；「儉」，有制也；「莊」，
> 不狎也；「敬」，不懈也。「屬辭」，連屬字句以成文，謂善為辭命也；

〔註50〕《禮記章句》卷二十六，頁1。《船山全書》第四冊，頁1171。
〔註51〕《十三經注疏・禮記》卷五十，頁845。
〔註52〕《禮記章句》卷二十六，頁1。《船山全書》第四冊，頁1171。

「比事」，比合事之初終彼此以謀得失也。記者引孔子之言而釋之，
言自聖人刪定以後，立教之道盡於六經，爲師者以此爲教，俾學者
馴習而涵泳之，則變化氣質以成其材之效有如此矣。〔註53〕

　　上之疏解，一在辭之解，一在義之抒，知船山注《禮記》當非僅止於義
理之說，於文句詁訓亦頗用心，蓋以訓詁清晰，辭義必清晰，此爲當然。至
於〈經解〉之作，若文合而言之，首尾僅四章，雖篇幅甚小，然禮義所言則
多，故仍宜擇其要段，逐一以列。如：

「禮之於正國也，猶衡之於輕重也，繩墨之於曲直也，規矩之於方
圓也。故衡誠（準）縣（懸），不可欺以曲直，規矩誠設，不可欺以
方圓；君子審禮，不可誣以姦詐。

船山注云：

「誠」，苟也。「審」，亦誠也。「陳」，施也。……，爲治國之器垂之
後世，君子奉之以正國，則天則定而邪正明，雖有邪說詖行附仁義
以行其私者，莫之能亂矣。〔註54〕

　　釋詞部份，船山釋「誠」爲苟，然就上下詞義觀之，則殊不順。今以「縣」
字言，鄭注解爲「錘」〔註55〕，即「秤錘」之謂，如依船山意，則「衡誠縣」，
所解即成「秤苟縣」，義即不通。如以「衡」字解，其爲「秤」；而「誠」字，
孔疏解爲「詳審」，則此「縣」字與下文「陳設」等字義相近，不當解作「錘」。
故「縣」字當非鄭注之「錘」，而爲「懸」字，即用秤時的平均之狀。由是「誠」，
即應作「準確」解之，故「衡誠縣」，解爲「天秤準確懸著」〔註56〕，義較妥切。

　　次者，先王議道以治禮，爲治國之器垂之後世，則此治國之器，即前述
之鼎彝之謂，若鼎者，兩耳三腳，上刻祖宗功德文字，用爲傳世之寶；而彝
者，爲古之酒器，似樽而小，其爲宗廟常用祭器，亦記祖宗遺德，二者爲先
王傳世之禮器，必在位之君子正國之用。

又如：

敬讓之道也，故以奉宗廟則敬，以入朝廷則貴賤有位，以處室家則
父子親、兄弟和，以處鄉里則長幼有序。孔子曰：「安上治民，莫善
於禮。」此之謂也。

〔註53〕《禮記章句》卷二十六，頁2。《船山全書》第四冊，頁1172。
〔註54〕《禮記章句》卷二十六，頁5。《船山全書》第四冊，頁1175。
〔註55〕《十三經注疏‧禮記》卷五十，頁846。
〔註56〕王夢鷗《禮記今註今譯》下，頁647。

船山注云：

> 章首當有「夫禮者」三字，蓋闕文也。恭敬辭讓，人性固有之德，
> 而禮以宣著其節文以見之行者也。敬禮之用行而道達於天下矣。
> 「入」，謂即朝位也。「位」，序也。「安上」，謂上下辨、民志定而上
> 安其位也。〔註57〕

「安上治民」，爲明君之道，造端則在於禮。同於《禮記‧孔子閒居》：「夫
民之父母乎，必達于禮樂之原，以致五至而行三無，以橫於天下。四方有敗，
必先知之，此之謂民之父母矣」；亦同於《大戴禮記‧主言篇》：「昔者明主，
內修七教，外行三至。七教修焉可以守；三至不行，雖征不服。是故明主之
守也，必折衝乎千里之外；其征也，衽席之上還師。是故內修七教而上不勞，
外行三至財不費，此之謂明主之道也。」所謂「五至」，即孔子所云：「志之
所至，詩亦至焉。詩之所至，禮亦至焉。禮之所至，樂亦至焉。樂之所至，
哀亦至焉。」蓋以「詩、禮、樂、哀」，無不與民利害相關，此之謂「五至」；
若「三無」，亦如孔子言：「無聲之樂，無體之禮，無服之喪」，亦關係生民之
悲喜，故以重之，終其節文，則在於禮，此即「安民」之義。
又如：

> 禮之教化也微，其止邪也於未形，使人日徙善遠罪而不自知也，是
> 以先王隆之也。《易》曰：「君子慎始，差若豪（毫）氂（釐），繆以
> 千里。」此之謂也。

船山注云：

> 「微」，深至也。六經皆聖人之教而尤莫尚於《禮》，以使人之實踐
> 於行，則善日崇而惡日遠，蓋易知簡能，而化民成俗之妙，至於遷
> 善而不知爲之者，則聖神功化之極，不舍下學而得之矣。〔註58〕

聖人之教，在於六經；實踐於行，則在於禮。禮之實踐，又在恭儉莊敬，
君臣之間，恭儉莊敬，則居處有禮，進退有度，百官皆得其宜，萬物皆得其
序，此即謂之合節，合節之道，即《詩》所云：「淑人君子，其儀不忒。其儀
不忒，正是四國」。此「不忒」，即不差；「四國」，即四方之國。四方之國所
以不差，在王者動必以禮，禮動四國，其德其教必配乎天地而爲立教之本，
亦即〈經解〉之本意。

〔註57〕《禮記章句》卷二十六，頁6。《船山全書》第四冊，頁1176。
〔註58〕《禮記章句》卷二十六，頁7。《船山全書》第四冊，頁1177。

二、〈玉藻〉旨要衍義

　　船山重〈經解〉，亦重〈玉藻〉，以前者爲禮立教之本，而以後者爲服冕之制。是知船山禮說，義理之外，亦究心於名物制度，而其以名物制度爲重者，則在辨乎人禽之別。

　　今如以鄭目錄所云：「名曰玉藻者，以其記天子服冕之事也。〔註59〕」首記爲天子諸侯衣服飲食居處之法，中間自始冠緇布冠至其他則皆從男子，專記服飾之制，依次是：冠，衣服，笏，韠〔註60〕，以及后夫人命婦之服，其前後又雜記禮節容貌稱謂之法，此爲本篇之大概。若其記事，則略同〈曲禮〉、〈王制〉、〈深衣〉、〈少儀〉等篇章，而《禮記》中考見古人名物制度者，仍以此篇爲較詳盡，然細觀本文，多逸文錯簡。由上下文體觀之，則從「冠」、「冕」至男女衣服帶韠之制度，自餘飲食趨走坐立之儀文，或疑

> 此篇備記冠服之等章，而交接容貌稱名之儀以附之以見。世降禮壞，夷狄之習日移，而三代之法服幾無可傳焉。有王者起，修明章服以爲典禮之本，亦尚於此考而知之，非小補也。《易》曰：「黃帝、堯、舜垂衣裳而天下治，蓋取諸乾坤。」衣裳之義，繫於三極之道，亦甚重矣。人之所以爲人而別於禽獸者，上下之等，君臣之分，男女之嫌，君子野人之辨，章服焉而已矣；否則，君臣混處，男女雜穢，而君子之治野人也，抑無以建威而生其恭，故曰：「天尊地卑，乾坤定矣；方以類聚，物以群分，吉凶生矣；在天成象，在地成形，變化生矣。」衣裳者，乾坤之法象，人道之紀綱。寒而毛，暑而裸，於人亦便矣安矣，而君子甚惡其便安者，唯其裂法象乾坤且比毀也。習於禽狄，便而安焉，乃以疑先王之法服繁重侈博，寒不足溫而暑不足清，則人道之僅存者漸減濱盡，而不亦悲乎！〔註61〕

　　船山所重，乃在君子之端其容貌儀止，其引《易》云「黃帝、堯、舜垂衣裳而天下治」，蓋取之無爲而治，而所云「取諸乾坤」者，又爲君臣上下之治，蓋必如此，君臣之義才能顯現，禮法才能有所施行，否則君臣無分，上下無別，混爲一同，即男女亦無所避嫌，倫類豈非亂失，倫類亂失，豈非無次序，既無次序，又豈能垂衣裳而使天下治？故本篇雖僅記先王法服，而君

〔註59〕《十三經注疏‧禮記》卷二十九，頁543。
〔註60〕古禮服前下垂膝之長幅。
〔註61〕《禮記章句》卷十三，1頁。《船山全書》第四冊，頁723。

臣上下之禮蓋已入乎其中。

至名為「玉藻」者，孔疏云：「藻，謂雜采之絲繩以貫於玉，以玉藻飾，故曰玉藻也。〔註62〕」船山注云：「玉，琢玉珠。藻，《周禮》作『繅』（音ㄙㄠ），雜采組也。玉藻，藻而貫玉，繫於冕上版。〔註63〕」據此，知「玉藻」為粧點之用。而船山所以重此篇，為以三代服制為法統，而別夷狄，其義深焉。故首句「天子，十有二旒（音ㄌㄧㄡˊ，古代帝王帽子前後之垂玉。），前後邃延，龍卷（同袞）以祭。」「玉藻」注外，船山亦注云：「十有二旒，前後皆然，每旒十有二玉。延，版上覆巾，玄表纁裏，前後垂。邃，深也。孔氏以叔孫通所制漢冕放之，延廣八寸，長尺六寸，下垂深長，故曰『邃延』也。龍卷，袞冕九章，龍為之首。祭者，祭宗廟（廟）也。宗廟之祭，以昭世守，故盛飾焉。〔註64〕」關於「玄表纁裏」句，亦同鄭注之「玄表纁裏」。然據《守遺經》、《金陵》、《啖柘（音ㄓㄜˋ）》本作「元衣纁裏」，「元」，係避諱，「衣」為誤字，馬宗霍《校記》指出之，《太平洋》本作「元衣纁裏」，「元」字改正，而「衣」仍誤〔註65〕。是「玄表纁裏」，正確句式當為「元衣纁裏」，鄭玄誤之，船山承鄭注亦誤，則馬宗霍等依「避諱」及字誤使原句以明，其校勘之功不可掩。此外，天子龍袞祭祀，當為宗廟之祭，所以如此，即在「昭世守」，其延展之義，在於世業永存，故為隆重。是如船山所云「有王者起，修明章服以為典禮之本。」乃得其證。

再者，藻飾之例外，天子所顯之盛容，〈玉藻〉三十章中亦屬見之，所見之例，如：

> 天子搢珽，方正於天下也。

船山注云：

> 「搢」，插於帶也。天子之笏曰「珽」，《考工記》謂之「大圭，長三尺，杼上終葵首」。「終葵」，椎也，其首如椎頭，四角正方，無所詘殺。「方正於天下」者，示無私之義。〔註66〕

無私之義，在其為公，公者，王道之始。既無所屈殺，當能方正於天下，此為天子所舉「笏」之意。又如：

〔註62〕《十三經注疏·禮記》卷二十九，頁543。
〔註63〕《禮記章句》卷十三，頁2。《船山全書》第四冊，頁724。
〔註64〕《禮記章句》卷十三，頁2。《船山全書》第四冊，頁724。
〔註65〕同上。引楊堅校勘注二。
〔註66〕《禮記章句》卷十三，頁9。《船山全書》第四冊，頁733。

古之君子必佩玉，右徵角，左宮羽。趨以〈采齊〉，行以〈肆夏〉，
周還中規，折還中矩，進則揖之，退則揚之，然後玉鏘鳴也。

船山注云：

> 「古」者，記者之辭，指三代而言也。「左」、「右」，佩有兩繫。「徵
> 角」、「宮羽」，其大小輕重合四者（各印本作「音」）之數，數合則
> 聲合矣。徵角之數合一百一十八，宮羽之數合一百二十七，輕重相
> 互幾於均矣。門外則趨，〈采齊〉亦門外之樂也；堂上則行，〈肆夏〉
> 亦登堂之樂也。趨行之步，疾徐與之相應，雖無其樂，節不改也。「周
> 還」，回行也，回旋必圓，不遽爲向背也。折還，旁行也，旁旋必方，
> 不邪迤也。「揖」，猶抑也，進則佩易飄揚，斂抑之使聲不迫也。「退」，
> 逆爲也，佩倚身而不鳴，揚之使鳴也。趨、行、周、折、進、退之
> 不失其節、玉乃鏘然鳴，中於五音也。〔註67〕

此處所言「君子」，非指天子言，然此「君子」，卻是三代之人物。三代
人物，如爲君子流，其身佩玉，其行從容；玉聲合於徵角宮商；趨則與〈采
齊〉之樂節拍相應，行則與〈肆夏〉之樂節奏符；迴身依圓形而行，旁行則
走方形；前進時，使玉聲不急迫，逆退實，使欲玉佩倚身不鳴，聲之所發，
合於鏗鏘之五音，此謂處處中節，即爲君子之行，以此推廣，上至天子，處
處亦合節，王道之治即在其中。亦知爲天子、爲君子，其容其飾，均須有所
擇，而風行草偃，民方以治。

三、〈深衣〉旨要衍義

船山以〈玉藻〉、〈深衣〉相連，雖重服飾，其實乃申先王之德，而其用
心，當爲人禽之辨，亦夷狄與華夏之辨義。至章旨部份，船山所論：

> 「深」之爲言邃也。凡衣裳之制，各成齊而不相連，唯深衣裳連於
> 衣，被體深邃，故謂之「深衣」。「深衣」者，自天子達於庶人皆服
> 之，爲之布，緣之以采，天子諸侯服之以養老，大夫夕深衣以燕居，
> 庶人則以爲祭服。古者衣冠之制皆有定式，著之爲書，今皆佚而不
> 傳，唯此衣者，儒者以爲燕居講說之服，故垂及於周之末世，典禮
> 淪廢而其制猶可考，是以得傳焉。夫一衣之制，又非朝祭之盛服，
> 疑若瑣細而不足紀，乃其以飾威儀而應法象者，其用如此之大，不

得而稍踰越也。故《易》曰：「黃帝、堯、舜垂衣裳而天下治，蓋取諸乾坤」，是天之經，地之義，人之所以異於禽獸，中國之所以異於夷狄，君子所以異於野人，而養其氣體，使椎鄙淫冶駘戾之氣潛移默化而不自知，誠人道之切要也。自秦以後，五胡入中夏，袴帶袍靴雜於朝祭之服，唐宋之主，因陋塗飾而無能滌正。而深衣一制獨賴此篇之存，故司馬（光）、程（頤）、張（載）諸大儒得以祖述而制之爲服，至于朱子，詳考鄭氏古註之文，折衷至當，復古而爲之式，俾學者得以躬被先王之法服，是知此篇之得不佚亡者，誠學者之大幸也。其篇內所未盡者，見於〈玉藻〉。今依朱子晚歲所定之制而參以鄭註，爲之詳釋，使來者有所考焉。凡一章。〔註68〕

船山之意，〈深衣〉者，蓋「儒者以爲燕居講說之服」，雖「典禮淪廢而其制猶可考，是以傳焉」。以爲此衣之制，可以別中國之與夷狄、君子之與野人。然如由篇章觀之，本文旨要仍在說明深衣制度之「意義」，而非專記深衣之「制度」，故船山之述，或有值考量之處。

就文體篇章說，或係詮釋制度原文的講義，其關於制度之記，如「短毋見膚，長毋被土」之類。而其原文尚不足三百字，且錯簡甚多，語氣亦不盡完全，如「制十有二幅」至「善衣之次也」一節，應接於「規矩繩權衡」之後方合；又「具父母之大母」一段，仍爲附記之語；若其「五法」之言，實受陰陽五行思想之支配，以此推測，此類於講義之文，當不早於三國魏相時代。

今以本篇文短，故仍就文之段落言敘，對照〈深衣〉原文與船山之注，其爲：

（一）古者深衣蓋有制度，以應規、矩、繩、權、衡。

船山注云：

> 稱「古者」，著其爲先王之法服也。「制」，形式。「度」，尺度。「權」，秤也。「衡」，今之天平。此總論深衣所取法，爲一篇之大指。〔註69〕

依孔疏所載，謂之「深衣」者，當指諸侯、大夫、士，夕時所著之服。如〈玉藻〉所云：「朝玄端，夕深衣」。而庶人吉服亦深衣，皆外表穿著。若其他衣服上衣下裳不相連，深衣則衣裳相聯，被體深邃，是以謂之「深衣」。其樣式尺度，合於規、矩、繩、權、衡五法，即合於形式、尺度、矩度、平

〔註68〕《禮記章句》卷三十九，頁1～2。《船山全書》第四冊，頁1437～1438。
〔註69〕《禮記章句》卷三十九，頁1～2。《船山全書》第四冊，頁1437～1438。

衡，適切五者，此五者即標準之謂，亦船山大指之說。

（二）短毋見膚，長毋被土。續衽，鉤邊。要縫半下；格之高下，可以運肘；
　　袂之長短，反詘之及肘。帶下毋厭髀，上毋厭脅，當無骨者。

船山注云：

> 「膚」，謂踝骨。「被」，垂也。「土」，地也。衣之長四尺四寸，中屈
> 而為二尺二寸，雖有定度，而裳則隨人之長短令釋及踝也。凡言「尺」
> 者皆周尺，司馬溫公曰：「周尺一尺當今省尺五寸五分弱」。「續」，
> 屬也。「衽」，在裳旁者，屬連之，前後不殊也。蓋凡裳之制前後各
> 殊，旁有兩衽，深衣則縫合之，相續而四圍合也。「邊」，續衽所縫
> 合之縫也。既縫合之，又覆縫之，謂之「鉤邊」，以居體旁，勞而易
> 綻，務令密緻也。「要」者，衣裳相接之處，當人之腰，故謂之「要」。
> 「縫」，謂縫合成衣而其廣然也。「下」，裳下齊也。此與〈玉藻〉「縫
> 齊倍要」之義同，要縫七尺二寸，下齊丈四尺四寸也。衣四幅，幅
> 各二尺二寸，凡八尺八寸，腰縫與領旁之襞積去四寸餘為兩衽者，
> 每幅三寸，實去一尺六寸，得七尺二寸。而裳之十二幅斜裁之，狹
> 頭八寸，除縫二寸，實得六寸，十二其六為七尺二寸，與衣相等。
> 便連縫也。其下齊則用斜裁之廣頭一尺四寸，除縫二寸，實得一尺
> 二寸，十二一尺二寸為丈四尺四寸，倍其下以便步趨。「格」，袖當
> 腋之縫也。「高下」，其雙屈之度也，凡二尺二寸，固可以運肘出入
> 矣。「袂」，袖之通稱，自格向祛也。「反詘之及肘」者，長齊手而其
> 餘又可反詘之及肘也。衣袂之制，每邊二幅，凡四尺四寸，去縫四
> 寸，實得四尺，連衣正幅為袼者三寸，共四尺三寸，以中人為度，
> 反詘之及肘矣。長令有餘，則威儀裕也。「帶」，大帶也。「厭」，當
> 也。朝祭之服，其帶當脅，此則稍下，為無革帶須中身也。「髀」，
> 臀上骨。「脅」，肋也。「無骨」，謂腰間軟際也。〔註70〕

　　船山解「短毋見膚，長毋破土」，云「膚」，謂踝骨；「被」，「垂也」；「土」，
地也；是以單字解。即以此句言，鄭注亦未述，但稱「衣服蔽形」而已，其
意蓋以「膚」為形。孔疏則謂：「縱令稍短，不令見膚肉，若見膚肉則褻也。
〔註71〕」以「褻」為說，是重衣著的端莊。而「膚」字，《說文》謂：「膚（臚），

〔註70〕《禮記章句》卷三十九，頁2～4。《船山全書》第四冊，頁1438～1440。
〔註71〕《十三經注疏・禮記》卷五十八，頁964。

皮也。」以皮訓膚,但人體何處無皮,即頭皮亦爲皮,故云膚爲皮,確不恰當。而由上下字義看,則「膚」字可借作「跗」或「跗」。〈投壺〉篇作「扶」,「扶」,「跗」通假,亦可借作「膚」。至「跗」字,《儀禮・士喪禮》謂「乃屨綦結于跗」,鄭注「跗,足上也」,賈疏謂「足背」。《說苑・修文篇》云:「天子衣繡,衣各一襲,到地;諸侯覆跗,大夫到踝,士到髀」,正用此「跗」字云,則「跗」與「跗」、「扶」皆「踝」字可通,以是知船山釋「膚」爲踝骨,當非無由,證其義理外,疏證亦精謹。至若「續衽鉤邊」之意,歷來眾說紛紜,有以「衣」連「裳」謂之「續衽」者;有以「鉤」爲約束裳邊謂之「鉤邊」者;或以鉤邊爲「覆縫」者,如衛湜及陳澔《禮記集說》皆採上列諸說,卻皆未妥。觀鄭注:「續猶屬也;衽,在裳旁者也。鉤邊若今曲裾(衣服前後幅下垂部份),續或爲裕。」孔疏云:「今深衣,裳,一旁則連之相著,一旁則有曲裾掩之,與相連無異。故云屬連之,不殊裳前後也。〔註72〕」合而言之,此四字只說一事,即裳旁多出之「衽」,前後兩衽相交疊,因交疊才有「裕」之說,即「衣物饒」且「寬足」,後人望文解說,解之愈多,所解益惑,若船山所謂「續」,屬也。「衽」在裳旁者,屬連之,前後不殊也。又謂「邊」,續衽所縫合之縫也,既合縫之,又覆縫之,謂之「鉤邊」,以居體旁,勞而易綻,務令密緻,其說簡易明白,與《集解》箋注者相較,殆爲過之。再以「反詘之及肘」言,船山解爲「長齊手而其餘又可詘之及肘也」,意不甚明白,以今語言之,即袖之長度,自袼至袖口,除爲手長度外,較手爲長部份,反屈過來,可至於肘,或較易知。而所云「無骨」者,謂「腰間軟際」之語,其實即脅下髀上,指人下腹所在之意。總之,寬鬆相依之服,穿著之際,使手肘運用之如,君子泱泱之風即顯,此必不同於粗鄙之人。

(三)制:十有二幅以應十有二月;袂圜以應規,曲袷如矩以應方;負繩及踝以應直;下齊如權衡以應平。故規者,行舉手以爲容;負繩抱方者,以直其政,方其義也。故《易》曰:「坤六二之動,直以方也」。下齊如權衡者,以安志而平心也。五法已施,故聖人服之。故規矩取其無私,繩取其直,權衡取其平,故先王貴之。故可以爲文,可以爲武,可以擯相,可以治軍旅,完且弗費,善衣之次也。

船山注云:

「制」,裁也。裳六幅而裁之爲十二,使廣狹相倒以應一歲之月。然

<hr>

〔註72〕《十三經注疏・禮記》卷五十八,頁 964。

則衣四幅其以應四時與？「袂圓」者，格二尺二寸，袪尺二寸，漸削之以至於法，其中爲偃月如半規，至袂而後斂之也。「曲裕」，交領也。裳前後各六幅，左襟掩右，兩襟相交，曲領自如矩之方也。「負」，背縫也。「踝」，裳下齊所破之處也。衣二裳六，其縫皆當中，雖廣狹不等而背如繩，自領直達於下齊也。「下齊」者，裳下緝也。十二幅之長相等，而在旁者斜攝而短，在中者直推而長，然其衣之則兩旁起處適與中長垂者均齊，如權衡之平矣。此中首節「皆有制度」之義。「行」，動也。動以圓爲用。「負繩」，縫在後。「抱方」，領在前。立身以直方爲體，「直」者，敬之質；「方」者，義之制。《易》所謂「敬以直內，義以方外」也。「安」者，志不妄動。「平」者，心有定則。此言體方圓平直之道，可以修己而養德也。「五法」者，權衡二也。「施」，猶立也。「服之」者，制之爲法服也。（此結上節而起下文之義）。「無私」，無邪曲也。「無私」者，王道之公。「直」者，「王道之正」。「平」者，王道之坦易也。此言體五者之法，可以建法而治人也。「貴」，謂君子之服。「擯相」，文也。「治軍旅」，武也。「完」，謂皮弁韋弁玄端之服，皆以之爲中衣也。有表謂之中衣，無表則謂之深衣。其實一也。「完」，謂周身密緻。「弗費」，質素易成也。「善衣」，弁冕之衣。「次」者，居裏而爲其副也，若燕居則爲上服矣。〔註73〕

船山所以不厭其煩注解，所重乃矩之無私，繩之端直，及權衡之平妥。以其無私，故爲王道之公；以其端直，故爲王道之正；以其平妥，故爲王道之坦易。進一層說，自天子以下，行動容飾皆以手舉表示；其背負繩，懷抱矩，皆爲使政治不偏，義理不變。是以用《易·坤卦》六二爻所云，順其動態，廣生萬物，直而且方。由是裳的下緝像秤與秤錘，立意在安定志向平衡心情。既云規、矩、繩、權、衡五法皆已加深衣之上，聖人服之，當如船山所謂「無私、端直、平妥」之謂，終則一歸於「正」，此即何以先王特重深衣之故。亦在文事時可穿，武事時可穿，爲擯相時可穿，即帶兵時亦可穿。再以質素易成，周身密緻，必爲朝服祭服外最好之服。

由上之言，分別論述〈禮運〉、〈禮器〉、〈曲禮〉旨要，衍〈學記〉旨要，〈坊記〉、〈表記〉旨要，及〈經解〉、〈玉藻〉、〈深衣〉旨要，意在突顯船山

〔註73〕《禮記章句》卷三十九，頁4～6。《船山全書》第四冊，頁1440～1442。

重禮以寓大本之意，蓋以禮之器、禮之衣，雖爲飾要，或爲外觀，皆顯現君子之儀，其爲禮之用可知。而禮之運、學之道及禮之防，亦君子人格塑造之養成，必如此，才有泱泱之風，視爲禮之體亦可知。體用合一，禮之節文可至，人的尊嚴性亦可展露。

第五章　《禮記章句》禮儀旨要論

　　儒家思想，以仁爲主體，仁的涵義甚廣，其爲概括義之與禮與智。以仁之與禮說，其爲仁體禮用，推而言之，即仁之心而禮之事，是有其仁，即有其禮，仁者有禮，君子之道，必在乎其間。以仁的概念觀之，其義涵不出倫理，政治，宇宙天地三者，倫理義涵在儒門傳承中，所論即較多，蓋以倫理在「人」，有人才有應接之道，無人則一切空泛；然只是人，如其爲己，則僅爲一身之教，其得其失，無從衡量，亦不見所謂的應接之道，與他人相處，才能見其應接的得失，是而從二人的「仁」即有所相應，因有所相應，必有所合宜，有所合宜，必有所儀節，此禮之作即因之以生。由是知，倫理所繫，仁、禮關係，密不可分。

　　《禮記》諸篇，〈禮運〉等篇章，是禮之體，亦禮的義理境界，論其發用，則在禮之展現及人生儀節的流露，此如〈曾子問〉、〈文王世子〉、〈哀公問〉、〈仲尼燕居〉、〈仲尼閒居〉諸篇之旨要，循船山之意，可歸爲儒門禮之展現；〈內則〉、〈喪服小記〉、〈大傳〉、〈少儀〉、〈雜記上〉、〈雜記下〉、〈喪大記〉、〈祭法〉、〈祭義〉、〈祭統〉、〈緇衣〉、〈奔喪〉、〈問喪〉、〈服問〉、〈三年問〉、〈冠義〉、〈昏義〉、〈鄉飲酒義〉、〈射義〉、〈燕義〉、〈聘義〉、〈喪服四制〉諸篇之旨要，循船山之意，可歸爲爲禮之人生儀節，若其冠昏喪祭之名物儀則，則闢第六章以言之；至〈樂記〉、〈月令〉、〈明堂位〉、〈儒行〉諸篇，船山頗斥其謬，則歸爲一節述論。而〈檀弓〉之篇，其爲詆諆孔門，船山之述，卻甚簡要，或有所忽，仍應舉證以補之，亦可歸爲一節，庶幾對船山禮學有深一層之認識。分節言述如下：

第一節　禮之體現義

　　依禮的條件言，禮在傳統文化中，具有多方面意義。自天地、祖先、聖賢之三祭禮而論，所涵當爲宗教之意；而就制度層面說，禮之制，亦禮要緊之涵蘊，蓋禮制爲歷代法典的基礎，其制不備，禮即無從運作，亦無所謂儀節可言，是禮之體現及禮之儀則，皆論禮者所當重視。船山言禮，自不忽略，所論〈曾子問〉、〈文王世子〉、〈哀公問〉、〈仲尼燕居〉、〈仲尼閒居〉諸篇旨要，皆儒門禮所體現之篇章，故宜就此諸篇述其旨要，衍其義蘊。

一、〈曾子問〉旨要衍義

　　舊說以爲〈曾子問〉之篇出於《曾子》書，所記爲常禮未及載的變例，供禮家參考的取據。以通篇文章觀之，似爲自重其說，以是多托孔子或老聃之言，與《大戴禮記》所輯《曾子》書差異極大。再以篇中時用漢世《公羊》學者遺說，故可疑爲漢儒雜剟古記，間又滲以當時儀禮文章而成。按其編次，從世子出生，命名，冠昏，朝聘迄於喪祭而順次論別，但因重編時，簡次紊亂，今所見者已不成統紀。校以《白虎通》等所引曾子問，今或不見於此，是又可知本篇不特已失原樣，且非原帙。〔註1〕則由通篇比較，本篇非一完整篇章可知，是爲《禮》雜文之又一證。船山則注云：

> 此篇所記，皆禮經之所未備，聖賢補爲發明精義，以會通於事物之
> 變而爲之定體也。其間文辭之駁類，如魯昭公早孤，衛靈公弔季桓
> 子及稱子游門人之類，蓋後儒口授之訛，抑或間有損益而非盡孔、
> 曾之本語。要其文義，非聖人不能至焉，學者不可以是而疑之也。

〔註2〕

　　本篇雖爲禮之雜文，舊說雖云篇之所記爲常禮未及載之變例，然「會通事物之變而爲之定體」，又爲文體之特色。則雖文或有駁類之語，或有引托孔子、老聃之言，船山仍以褒讚之語出之，云「要其文義之精，非聖人不能至焉」，蓋深得此文要妙。姑舉一、二段落以證：

如：

（一）曾子問：「君薨而世子生，如之何？」孔子曰：「卿、大夫、士從攝主，
　　　北面，於西階南。大祝裨冕，執束帛，升自西階盡等，不升堂，命毋哭。

〔註1〕參見王夢鷗《禮記今註今譯》頁243。
〔註2〕《禮記章句》卷七，頁1。《船山全書》第四冊，頁453。

祝聲三，告曰：『某之子生，敢告。』」

船山注云：

> 「君」，兼天子、諸侯而言。「薨」云者，自諸侯上達之辭。「世子」，
> 天子、諸侯嗣子之通稱。「攝生」者，君薨子在孕，喪無主，則命
> 次當立者攝之，若所生者非子，則即立爲君也。群臣從攝主皆位西
> 階南者，以殯在西階上，故就告之，異哭位也。「階南，不升階也。
> 「裨」，副也，上服之次者，蓋玄冕服。天子大祝，下大夫，祭則
> 服玄冕，大祝「冕」者，以吉禮禮神，攝主以下衰如故。束帛十端，
> 凡告之禮必以幣。言「命毋哭」，則即位西階南時皆哭可知，以先
> 君不見子生爲哀之甚也。「聲」，噫嘻以警甚也。「某」者，其母之
> 姓氏。〔註3〕

　　此處所記，在國君死後，停柩於殯宮，其世子始生，如何行「告殯」之
禮。孔子回答概分兩段：其一爲始生之日的告殯，其二是生後三日的告殯。
本段指前者言，依段落之意則：國君死後，恰當世子始生之日，其時停柩於
宮，卿大夫士都得跟隨「攝主」，站在西階之南，面朝北。大祝則戴麻冕，手
端制幣，登上西階，到階級盡頭，不即登堂，吩囑所有人停止哭泣，哼滿三
聲，對靈柩宣告：「夫人某氏已生世子，敢以奉告」云云。則其禮皆順長幼之
儀，由祝者代行，使亡者有所安息，亦爲隆重之尊禮。至於「攝主」之意，
船山僅云「君薨子在孕，喪無主，則命次當立者攝之」，意仍未明。其實如〈喪
大記〉所載，喪事必須有其主人，若喪者或無子嗣，則以他人權充主人，乃
稱之爲「攝主」，清江永《禮經綱目》即假定此攝主爲以「大宰」爲之，以其
百官之長故也。再以「裨冕」者，所指即喪禮的儀式，多仿《尚書・顧命》「麻
冕」之意，若船山所云「玄冕服」，蓋爲絺冕之服，爲精細葛布，以年代久遠，
未知孰是。無論如何，其在因事物之變，而求其「會通」，乃爲可知。

又如：

（二）孔子曰：「諸侯適天子，必告于祖。奠于禰。冕而出視朝，命祝史告于
　　　社稷宗廟山川。乃命國家五官而後行，道而出。告者，五日而遍，過是，
　　　非禮也。凡告，用牲幣。反，亦如之。」

船山注云：

> 告則必奠，奠所以告，祖言「告」禰言「奠」者，互文。「祖」，大

〔註3〕《禮記章句》卷七，頁1～2。《船山全書》第四冊，頁453～454。

－113－

祖。諸侯服冕以見天子，於告席後即服之，預敬也，於此而冕，則在道有事皆冕矣。「視朝」，即以命告祭及告戒五官也。「宗廟」，群廟。「五官」者，諸侯五大夫，各有所職，或即《曲禮》之「五官」，周之諸侯降於天子從殷制也。「命國家」者，命留守之是於五官也。「道」，祖道之祭，釋酒脯之奠於壤，爲行始也。「五日而遍」，以〈王制〉言之，侯國方百里，境內山川日涉一方，五日之內可以周遍，過是，則祝史棄君命以慢神，非禮也。〔註4〕

謂之「禰」者，依孔穎達疏，乃指殯宮之神主。〔註5〕因已葬故無靈柩，是殯宮但有神在。五官之名，見於〈曲禮〉、《大戴‧千乘》、《管子‧大匡》、《墨子‧節葬》、《商子‧君臣》等，所指不一，較合宜之解，當如鄭玄所云：「五大夫」〔註6〕，爲治理國事之大夫。而「告」者，亦「祮」之另一稱，爲諸侯出而朝聘，往返時皆行告祭之謂。依孔子言，諸侯朝見天子之前，必先奠告祖禰之廟，然後服裨冕視廟，命祝史之官告祭於社稷宗廟山川諸鬼神，交托國事於五大夫，然後出發。出發之時，先行祖道之祭，使旅途平安。凡舉行祮祭，須在五日內結束，如超出時日，即不合禮。以上細節，當爲補禮書所未備者。

又如：

（三）曾子問曰：「並應有喪如之何？何先何後？」孔子：「葬，先輕而後重；其奠也，先重而後輕；禮也。自啓及葬，不奠，行葬不哀次；反葬奠，而後辭於殯，遂修葬事。其虞也，必重而後輕，禮也。」

船山注云：

「並有喪」，謂先喪在殯而復有喪也。「先」、「後」，問奠葬之禮。「奠」，謂朝夕及殷奠。葬以奪情，故先輕者。奠以致養，故先重者。重輕謂若父母並喪，則父重母輕；祖父母、父母並喪，則奠以祖父母爲重，葬以父母重；妻、嫡長子並喪，則奠以妻爲重，葬以妻爲輕也。「啓」，啓殯也。先輕者之時，輕重未葬之奠，送死事爲大，壹於所事以獨致其哀也。「行」，謂隨柩行送葬。「不哀次」者，不爲在殯者留居倚廬。「反葬」，葬畢反也。「奠」，奠在殯者，以曠奠故不待夕

〔註4〕同上，頁5～6。又《船山全書》第四冊，頁457～458。
〔註5〕《十三經注疏‧禮記》卷十八，頁360。
〔註6〕《十三經注疏‧禮記》卷十八，頁360。

也。「賓」，送葬之賓。葬畢反哭，賓皆弔之，今此反急於奠，不行反哭之事，已奠又不可補行，故辭賓而不受弔，須後葬畢而後反哭遂虞，蓋既葬則又以在殯之奠爲重也。「葬事」，後葬之事，蓋厥明而即啓殯矣。因以見喪有先後。後葬者必待先葬者三月之恒期，故先葬既行，後葬者已踰時，厥明遂啓，不可更留。若輕葬在前，則亦待後喪三月葬期而後先葬，以後喪在三月之內，不可久曠奠也。「虞」，若奠也，始虞先重者，若祖父母、父母並喪，則虞以祖父母爲重。〔註7〕

船山之解雖清晰，但一、二注釋仍未明確。如「並有喪」，謂「先喪在殯而復有喪也。」之句，其實不甚明白。切當之說，即父母或其他親人同月死，是謂並喪，不知此理，先喪後喪便無從得解。再以「先後」之分，是以恩情之厚薄爲準，不知恩情厚薄，即不知何謂先何謂後。而云「葬」、「奠」之先輕後重或先重後輕，又如何分別，簡單說去，葬是奪情，故以輕者爲先；奠是供養，故使輕者居後。依此言之，則「不奠」者，當指先葬輕者，因尚有重者在後，故暫不設奠。同理，「不哀次」者，即指移殯赴葬時，逕直出去，不在大門外舉行踊襲受弔，蓋以有重者在後未葬之故，如僅依船山云「不爲在殯者留居倚廬」，意恐未明。至於「辭於殯」的「殯」，意同於「賓」，即〈既夕禮〉所云：「主人請啓期，告于賓。」之謂，如解爲殯葬之事，文義即不可通。

今依曾子問，所云如有兩親人同時喪事應如何？孰先孰後？孔子意謂：若葬事，以恩輕者爲先；而祭奠，則以恩重者爲先，即是正禮。先葬恩禮較輕者，則從啓請移殯至埋葬，皆不設奠；移殯時直自殯宮發引，經殯宮外亦不踊襲舉哀，乃因重者尚在殯宮未葬，至葬畢回歸，則祭請啓期，之後，告訴賓客將移殯赴葬。葬畢回來，舉行安「神」之虞祭，祭時，則重者爲先輕者爲後，是爲正禮。

依上之例，知禮有先後，葬奠之儀，亦有輕有重，合於先後輕重，不使僭越，即爲正禮。

二、〈文王世子〉旨要衍義

由通篇細觀，〈文王世子〉殆爲緝合若干篇而成。大別之，有〈文王世子〉，

〔註7〕《禮記章句》卷七，頁7～8。《船山全書》第四冊，頁459～461。

〈周公踐阼〉，〈教世子〉，〈庶子正公族之法〉，〈天子視學〉，〈世子之記〉等等。其原標題，尚有殘存於篇中者，可據而推之。如就文體考察，篇首「文王之爲世子」一段，當爲篇末「世子之記」的重覆，舊說以之屬於「世子法」。實則其中「庶子正公族」一段，既稱「庶子治之」，顯與「世子」無關，但因其同爲諸侯族屬，乃連類及之而已，謂爲「世子法」，固未盡合。唯其主旨，在重視子弟教育，仍有可取之處。〔註8〕若夫船山則謂：

> 唐、虞之有天下也，皆選賢而禪，歷試而後授之，則既知其有天子之德，托以天下而亡所慮。夏后氏知其不可繼，而將有大姦飾德，欺中智以獵大位者，於是而與子之法立焉。孟子：「其子之賢不肖，天也。」聖人不能取必於天而相天之事起，故豫見世子而風教之以孝友中和之道，以育其德。大戴氏及賈生皆推言三代有道之長莫不本此，旨哉其言之也！此篇之旨，亦以是爲有天下國家者平治之本圖，蓋與大戴、賈生之所稱述同其歸趣，而以孝弟爲立教之本，禮樂爲成德之實。尤爲宏深而切至。顧其爲文，雜輯眾論而非一致之言，未能裁正而著明之。若周公踐阼之文，亂人竊之以成其逆行；夢與九齡之事，妄人資之以伸其誣說。是以或病之，而要諸記者立言之本旨，則固未有失也。〔註9〕

〈文王世子〉雖爲雜輯之作，船山仍肯定其中的價值。先王雖遠，其德澤於世子，而教之以孝友中和之道，其本不變，可知者一；又所述同大戴、賈誼之述，以孝弟爲立教之本，而以禮樂爲成德之實，可知者二；且而或有穿鑿之誣說，然通篇上下，去蕪存菁，其立言要旨，始終無失，可知者三。以此三者，知〈世子〉之論，仍有可觀之處，非爲妄言而胡說者，此亦船山不同前人之說，其慧眼獨具，洵爲可知。至所言「夢與九齡」之說，船山以爲此必妄人之誣，然未說述何謂，今先舉本作印證。篇章云：

> 文王謂武王曰：「女何夢矣？」武王對曰：「夢帝與我九齡？」文王曰：「女以爲何也？」武王曰：「西方有九國焉，君王其終撫諸？」文王曰：「非也。古者謂年齡，齒亦齡也。我百、爾九十。吾與爾三焉。」文王九十七乃終，武王九十三而終。

由文意釋之，所云即文王問武王作何夢，武王答以夢上帝與九齒。文王欲武

〔註8〕其篇中章節錯雜，清方苞曾爲之考正，見《望溪文集》卷一。
〔註9〕《禮記章句》卷八，頁1。《船山全書》第四冊，頁503。

王解之，武王以西方九國，不久將受保護。文王以為非是，而以為年齒即齡，齒即齡，是夢九齒，亦為獲壽九十云云。此說船山有所考，亦有所疑，謂：

> 「齡」，齒也。「夢與九齡」者，夢生九齒，若天授也。「吾與爾三」者，時文王已九十七，神氣之間自知將終，謂己不足百年，當以與武王也。然此所記，出於流傳而未知信否。且「君王」之稱，始見於《春秋傳》子革之對楚子，戰國僭號者因之。文王終為西伯以服事殷，必無此稱。漢儒乃據之以為文王受命稱王之證，其亦誣矣。古者六十閒房，謂武王九十三而終，而成王尚幼，亦古今積疑，要皆周末游士之說，不足信也。〔註10〕

船山謂「夢與九齡」之事，為出於流傳，是否可信，值得懷疑。又謂文王終為西伯服事殷紂，亦無此稱聞，其為漢儒託稱，是為明確。若此一節，漢王充《論衡・氣壽篇》則云出自「儒者之說」，其〈感應類〉篇又引以解釋《尚書・金縢篇》。由是知，此節當出於「緯書」，而雜編於此。至於「孝友」之道，於首段中即見之：

（一）文王之為世子，朝於王季，日三。雞初鳴而衣服，至於寢門外，問內豎之御者曰：「今日安否何如？」內豎曰：「安。」文王乃喜。及日中又至，亦如之。及莫又至，亦如之。其有不安節，則內豎以告文王。文王色憂，行不能正履。王季復膳，然後亦復初。

船山注云：

> 此節記視膳之禮。文王之德至矣。而其日操存心而不敢略者，唯此問安視膳之節。蓋孝者萬行之原，而仁敬慈信之率由此以生也。觀其憂喜之形於色也，根心以發，初無所容心焉，盛德之至，生知而安行之，誠非可學焉而至者。然人能取法以自力於行，雖誠或未至，而敦行既久，不生厭倦，則仁孝之心將油然以生而漸幾於自然，所謂「文王我師」而「人皆可以為堯、舜」者，夫豈遠乎哉！〔註11〕

此章文辭甚簡易，船山於簡易之文中，由文王之問安視膳之節，觀得文王憂喜之容行於色，而根心以發，初無容心，是為深得我心之語。以是知，上有好焉，下必有甚焉，文王盡孝，後世子孫亦黽勉其孝，以之治國，其為「孝治」可知。宋《皇朝文鑑》載陳堯佐〈原孝〉一文謂：「孝有大小，性有

〔註10〕《禮記章句》卷八，頁3～4。《船山全書》第四冊，頁505～506。
〔註11〕同上，頁2～3。又《船山全書》第四冊，頁504～505。

能否，君子小人亦各存其分也。聖人之教，布於方策，不敢毀傷，存其始也。立身行道，要其終也。居必誠其心，遊必擇其方，然後謹以溫清之禮，慎以飲食之節，起居進退，罔怫其志，善事幾諫，勞必無怨。至於愛敬之道，乃天性也；無忽天性以慢人紀，斯可錫其類而不匱也。〔註12〕」又云：「立身之謂道，本道之謂孝，上自天子，下至於庶人，未有不由立也。……古之孝以感者多矣，猶是未知覲焉。且.民之耳目，烏知所謂聖人之道在乎？諭之而已。既諭之，且制之，俾為孝之民，誠其心而不誠其名，愛其生而不愛其賜，始于一邑，迨于一郡，然後天下之民，可率之以道也。斯之謂王化之基。人倫之本，可不急乎？」則此段文字可為船山之說，作最佳之注解，亦知孝者，乃人類根本的感情，王化之基，又在人倫之本，其意甚明。

（二）教世子。凡三王教世子必以禮樂。樂，所以脩內也；禮，所以脩外也。禮樂交錯於中，發形於外，是故其成也懌，恭敬而溫文。

船山注云：

> 教亦多術，而先王之所尚者唯禮樂，其以正情而飭性者密矣。不此之務，將有如秦之師吏，漢之雜用黃、老、申、韓，以及六代之競巧於詩賦，導之於淫邪而長亂源者，況於托諸宦官宮妾之手，而僅以講讀為文具乎？樂以調性情之戾而移之，禮以正威儀之失而閑之，內外交相養也。禮以修外，而威儀既飭，則入而感其莊敬之心，以安於節而至意欣暢，斯敬合一矣。樂以修內，而性情既順，則出形諸氣體之間，無所強而從容中度，斯威儀定矣。內外交養，而肌膚筋骸與神明志氣渾然一善，無有間也。「成」者，涵泳於教而德器成也。「懌」，和也。「恭敬」，禮之驗；「溫文」，樂之驗。禮中樂和，各有其微，而和懌一也。故周（敦頤）子：「中也者，和也。」以此為教而至於成德，則端莊愷易，淪浹充滿，氣質化而加於物者，自無不順人情以達天理。元后之為民父母者，此也。〔註13〕

云禮樂之教，以今語言之，禮是行為的教育，樂是精神的教育。禮樂的道理涵養在心而映現在外，形成者，即為愉悅恭敬、溫和端莊的人格。進一步說，當如船山所言，禮修於外，而威儀整飭，入則感其恭敬的心，以安於節而志意欣暢；同理，樂修於內，而性情既順，出則形諸氣韻，和易從容，

〔註12〕參引韋政通《中國哲學辭典》頁328。
〔註13〕《禮記章句》卷八，頁12～13。《船山全書》第四冊，頁514～515。

威儀乃定。而若世子爲教，和其所懌（愉悅），感受深入且淪浹充滿，其氣質化而加之於物，必順達人情裏外通透，而能爲民之父母。故此一段落，雖云平常，義理之深沉，其實已蘊乎其中。

（三）立大傅少傅以養之，欲知其父子君臣之道也。大傅審父子君臣之道以示之，少傅奉世子，以觀大傅之德行而審喻之。大傅在前，少傅在後；入則有保，出則有師，足以教喻而德成也。師也者，教之以事而喻德者也。保也者，愼其身以輔翼之而歸諸道者也。

船山注云：

> 「大傅、少傅」，皆教世子之官也。……。此章所言師、保、傅之教，則自未入學之先，通乎學成之後與自學歸沐之時，恒有教導之官以養其德。「養」者，從容涵育之謂。父子君臣之道，非猶夫大學之教可程功計效而責其成，唯日與居游，躬行暢學，察微知著，先事而旁喻之，使自得也。「審」者，愼於微而使驗於心也。「觀」，察也。大傅在世子之側，無事親之事，但其躬行敦厚，動必以禮，與忠孝之理同一致，察其所以用心而道不遠矣。「前」，謂倡率之；「後」，謂勸進之也。

師者，教事以喻德；保者，愼身以輔德。師、保二者，於教之事，貢獻極大。周敦頤論師道篇謂：「或問曰：曷爲天下善？曰：師。曰：何謂也？曰：性性者剛柔善惡，中而已矣。不達。曰：剛善，爲義，爲直，爲斷，爲嚴毅，爲幹固；惡，爲猛，爲隘，爲強梁。柔善，爲慈，爲順，爲巽；惡，爲懦弱，爲無斷，爲邪佞。惟中也者，和也，中節也。天下之達道也，聖人之事也。故聖人立教，俾人自易其惡，自至其中而止矣。故先覺覺後覺，闇者求於明，而師道立矣。師道立，則善人多；善人多，則朝廷正而天下治矣〔註14〕」。然則「先覺覺後覺」，使闇者因之以明，此師保之道，亦教世子之方，如船山所言「日與居游，躬行暢學，察微知著，先事而旁喻之。」如此，世子有以教，師道乃有以立。然則何以師道立，善人即多？清桐城派之姚瑩有云：「教世之責，君與師均，而今日之勢，師道尤重。……夫人至傾巧奸佞，敗節墮名，負君親，辱鄉黨，悠悠以生，泯泯以死，則禮義廉恥之亡久矣。顧何爲至斯極也？豈非始教者未得其道與！楊子曰：『師道立，則善人多』，此人心學術

〔註14〕周敦頤《通書》論〈師〉。

之所由來也〔註15〕」。亦知為學以得師為急，師之良者，教之以道，輔之以德，循之以禮，則師正而道立，學者亦必有以立，此即「善人多，則朝廷正而天下治」之謂。以是知，〈文王世子〉篇章雖短，若其儀則，實為深遠。

三、〈哀公問〉旨要衍義

《大戴禮記》稱此篇為「哀公問五篇」，猶有點題之意。本篇所載，但摘取篇首三字以名篇。篇中所載，亦見於《家語》〈問禮篇〉及〈大婚解〉，而文字稍有差異，可以互校。《大戴》稱之五義者，蓋約取篇中之哀公「問禮」，「問政」，「問政身」，「問成親」，「問天道」。孔疏云：「篇中但有問禮、問政二事，則似不及前者之詳審」。《家語》區分之為「禮」與「大婚」，實即大婚之解，蓋由問政而起，欲治國，必先齊家；欲齊家，必先修身。今觀其文，略見編次雜錯，且多錯字，疑非原來文字。〔註16〕
船山注云：

> 凡〈哀公問〉、〈仲尼閒居〉、〈孔子閒居〉諸篇，文詞複褥，與《論語》、《易翼》為夫子之言者迥異，故論者疑為偽作。然《大戴記》亦載〈哀公問〉一篇，又其他篇夫子哀公問答不一，體制皆與此篇相類，要其中正深切，非後儒之所能作，但當時作論之際，以口說答問，門弟子遞傳而後筆之於書，則其演飾引伸，而流為文詞之不典者有之矣，固不可以其詞而過疑之也。當哀公之時，夫子老而致政，與諸弟子講說於魯，哀公聞其風而就教，故夫子卒而公誄之曰「無自律」，則公之於夫子之門，徵矣。觀公問答之間，亦若知道者，而夫子以君臣之禮對之較詳。蓋聖人尊君而急於明道，樂與人善，而不以不足與言薄之，斯聖道之所以大也。若公之說而不繹，從而不改，聖人亦末如之何，而豈預億其不足有為而拒之乎？抑公之失信無禮，興戎辱國，夫子際其分崩離析之時，不即摘其極蔽之端以繩糾之，而所陳說者猶是百王不易之大道，豈徒為迂闊而亡當哉！
> 孟子曰：「夫道一而已矣」。以為堯、舜而無不足者，以救敗亡而不能離此以為道。聖人之教初無因人事之異，後儒不察，乃有就病施藥之說，變其彀率，以枉己而思正人，此教之所繇圮，道之所由晦，

〔註15〕姚瑩《東溟文集》〈師道說〉上。
〔註16〕參引王夢鷗《禮記今註今譯》頁 651。

－120－

而豈聖人之若是哉！〔註17〕

然則船山所謂之「道」者，其必爲《大戴禮》所云之五義，即哀公「問禮」，「問政」，「問政身」，「問成親」，「問天道」之說。而問禮、問政，又爲道之事。以問禮言，此禮爲「大婚」之禮，大婚至，禮必周，親親之義必顯，倫類合宜，其政必善，故婚之道，亦爲政之本。以問政言，所重乃「修、齊、治、平」之道，由修身而後齊家，由齊家而後治國，由治國而後平天下，此爲一貫之政治理念，亦哀公之理想。若其問答之間，則哀公所問，夫子之答，皆在君臣之道的合理性，有如《管子》所云：「道也者，上之所以導民也。是故道德出於君，制令傳於相，事業程於官，百姓之力也，胥令而動者也〔註18〕」。由是知，「道一」而已者，在政治的一致性，君以道德修身，以之制相，以之蒞官，則君臣諧合，政乃有以立，以之臨民，民必大治。今再依篇章之言，舉「問禮」、「問政」之例以證：

（一）哀公問於孔子：「大禮何如？君子之言禮，何其尊也？」孔子：「丘也小人，不足以知禮。」君曰：「否！吾子言之也。」孔子曰：「丘聞之，民之所由生，禮爲大。非禮無以節事天地之神也，非禮無以辨君臣上下長幼之位也，非禮無以別男女父子兄弟之親、昏姻疏數之交也。君子以此之爲尊敬然。然後以其所能教百姓，不廢其會節。（既）有成事，然後治其雕鏤文章黼黻以嗣，其順之（也），然後言其喪筭（音ムㄨㄢˋ，同算，計數所用。），備其鼎俎，設其豚腊，脩其宗廟，歲時以敬祭祀，以序宗族。即安其居（處），節醜其衣服，卑其宮室，車不雕幾，器不刻鏤，食不貳味，以與民同利。昔之君子行禮者如此。」

船山注云：

「大禮」，謂禮之大者。「尊」，重也。「小人」，無位之稱。非天子不議禮，故夫子讓公勸之言也。人生於大地，而名分以安其生，親愛以厚生，皆本之不可忘者也。「節」者，不僭不忝之謂。「上下」，官長之相蒞者也。「男女」，夫婦也。婦黨曰「昏」，婿黨曰「姻」。「疏數」，其往來之禮也。「以此」，用此故也。「尊敬」，崇尚之也，崇尚禮也。「所能」者，百姓之所可能也。「會」者，五倫交接之誼。「節有成事」，謂逐節而皆有定制也。「雕鏤」，器皿之飾。「文章黼黻」，

〔註17〕《禮記章句》卷二十七，頁1～2。《船山全書》第四冊，頁1179。
〔註18〕《管子》〈君臣〉上。

－121－

衣裳之飾。「嗣」，繼也，繼成事而增之美也。「順」者，順人心之安
也。禮者，人心之所共安，百姓之所與能者也，既盡其質，又備其
文，以利導人情使之相長，而非有所強於天下，故極其美而非過也。
「言」，論定之也。「筭（算）」，喪服麤（粗）細久近之差也。「豕」
者，太牢、少牢、特牲之所通用。「腊」，乾麋兔也。「序宗族」者，
因祭而合族於廟中，序其昭穆也。喪祭於禮為尤重，故特申言之，
要以厚其所繇生，而以所可能者立教也。

　　船山注「大禮」，謂禮之大者。「不足以知禮」則未言，實則此乃辭讓之
語。如〈曲禮〉所云：「長者問，不辭讓而對，非禮也。」蓋為此意。又哀公
問禮，只云何其「尊」也，此處答云「尊敬然」，「敬然」二字疑是衍文。而
「會節」一辭，舊說不一，船山以「節」字連下句，讀為「節有成事」。今《家
語》作「既有成事」，因疑「節」乃「既」之訛。因之，「不廢其會節」，應為
「不廢其會」，而「節」即「既」字，如此，上下文乃通。且「會」即會合之
會，指人與人之關係。再以「以嗣」之言，船山言「嗣」為繼。按之《家語》
作「以別尊卑上下之等」，則「嗣」當為「別」之誤，云「繼」者，似須再斟
酌。再以「喪筭」，《家語》作「喪祭」，仍依《家語》。至於「節醜其衣服」，
孔疏謂為訂正人民衣服的種類。〔註19〕今按《大戴禮記》此二句作「則安其
居處，醜其衣服」。姜兆錫以「醜」為「粗惡」之意，說較合宜。再就此段言
之，孔子以為禮者，於人類生活極其重要。無禮，則不能正正當當崇拜天地
神明；無禮，則不能分別君臣上下貴賤長幼的輩份；無禮，則不能區別男女
父子兄弟的親情及在婚姻社會間的關係。由是禮在知識份子中所顯地位極為
要緊。以此教導百姓，則彼此關係即甚緊密，推而廣之，即能在文彩修飾不
同的情形中別出長輩與小輩的等級。之後，依此等級來討論喪祭之事，譬備
辦食品，陳列牲禮乾貨，修祠建廟，依時節舉行莊嚴祭祀，並排定親屬秩序
等等。其次，為君子者，即要習於這種禮俗，穿儉樸衣裳，住低小房屋，出
門車飾不重圖案，用具亦不雕鏤花紋，吃簡單食物，把利益與民同享，此即
禮的示現，亦君子立教的展露。

（二）孔子侍坐於哀公。哀公曰：「敢問人道誰為大。」孔子愀然作色而對曰：
　　「君之及此言也，百姓之德也！固臣敢無辭而對？人道，政為大。」公
　　曰：「何謂為政？」孔子對曰：「政者正也。君為正，則百姓從政矣。君

之所爲，百姓之所從也。君所不爲，百姓何從？」公曰：「敢問爲政如
之何？」孔子對曰：「夫婦別，父子親，君臣嚴，三者正，則庶物從之
矣。」公曰：「寡人雖無似也，願聞所以三言之道，可得聞乎？」孔子
對曰：「古之爲政，愛人爲大。所以治愛人，禮爲大。所以治禮，敬爲
大。敬之至矣，大昏爲大。大昏至矣！大昏既至，冕而親迎，親之也。
親之也者，親之也。是故君子興敬爲親，舍敬，是遺親也。弗愛不親，
弗敬不正。愛與敬，其政之本與？」

船山注云：

> 「人道」，立人之道。「愀然」，變動貌。「固」，語詞。「政」，教令也。
> 教令設於上而民莫不從，是人道之統紀也。「爲正」，正其身以正人
> 也。「嚴」，敬也。《易》曰：「有夫婦然後有父子，有父子然後有君
> 臣。」三者之序也。「無似」，猶言不肖。「治」，善也。三者人倫之
> 本，皆以愛爲主，而愛而不狎，有禮而非虛文，則敬至矣。「大昏」，
> 天子諸侯之昏禮也。君子行禮，無所不用其敬。而昏姻之際，易於
> 狎暱而忘其敬，乃實則父子君臣之本、王化之基。唯發乎情、止乎
> 禮以敬其敬，而後可以立人道之本，故尤爲敬之至大者也。「既至」，
> 承上而言其爲敬之至也。上「親之」，謂躬親，先施敬也。下「親之」，
> 謂相親愛。「興」，起也，以敬爲愛，所以諄其愛也。愛不以正，則
> 徇欲而非眞愛矣。「政之本」者，正己以正人之本，閨門爲風化之始
> 也。〔註20〕

所謂「大昏」、「有夫婦然後有父子，有父子然後有君臣」者，其實即人
倫的闡揚，指「大昏」者，其爲天子、諸侯隆重的婚事，以親親爲善；而「君
臣、父子；夫婦」又是人倫的大本，必其合序，人道乃昌。至於盡敬之道，
由親親之婚事見之，更能顯人際間的融洽，但由婚事而至姻親的合諧，其實
不容易，畢竟其仍存在不同思想及不同意見。所以「大昏」者，非口頭稱許
或誇讚，須得天子或諸侯的男家親身實踐，有如穿戴寬大禮服，親往女家迎
娶，這才是愛，且而此「愛」，應是充滿敬慕，以敬慕的心和所愛的人親愛，
即爲昇華的愛。要如不出以敬慕，且愛不能相親熱，雖親熱卻無敬慕之意，
即非正當之婚姻，瀕臨破裂可以想知。由此知，在愛別人之中，首要即在愛
自己最親近的妻子，對妻子有愛有敬，以之爲根本，即是愛別人的起點，亦

〔註20〕 《禮記章句》卷二十七，頁5～6。《船山全書》第四冊，頁1183～1184。

政務得行的起點。語云：「明於庶物，察於人倫。」明察倫物，即可達本而識眞源，大婚的敬慕即爲所證。

（三）……孔子遂言曰：「昔者三代明王之政，必敬其妻子也有道。妻也者，親之主也。敢不敬與！子也者，親之後也，敢不敬與！君子無不敬也，敬身爲大。身也者，親之枝也，敢不敬與！不能敬其身，是傷其親，傷其親，是傷其本，傷其本，枝從而亡。」

船山注云：

「政」者，自正以正人也。「有道」，謂禮，禮所以行其敬之道也。大昏親迎，敬妻之道也；冠昏必醮，喪爲長子斬衰三年之類，敬子之道也。「主」，謂生養沒祭爲內主也。「敬身」者，動必以禮也。動不以禮，辱身以及其親，而人道不立，動罹凶咎矣。敬身爲妻子之本，故莫大焉。身不行道，不行於妻子，雖盡其禮，徒爲虛文，而況以身徇欲，則其於妻子必狎暱慢易，疑禮之過情欲去之，求其接妻子以敬，亦必不可得矣。〔註21〕

夏商周三代賢明之君，爲政之時，必敬重其妻子。蓋以「妻」者，是奉宗祧的主體，不能不重。即「子」者，爲傳宗接代之人，亦不能不重，此即船山所云「大昏親迎，敬妻之道也；冠昏必醮，喪爲長子斬衰三年，敬子之道也。」之謂。再以爲君子者，在敬重己身，以其爲承先啓後的關鍵，如不能敬重自身，即傷害血統，傷害血統，即剷去根本，其枝屬亦隨而滅絕。故船山謂：「敬身者，動必以禮。動不以禮，則辱身以及其親，而人道不立，動罹凶咎矣。」可不愼乎！

四、〈仲尼燕居〉、〈孔子閒居〉旨要衍義

謂之〈仲尼燕居〉與〈孔子閒居〉，前人或以爲時人所記者稱「仲尼」，而弟子所記者稱「孔子」。鄭玄復謂，退朝而處曰「燕居」，退燕避人曰「閒居」〔註22〕，一似頗有區別者。依此兩篇文句觀之，莫非弟子問答之辭，既難分其孰爲弟子所記。若《列子》書中亦有〈仲尼閒居〉篇名，而說事不同；王肅《孔子家語》則併兩篇爲一，說事皆同，而篇名「論禮」。可知前此區別，的是多餘。因之船山僅於〈孔子閒居〉注云：「此篇之義，與上篇表裏。上篇

〔註21〕《禮記章句》卷二十七，頁 8～9。《船山全書》第四冊，頁 1186～1187。
〔註22〕《十三經住疏・禮記》頁 853、860。

言其用之大，而此篇言其體之微。學者參觀而有得焉，則體用同原之理亦可見矣。〔註23〕」而於〈仲尼燕居〉則未置一辭。實則此二篇只以篇首四字取名，其所分別，則在上篇偏於說「禮」，而下篇兼言及「詩」，此其稍異耳。再以〈孔子閒居〉一篇，其文亦載《家語》中，說禮近於「玄」，頗為後人詬病。但其中引《詩》，斷章取義，文字往往與今傳之《毛詩》不同，可視為漢儒論《詩》的觀點，亦禮義之鋪敘。今合兩篇文體擇其要者論之：

（一）仲尼燕居。…子貢退，子游進曰：「敢問禮也者，領惡而全好者與？」子：「然。」「然則何如？」子：「郊社之義，所以仁鬼神也；嘗禘之禮，所以昭穆也；饋奠之禮，所以仁死喪也；射鄉之禮，所以仁鄉黨也，食饗之禮，所以仁賓客也。」

船山注云：

「領」，統也。「全」，盡也。言人好惡之情萬變不齊，而禮以通眾情而斟酌之，使天下之人皆得以遠所惡，遂所好，無所徇而自無不給，乃所以無過不及而得其中也，子游欲悉知其大用，故問。天曰「神」，人曰「鬼」。「郊社」言「鬼」者，以所配言之也。「昭穆」，猶言祖考。「饋」，虞祭。「奠」，喪奠。「死喪」，謂亡者。「射」，鄉射。「鄉」，鄉飲酒。「食」，以禮食賓，《周禮》有〈公食大夫〉。「饗」，具禮飲賓。「仁」者，達其情而致愛敬之謂。禮行情達，則幽明遐邇好惡通而無有閒隔矣。〔註24〕

領惡之「領」，鄭玄解為「治」〔註25〕，後人議論甚多，船山解為「統」，近人郭嵩燾則解為「領導」。以此語與《經解》「從善遠罪」相近，為引導人離開罪惡而保全善行。以船山之言，謂「人好惡之情萬變不齊，而禮以通眾情而斟酌之，使天下之人皆得以遠所惡，遂所好。」是禮導引的作用甚緊要，即從善遠罪之意。至於「仁」字，鄭注作「保存」解，船山解為「達其情而致愛敬」，自「愛敬」義說，較鄭注切當。至所謂「領惡而全好」之例，如郊祭社祭，其意在加厚愛於鬼神；嘗祭禘祭的禮儀，其意在加厚愛於昭穆；饋食享奠的禮儀，其意在加厚愛於死亡者；射禮鄉飲的禮儀，其意在加厚愛於鄉里梓民；聚餐公宴的禮儀，其意在加厚愛於賓客。等等，皆順禮儀為之，

〔註23〕　《禮記章句》卷二十九，頁1。《船山全書》第四冊，頁1204。
〔註24〕　《禮記章句》卷二十八，頁4～5。《船山全書》第四冊，頁1193～1194。
〔註25〕　《十三經注疏・禮記》頁852。

即謂之全善，全善之禮明，上自君臣，下至民人，皆有禮義，人人規矩向善，以之治國，當若指諸掌之簡易。

（二）子曰：「慎聽之！女三人者！吾語女，禮猶有九焉，大饗有四焉。苟知此矣，雖在畎畝之中事之，聖人已。兩君相見，揖讓而入門，入門而縣興；揖讓而升堂，升堂而樂闋；下管〈象〉、〈武〉、〈夏〉籥序興。陳其薦俎，序其禮樂，備其百官。如此，而后君子知仁焉。行中規，還中矩，和鸞中〈采齊〉，客出以〈雍〉，徹以〈振羽〉。是君子不物而不在禮矣。入門而金作，示情也；升歌〈清廟〉，示德也；下而管〈象〉，示事也。是故古之君子不必親相與言也，以禮樂相示而已。」

船山注云：

「九」者，「入門縣興」一也，「升堂樂闋」二也，「升歌〈清廟〉」三也，「下管〈象〉〈武〉、〈夏〉籥」四也，「行中規」五也，「還中矩」六也，「和鸞中〈采齊〉」七也，「出〈雍〉」八也，「徹〈振羽〉」九也：皆不言以禮樂相示者也。「大饗」，諸侯相朝而主饗賓也。九者大饗皆有之，而言「四」者，行還之度、和鸞之節，人君之恒度；出〈雍〉、徹〈振羽〉，祭祀所通用，唯四者為大饗之獨也。「事」，習其儀而通其精意也。「聖人」，謂道合於聖人也。「縣興」者，金奏作也，賓日奏納夏。「闋」，止也。入門而興，無先時者，升堂而闋，無後時者，揖讓周還，疾徐應節也。「下」，堂下。管吹〈象〉而舞〈大武〉，籥吹而舞〈大夏〉，獻酢時所奏也。「序興」，〈夏〉繼而〈武〉作也。「行」，周行。「還」，折行。「和鸞」，主君以車出迎送賓之車音也。「出」，賓出。「雍」，〈雝〉詩。「徹」，徹賓俎。振羽，〈振鷺〉之詩。此雜天子諸侯之樂，蓋魯禮也。「物」，事也。「示事」，以文德武功之事相勸進也。禮樂之實、中和之化，發見於法象，言不能及，默不能藏，所以達昭德者，皆即此以為用，其翔洽於音容之表，薰陶人心以相喻而浹，使人情至順，至德自孚，事功之起，自鼓舞而不倦，則所謂「仁」也。《易》曰：「顯諸仁，藏諸用。」其是之謂也。身親行之，自感通而喻其理，故曰「知仁」。至教之顯，無非仁之發見，以移人性情，故曰「相示」。〔註26〕

船山云「九」有九之例，「四」有四之例，舉證歷歷。自鄭注以下，言者

〔註26〕《禮記章句》卷二十八，頁8～9。《船山全書》第四冊，頁1197～1198。

不一，大抵各執己意而爲之數，船山舉證，亦爲己見。〈禮器〉云：「誦詩三百，不足以一獻。一獻之禮，不足以大饗。大饗之禮，不足以大旅。大旅具矣，足以饗帝。毋輕議禮」。循是以觀，則與「愼聽之」語意，似有關係。若然，則「禮猶有九焉」，蓋謂禮數至多，而大饗猶其簡單者。苟能盡知之，雖在畎畝之中，猶是聖人。故「九」、「四」云者，當指禮數及其意義難以盡詳，是云船山所舉，是有所見。若「縣興」者，即金作之謂，詞異義同，皆鳴奏鐘鼓者，船山蓋已舉出。而「〈夏〉籥序興」，即指大夏之舞，捱次而作。再者〈采齊〉、〈雍〉、〈振羽〉（振鷺之詩），皆古樂章名，以上之記，或可補充船山注解之未足。今如以饗禮言，譬兩國國君相見，即三揖三讓然後入大門；一入大門，即鳴鐘奏樂；之後，又一路相揖相讓登上大堂，登了大堂，樂章即停。其堂下管樂起奏，即舞象舞，大武舞，大夏舞，節目連接進行。之外，擺設供獻之食物，依儀式樂章演示，承辦諸執事皆參與其中，則君子之長者彼此敬愛。其進其退，皆合一定分寸，此若：車鈴聲合於〈采齊〉詩的節拍；貴賓出門，奏〈雍〉之樂；散席時，奏〈振鷺〉之章。以是君子之長者，循禮以動，莫不合規矩。且而主客剛進門，即鳴鐘奏樂，是表示歡迎的情意；中間歌者登堂唱和清廟之詩，是表示讚美的意韻；再而堂下奏管樂，舞象舞，是映現祖先的功烈。由是，君子之長者，亦古之長官者，相見之時，話不必太多，彼此情意已依禮儀及樂章而相融相通，此必禮之儀則又一證。

（三）子曰：「禮也者，理也；樂也者，節也。君子無理不動，無節不作。不能詩，於禮繆；不能樂，於禮素；薄於德，於禮虛。」子曰：「制度在禮，文爲在禮，行之其在人乎！」子貢越席而對曰：「敢問夔其窮與！」子曰：「古之人與？古之人也。達於禮而不達於樂謂之素，達於樂而不達於禮謂之偏。夫夔達於樂而不達於禮。是以傳於此名也，古之人也。

船山注云：

> 「理」者，事物始終循用之條理。「節」者，性情之所必至，無過不及而順以生者也。「作」，興起也。事功皆成於動而始於作，而無理則不成，無節則不和，故禮樂者，不言之教也。「能」者，學而有得也。「繆」，乖也，不達於情，與物相乖戾也。「素」，樸陋也。無得於歡欣暢豫之幾，則拘迫無文也。詩、樂二者皆涵養性情之致，而尤必積行純粹，使儀文皆載誠以行，而後非虛飾也。……。「入」，有德者。「窮」，盡也。子貢以夫子言能樂則禮不素，故問夔能審樂，

當窮盡禮之意。「偏」，不中也。「傳於此名」，謂獨以樂名也。禮樂同原而互用，中非和不行，和非中不立，唯古者禮樂始制之時則專官以求其獨至，後世禮明樂備，學者當旁通曲盡以交修於禮樂，不可以古人自恕也。〔註27〕

　　子貢問「夔」之語，出自《韓非子‧外儲說》，載魯哀公問孔子，孔子曰：「夔無他異而獨通於聲。堯曰：『夔一而足矣，使為樂正。』」則子貢之語，蓋據此傳說而發問。若本段為繼上節而言，是發抒禮為用廣大深微之意。從禮義上說，「禮」之意在「理」，「樂」之意在「節」。有知者，即不做無理無節的事。蓋以理、節並重，因之，不知詩歌，行禮即易誤；不能音樂，行禮即單調；即或懂得詩歌音樂，如其人仍未能行好事，則行禮亦無益。再者，謂之制度者，其範疇皆在禮之內，行為的範疇，也在禮之內；不論如何，範疇皆屬抽象，欲化為具體作為，仍待乎人之行。至於以夔為說，以為知樂者，未必知禮，何以如此！依理而言，通於禮而不通於樂，謂之「素」；通於樂而不通於禮，謂之「偏」。而夔者，通於樂而不通於禮，按理應謂之「偏」，然以其為傳說之古人，故孔子未以「偏」目之。由是知，禮要以行，仍須樂之相合，禮樂和鳴，才能達之於政。如《論語》所云：「天下有道，則禮樂征伐自天子出；天下無道，則禮樂征伐自諸侯出。」禮樂與治道關係密切，此如王安石所言：「先王知然，是故體天下之性而為之禮，和天下之性而為之樂。禮者，天下之中經；樂者，天下之中和；禮樂者，先王所以養人之神，正人氣而歸正性也。是故大禮之極，簡而無文；大樂之極，易而希聲；簡易者，先王建禮樂之本意也。〔註28〕」則王氏之說，對本段之文，有助清釐明確之效。

（四）孔子閒居，……孔子：「夫民之父母乎！必達於禮樂之原，以致五至，而行三無，以橫於天下；四方有敗，必先知之。……」子夏曰：「民之父母既得而聞之矣，敢問五至？」孔子曰：「志之所之，詩亦至焉；詩之所至，禮亦至焉；禮之所至，樂亦至焉；樂之所至，哀亦至焉。哀樂相生。是故正明目而視之，不可得而見也；傾耳而聽之，不可得而聞也。志氣塞乎天地，此之謂五至。」子夏曰：「五至既得而聞之矣，敢問何謂三無？」孔子曰：「無聲之樂，無體之禮，無服之喪，此之謂三服。」

〔註27〕《禮記章句》卷二十八，頁9～11。《船山全書》第四冊，頁1198～1200。
〔註28〕王安石《王荊公集》〈禮樂論〉。

船山注云：

> ……五至三無之道，所以達其原而深體之也。「至」，以存諸中者而言，謂根極周洽誠盡其理也。「無」，以發諸用者而言，謂未有其文而德意旁通，無不遍也。「橫」者，彌綸充滿之意。「敗」，謂人情之缺陷。「知之」，察識而警於心也。「正」，凝視也。「塞」，充周也。「天地」，兩間之盡辭。人君以四海萬民爲一體，經綸密運，邇不泄，遠不忘，志之至也。乃於其所志之中，道全德備，通乎情理而咸盡，故自其得好惡之正者則至乎詩矣，自其盡節文之宜者則至乎禮矣，自其調萬物之和者則至乎樂矣，自其極惻怛之隱者則至哀矣。凡此四者之德，並行互致，交攝於所志之中，無不盡善。凡先王敦詩陳禮作樂飾哀之大用傳爲至教者，其事雖蹟，而大本所由和同敦化者皆自此而出，程子所謂「有〈關雎〉、〈麟趾〉之精意而後《周官》之法度可行」，此之謂也。樂非侈物，則和樂之中，惻怛不昧，或值其哀，哀可生而不相奪也，哀非喪志，則悲戚之當，心理交得，逮其爲樂，樂可生而不復滯也，而詩與禮之交相成者愈可知矣。蓋製至者，盡心者也，盡心則盡性，故情有異用，而所性之德含容周遍，此天德王道之樞，大本之所自立而達道由之以行者也。存於中而未發，固不可得而見聞矣，乃函之爲志而御氣以周乎群動天地之間，物之所宜，事之所成，經綸盡變而不遺，則與父母於子存注周密而使各得其所之道同，抑所謂「能盡其性則能盡人物之性」也。「體」，制度文爲之成體者。君子翕和惻怛之德周遍流行，無所間斷，雖聲容緣飾因事而隆，而盛於有者不息於無，故文有所替而德無不逮，其以酬酢有於日用之間者，無非此也。〔註29〕

鄭注云：「凡言『至』者，至於民也。志，謂恩意。」孔疏即據以引申。〔註30〕意謂爲君者其心皆爲民人著想，即從此而起的詩、禮、樂、哀，無不與民人禍福息息相關。至於「哀樂相生」之意，舊說多不分明。《檀弓》下載子游言：「人喜則斯陶，陶斯詠，詠斯猶，猶斯舞，舞斯慍，慍斯戚，戚斯嘆，嘆斯辟，辟斯踊矣。品斯節，斯之謂禮。」所謂人逢喜心即樂，心樂即歌詠，歌詠之餘即搖動身體，搖動身體尚不足，即進之舞蹈。舞蹈之後若空虛不舒

〔註29〕　《禮記章句》卷二十九，頁1～3。《船山全書》第四冊，頁1203～1205。
〔註30〕　《十三經注疏·禮記》頁860。

適，即生悲戚之感；悲戚之感生，因之嘆氣；嘆氣不得抒洩，因之搥胸；搥胸之不足，因之頓足。如將此些變動不居的行為加以品類節制，即所謂之「禮」。則「五至」、「三無」之意，當近於子游之說。譬若；心之所想，必有詩樣的語言；詩樣的語言，必表現於行為；行為之發，必因己之所喜而做；以事過境遷，又復返空虛的哀愁；此即哀樂相生之理。此理，存於天地之中，眼不得見，耳不得聞，然其卻無所不在，即為「五至」。且而無聲音的音樂，無儀式的禮節，無服制的喪事，即為「三無」。

如以詩為說，則必如孔子所云：「夙夜其命宥密」，無聲之樂也。「威儀逮逮，不可選也」，無體之禮也。「凡民有喪，匍匐救之」，無服之喪也。船山注云：「宥，寬也。密，詳審也。王者夙夜肇基以凝天命，唯務行寬大之政以周悉百姓，則德意旁流，上下忻洽，不必弦歌鐘鼓而始為樂也。逮逮，盛貌。不可選，言初終一度，不能選擇其孰肆而孰敬也。君子莊敬日強，無時而懈，不待賓祭之接有體制之可修而始乎成禮也。君子心存惻怛，遇死斯哀，雖在五服之外，禮制有窮而哀遽不舍，不待衰麻而始為喪也。〔註31〕」「夙夜其命宥密」，出自〈周頌・昊天有成命〉一詩，「其命」，船山無說，毛詩作「基命」，謂承受天命。「宥密」，船山云「寬而詳審」，朱熹解為「深秘」，依「夙夜其命宥密」而言，謂從早到晚承擔深秘天命，意較婉轉，故朱子之解較船山之說合宜。「威儀逮逮，不可選也。」出自〈柏舟〉一詩，「逮逮」，船山作「盛貌」，毛詩作「棣棣」，鄭注云：「安和」，由文句「既威儀又和氣，無有缺失。」觀之，鄭說較順適。「凡民有喪，匍匐救之。」出自〈谷風〉一詩，「匍匐」，船山無說，依詁訓「匍匐」，亦作「扶服」，是伏地以手足並行，為哀慟惶急之狀。此句乃謂「民人遭遇死喪之事，即惶急哀慟趨往協助料理」。然如以篇章言，則所引詩句之所謂近「無聲之樂」、「無體之禮」、「無服之喪」者，確不免於斷章取義，則漢儒為求詩、禮相合，所採句式常為天外飛來之筆，是知其湊合也者，蓋為勉強。

以上所言，若〈曾子問〉、〈文王世子〉、〈哀公問〉、〈仲尼燕居〉、〈孔子閒居〉等篇章，雖為就船山之說，衍其義旨，然由段落所舉，於禮之展現，已勾勒一明晰輪廓，亦知禮之節文者，本不在乎理念，而在乎其推展耳。

〔註31〕《禮記章句》卷二十九，頁4～5。《船山全書》第四冊，頁1206～1207。

第二節　禮之生活儀節

以人類社會而言，生活的品質與道德的良窳常為互依的關係。而其實生活品質的優劣也與道德良善有相當大的關聯。以優雅的生活品質，伴隨者即為良性而知禮的道德理念，畢竟求善求美乃使人生活更具自律性，因此在道德價值的衡量中，即易於去惡而揚善。如果說生活品的優雅化是人之所求，那優雅化所形成的自律在人們心中，即能內化為自我的約束力與自我的律己標準，這即是道德良知的昇華，亦能於既定社會組織及結構中發揮效用。

再以禮的生活儀節言，與儀則本無差異，稍異者即在儀節重道德的行為，即道德顯現的制度，亦即由儀則更再一層的展露。因之，從禮的道德性說，其正當性可歸而為禮之義。此禮義者，實人之所以為人而與禽獸相異的差別。此例如〈禮運〉所云：「禮義也者，人之大端也。」又如〈冠義〉所云：「凡人之所以為人者，禮義也。」則禮義道德乃人類脫離自然而步向文明的標誌。而其實《禮記章句》篇章若〈內則〉、〈喪服小記〉、〈大傳〉、〈少儀〉、〈雜記上〉、〈雜記下〉、〈喪大記〉、〈祭法〉、〈祭義〉、〈祭統〉、〈緇衣〉、〈奔喪〉、〈問喪〉、〈服問〉、〈三年問〉、〈冠義〉、〈昏義〉、〈鄉飲酒義〉、〈射義〉、〈燕義〉、〈聘義〉、〈喪服四制〉諸篇旨要，皆為「人之大要」的展露，亦禮義道德的映現，言其為生活品質之認知亦無不可。惟於禮義之抒解，則冠昏喪祭燕聘義涵較深，只云儀節略嫌不足，宜另闢篇章論之，使禮儀、制度相互串貫，庶不失船山論禮之本意。今謹就〈內則〉、〈少儀〉、〈大傳〉、〈雜記〉上下，作一衍申，若〈喪服小記〉、〈喪大記〉、〈祭法〉、〈祭義〉、〈祭統〉、〈緇衣〉、〈奔喪〉、〈問喪〉、〈服問〉、〈三年問〉、〈冠義〉、〈昏義〉、〈鄉飲酒義〉、〈射義〉、〈燕義〉、〈聘義〉、〈喪服四制〉諸篇，其義涵精要，則於下章論述。

一、〈內則〉旨要衍義

以標目言，云〈內則〉者，即「閨門之內，儀軌可則」之謂。鄭玄云此篇乃「記男女居室事父母舅姑之法。〔註32〕」朱子則以古經視之，云其為古學校教民之書。今觀全篇所言，除篇首十一字無所承應者外，內容可約分為內則、養老、食譜、育幼四部份。如以內則言，又分四種：其一為「子」、「婦」服事父母舅姑之禮節；其二為舅姑對待子婦之禮節；其三為家庭通常之禮節；

〔註32〕《十三經注疏·禮記》卷二十七，頁 517。

其四爲夫婦相處之禮節。「養老」之述，疑爲〈王制〉的複篇；而「食譜」之作，又似與《儀禮》〈公食大夫禮〉、《周禮・天官》〈酒人〉、〈庖人〉、〈食醫〉諸職，以及〈少儀〉文句時相雷同，其爲雜纂，或亦可知〔註33〕。至如船山則注云：

> 「內」，門內之事也。「則」，法也，教也。《周禮》師氏以德行教國子，曰「孝德」，曰「孝行」，曰「友行」，曰「順行」，其節目之詳，著於此篇。蓋孝友之德生於心者，不學而能，不慮而知，而苟有其心，不能施之於行，則道不立而心亦漸向於衰矣。學以能之，慮以知之，乃以充此心之全體大用，雖有不逮者，習而安焉，則因事生心而心亦油然以興矣，故曰「下學而上達」。學者能於此致慎以自勉，而治天下者修明之以立治教，則至道之行不出於此矣。世教衰，民不興行，其所謂賢知者又爲鹵莽滅裂之教以倡天下於苟簡，如近世王氏「良知」之說，導淫邪，墮名義，舉世狂和之而莫之能止。
> 〔註34〕

船山之言，純就理義上說，其言〈內則〉之旨，謂「孝友之德生於心」，乃「不學而能」，「不慮而得」，則其爲根之天性可知。然僅有其知，知而不行，則道不立而心必漸衰，是以有其知而無其行，道即無以立。而其時陽明「良知」說行，船山深表不滿，而有「導淫邪，墮名義，舉世狂和之而莫之能止。」的憤激之語。所以如此，乃〈內則〉所云爲可則之「儀軌」，如有知而無行，其儀即不順其軌，爲教之義因之以失，故「良知」之說，在所擯斥。其實陽明良知之說在於「致」，必有所「致」，良知才能得其行，而末流僅言良知，卻未能行，使經不正民不興，此故船山乃口誅而筆伐。今則資引段落章句以論之：

（一）后王命冢宰，降德于眾兆民。

船山注云：

> 「后」，君也。「王」，三代有天下之通稱。冢宰建交之六典，二曰教典，以安邦國，以擾萬民。教雖司徒之職而頒自冢宰者，重其事也。「降」，播告也。「德」者，人之所得於天而情所以必至，才所可盡者也，蓋雖事跡之末，而非根乎心之所得，則未有能行者矣。萬億

〔註33〕參見王夢鷗《禮記今註今譯》頁357。
〔註34〕《禮記章句》卷十二，頁1。《船山全書》第四冊，頁669。

－132－

曰「兆」。「眾兆民」者，自王國而達於天下也。此一節乃一篇之綱領，自下節以訖於篇末，皆降德之條目也。〔註35〕

船山謂后王命冢宰之句為全篇綱領，實則連結下文「子事父母」之句，上下句意則相差甚遠。參照前言之說，則此十一字實無所承應，王夢鷗引姚際恒〔註36〕《九經通論》所載，謂「此猶〈燕義〉首章〔註37〕，皆後人所妄加者，其文義與本篇絕不相類。」則此句當為斷章之言。船山僅謂「冢宰建邦之六典，二曰教典，以安邦國，以擾萬民。教雖司徒之職而頒冢宰者，重其事也。」確是與下文無所承應。若其下文，則為：

（二）子事父母，雞初鳴，咸盥漱，櫛縰笄總，拂髦冠緌（ㄖㄨㄟˊ）纓，端韠紳，搢笏。左右佩用，左佩紛帨刀礪小觿金燧，右佩玦捍管遰大觿木燧，偪屨著綦。

船山注云：

「雞初鳴」者，民間不得與知更漏，以雞鳴為度也。「咸」，皆也，戒令之皆若此也。「盥」，滌面。「漱」，盪口也。「櫛」，梳也。「縰」，以黑繒為之，用韜髮作髻。「笄」，簪也，以固髻者。「總」，亦以黑繒為之，以束髮本而垂其末於髻後以為飾。「髦」，以髦牛尾為之，父母在，子戴之以象幼時翦髮為髻之形。「拂」，披也。「緌纓」者，以纓結於頷下以固冠，其餘下垂為飾。「冠」，玄冠，其纓青組。「端」，玄端，士服也。「韠」，爵韠。「紳」，大帶。「笏」，士以竹為之，以記事待問。「搢」，插之於紳間也。「佩用」，言左右所佩皆用物，別於佩玉之為德佩也。「紛」，拭器巾。「帨」，拭手巾。「刀」，小刀。「礪」，磨刀石。「觿」，形如錐，以象骨為之，以解小結。古人衣帶皆交固結之，不為虛組，以防解散，故解之必用觿也。「金燧」，陽燧，以向日取火。「玦」，指決，著右巨指

〔註35〕《禮記章句》卷十二，頁2。《船山全書》第四冊，頁670。

〔註36〕姚際恒：別名立方，安徽休寧人，生於清順治四年（丁亥，1647），卒年不詳。少讀書，泛濫百代，既而盡棄詞章之學，專事於經。注九經閱十四年而書成，名曰《九經通論》。時閻潛邱（若璩）辨晚出古文之偽，先生持論多不謀而合，潛邱撰《尚書古文疏證》，屢引其說以自堅。較著之作，若《九經通論》一百七十卷；《古今偽書考》十卷，補正一卷，考釋二卷；《詩經通論》十八卷；《春秋通論》十五卷。等等。參見嚴文郁《清儒傳略》頁139。

〔註37〕〈燕義〉首章乃謂：「古者周天子之官，有庶子官。庶子官職諸侯、卿、大夫、士之庶子之卒，掌其戒令，與其教治，別其等，正其位。」

以彄弦者。「捍」，拾也，以韋爲之，斂左臂之衣以捍弦也。「管」，筆彄也，所以韜筆者。「遰」，刀韣也。有彄則有筆，有韣則亦有刀，所謂刀筆，以削騩柹（音尸ˋ）書字也。「大觽」，解大結者。「木燧」，鑽四時之木以取火者。「偪」，如襪而無底，以飾足脛，或謂之行縢。「著」，繫之也。「綦」，屨上小帶。此上三節言衣冠佩屨之事。必於詳慎而後敢以見於父母，敬之至也。敬其身以敬父母，敬之本也。虧體辱親，托於奉養，其爲不孝大矣。〔註38〕

　　船山依字尋解，於章句詮釋，頗爲清晰。而其實即爲天子，雖教化百姓，其孝敬父母，必無上下之分，亦必自小處以行。此如已冠男子事奉父母，雞初鳴之時，即應從事梳洗。頭上用黑繒韜法作髻，以簪固定，之後，戴上齊眉的髮飾，仿效幼兒形象，其意則年齡雖長，仍不忘孺慕父母。再者，帽帶繫整齊，身穿玄端士服，繫上大帶，插笏於帶間，以備記事。又穿上蔽膝，身之兩旁另戴許多佩物；左面爲擦手巾、小刀、磨石，解小結的錐子及向日取火的凸鏡；右面佩表演射擊的玦捍、筆彄、刀鞘、解大結之大觽及鑽木取火的木燧，腳則仔細縛偪納屨著綦，然後才敢見父母。此中儀式，於今視之，必不可行，然在古之社會，其重禮重節，取物雖多，卻彌足珍貴，而其出發點，壹在於「敬」字。此即船山所謂「衣冠佩屨之事，必於詳慎而後敢以見於父母。」然則敬其身以敬父母，時刻不忘細節，是爲敬之本。

（二）婦適舅姑，如事父母。……。以適父母舅姑之所，及所，下氣怡聲，問衣燠寒，疾痛苛癢，而敬抑搔之。出入，則或先或後，而敬扶持之。進盥，少者奉槃，長者奉水，請沃盥，盥卒授巾。問所欲而敬進之，柔色以溫之，饘酏酒醴芼羹稻黍梁秫唯所欲，棗栗飴蜜以甘之，菫荁枌榆免薧滫瀡以滑之，脂膏以膏之，父母舅姑必嘗之而后退。

船山注云：

「所」，燕寢也。「下氣」，斂息也。「苛」與「疴」同，疥痛（即疥癬）也。「抑」，按摩也。「搔」，爬也。「敬」者，專志詳審以消息之也。「或先或後」，因其便也。以手承腋曰「扶」，以手提腕曰「持」。「槃」，盛水器。「沃」，傾水於槃也。「請而後沃」者，伺便，恐沃蚤水寒也。巾不言奉者，故懸於楎（音ㄏㄨㄟˊ，牆上衣架。）「問所欲」，皆夙具也。古者家貧親老，則爲祿仕，給所欲也。「溫」與

─────────────────

〔註38〕《禮記章句》卷十二，頁3～4。《船山全書》第四冊，頁671～672。

「縕」通，藉也，承也。「饘」，糜也。「酏」，粥也。「芼羹」，以菜
雜肉，加米糝而煮之。「饘、酏、酒、醴、芼羹」五者，晨小食也。
「菽麥」以下，朝夕食也。「菽」，大豆。「蕡」，枲（ㄒㄧˇ，大麻。）
實，今謂之火麻仁。「黍」，似稷而粒大，殼光滑，或赤或白或黑，
其赤者今或謂之高梁，或謂之稻黍。「稅」，稷之黏者，今俗謂之糯
粟，七者皆以爲飯也。「菫」，一名菫葵，方書謂之菫菜，莖如薺，葉
如柳，開紫花，結三棱小莿，一名箭頭艸。苣（音ㄏㄨㄢˊ，植物名，
菫類。）似菫而葉大，皆滑菜也。「粉榆」，白榆也，其皮漬之生白
曰黏，新生曰「免」，乾者曰「稾」。「瀡」，泔（淘米過的水）也。「瀡」，
滑也，言菫苣粉榆，或新或乾，漬之瀡中，令生滑瀡以和食也。戴
角者「脂」，無角者「膏」。「膏之」者，謂以肥潤之也。老人咽膈恒
若不快，故調和肉菜，宜用膏沃也。「退」，少退以俟使令。不待立
者，恐勞顧盼致哽咽。〔註39〕

船山如此鉅細靡遺的解釋，亦在說明內室的禮儀與規範。由其一字一詞
的抒解，於家庭倫理意涵表彰更爲鮮明。如文段落所謂：爲婦者，事奉公婆，
其狀如同事奉家中父母。其至公婆居處，首要即低聲下氣問候冷暖，公婆如
遇疾痛疴癢，即應專心慎重爲之按摩。公婆出入走動時，必或先或後在旁扶
持；盥洗時須親奉湯水，洗畢後再遞上面巾；之後，和顏悅色地請示當天食
物；早餐之「饘酏酒醴芼羹」，午晚餐之「菽麥稻黍粱稅」，皆能依照公婆意
思安排，且棗栗飴密，菫苣粉榆脂膏等物調和飲食，使食物甘滑可口，必待
公婆品嘗後才能告退。以此規矩行事，儀德典範即在其中，而和睦藹悅氣氛
因之以成。以是，婆媳和樂，家道乃興。

（二）在父母舅姑之所，有命之，應唯敬對。進退周旋慎齊，升降出入
揖遊，不敢噦噫嚏咳欠伸跛倚睇視，不敢唾洟；寒不敢襲，癢不敢搔；不有
敬事，不敢袒。

「唯」，速應聲。詔則「唯」，問則「敬對」也。「周旋」，圓轉也，
方進而退，方退而進，必圓轉，不遽爲向背也。「齊」，整肅也。「升
降」以階言，「出入」以門言。「揖」，推手，謂接賓客時。「遊」，謂
父母舅姑閒步也。六者皆敬慎其步履而整肅其儀容也。「噦（音ㄩ
ㄝ）」，逆氣。「噫」，呃也。「嚏」，歕氣。「咳」，嗽。「欠伸」，呵氣

〔註39〕《禮記章句》卷十二，頁4～6。《船山全書》第四冊，頁672～674。

－135－

伸體。「跛」，斜傾一足。「倚」，依物而立。「洟」，鼻液流也。「睇」，微眄也。「襲」，重衣也。猝寒加衣，必於隱辟，不敢當尊者之前也。「敬事」，重事也。祭則袒而割牲，弔則裼，否則雖執勞役不敢爾也。「涉」，躐等升階也。「撅」，與「蹶」同，跳也。「褻衣衾不見裏」者，行則斂衽，或時侍寢，則局曲斂衾，不敢掀足颭動令裏見也。此節所記以敬為主，或且疑其敬有餘而愛不足者，然愛而不敬，非真愛也。人子之於親，求以得其歡心者誠切專至，則志氣壹而詳慎斂肅，自無往而或縱，故一堂之上，肅雝敬穆而和氣充盈，君子之孝所由大異於禽鹿之齁齁者，恃此而已。〔註40〕

　　船山著重為人處世，是以本段所注，極為清晰。於「不敢袒裼」句，特注云：「祭則袒而割牲，弔則裼，否則雖執勞役不敢爾也。」皆重其事之謂。再以段落之章言：此若家之子女及媳婦，於父母公婆跟前，如有使喚時，須立即答應，且恭敬答話。於長者面前進退周旋，心須肅敬，貌須齊莊，升降出入，亦須俯身而行，不敢縱肆容體；不敢打呃、噴嚏、咳嗽、伸懶腰；不敢一腳站立，不敢斜視，不敢流口水、流鼻涕。遇天氣驟變時，亦不敢在長者前加添衣物，不敢在長者前搔癢；無特殊之事，不敢寬衣露臂，亦不敢揭衣裳，抖露內衣。雖云嚴謹，人子之誠卻是真正流露，蓋以「至氣壹而詳慎斂肅，自無往而或縱。」今之為人子為人婦者，研閱此段，如能所感且有所興，則身體力行，必然肅雝靜穆和氣充盈，而契乎船山之慮念矣。

（三）子婦有勤勞之事，雖甚愛之，姑縱之，而寧數休之。子婦未孝未敬，勿庸疾怨，姑教之；若不可教，而后怒之；不可怒，子放婦出，而不表禮焉。

船山注云：

「子婦」，事親者之子若婦也。「勤勞之事」，大父母所命也。「愛之」，以非所堪任而恤之也。「縱」，任也。「數休之」，勿使怨吾親也。「未孝未敬」，謂不能承事大父母也。「疾」，憎也。「怨」，忿也。事親，人子自盡之事，不可遽責之不肖之子婦，故不遽疾怨而徐教之也。「怒」，責撻也。「不可怒」，謂驕悖恐為逆也。「表」，著也。「禮」，謂所當放出之禮。不著明其逆吾父母之罪以章其當放出，所以安父

〔註40〕同上，頁9～10。又《船山全書》第四冊，頁67～678。

母而不令受怨謗也。〔註41〕

　　船山言「不表禮」之禮，爲所當放出之禮。意謂此禮爲不著明逆父母之罪，所以安父母而不令受怨謗。然如由整段文辭觀之，其意恐非如此。其段落乃謂：父母公婆對待兒輩，須特別愛護，兒輩服勞事之時，心仍不忍，雖任其人做去，亦須時時令其人休息。兒子媳婦若未孝敬，亦不宜氣憤，當慢慢教導；如再不接受教訓，才來責備；如實在背逆不聽管教，只好放逐兒子出休媳婦，卻不好明說其人違禮犯義，此才合乎忠厚之道。是而「出婦放子」，乃不得已，猶爲之隱瞞，且不明言其犯禮，此即長者之忠厚，與船山所云「安父母而不濘受怨謗」之說，似有相左，亦見解之不同，或未可知。

（四）凡婦，不命適私室，不敢退。婦將有事，大小必請於舅姑。子務無私
　　　貨，無私畜，無私器，不敢私假，不敢私與。婦或賜之飲食衣服布帛佩
　　　帨茝蘭，則受而獻諸舅姑，舅姑受之則喜，如新受賜，若反賜之則辭，
　　　不得命，如更受賜，藏之待乏。婦若有私親兄弟將與之，則必復請其故，
　　　賜而后與之。

船山注云：

　　　「凡婦」，兼冢婦（長子婦）介婦（眾婦）而言。「有事」者，其私
　　　事，若歸寧之類。「子婦」，子及婦也。「財幣」曰「貨」，牧養曰「畜」，
　　　「假」，借物與人。「茝」，白芷。「蘭」，紫莖綠葉，葉微似菊，八月
　　　開小紫花，今俗謂之馬蘭，苗可爲茹。二者皆香草，乾而囊之以爲
　　　佩，所謂「容臭」也。「如新受賜」者，喜得伸其孝養也。「如更受
　　　賜」者，如受賜於舅姑。「藏」者，待舅姑之乏也。婦人謂父母家之
　　　黨曰「私親」。「復請其故賜」者，雖舊已反賜，必重請之也。〔註42〕

　　由「茝」、「蘭」之解，知船山亦注及自然之物，尤以植物樣貌形容特切，亦知船山非僅於哲理之思辨而已。若其意則：長婦和眾婦們，平日只以侍奉公婆爲事，如公婆未下令退下，即未敢私自回房休息。若遇私事要料理時，不論事之小大，皆須稟明公婆然後才行。再者，兒子媳婦不能擁有自家財幣、器物和牧養，亦不能擅自以物借人或予人。媳婦如得娘家親友饋贈之衣服、佩巾或香囊，即應收下轉獻公婆，公婆接受獻物當表歡喜，如同己亦接受親友饋贈一般；而如公婆將物轉送媳婦自身，媳婦如無法推辭，即應以再接受

〔註41〕　《禮記章句》卷十二，頁 14～15。《船山全書》第四冊，頁 682～683。
〔註42〕　《禮記章句》卷十二，頁 18～19。《船山全書》第四冊，頁 686～687。

公婆賜物的心情收藏該物，一俟公婆有所缺乏時再獻出。又者，媳婦想送些禮給娘家兄弟親友時，必先向公婆稟明原由，等公婆拿出物品賞賜，才能送禮。則此「禮」由內而外，由媳婦之敬發而爲公婆之慈，融融洩洩，得爲一家之喜，則齊家之樂於焉以成，是修身而後齊家之美，竟在於斯，此必船山念茲在茲者，亦禮道發揚之極致。

（五）大夫燕食，有膾無脯，有脯膾。士不貳羹胾，庶人耆老不徒食。……。牛夜鳴則庮，羊泠毛則羶膻，狗赤股而躁躁，鳥曤色而沙鳴鬱，豕望視而交睫腥，馬黑脊而般臂漏，雛尾不盈握，弗食。舒雁翠，鵠鴞胖，舒鳧翠，雞肝，雁腎，鴇奧，鹿胃。肉腥，細者爲膾，大者爲軒。或曰：麋、鹿、魚爲菹，麕爲辟雞，野豕爲軒，兔爲宛脾，切蔥若薤，實諸醯以柔之。羹、食，自諸侯以下至於庶人無等。大夫無秩膳，大夫七十有閣，天子之閣，左達五、右達五、公、侯、伯於房中五，大夫於閣中三，士於坫一。

船山注云：

> 「燕食」，常食。「貳」，並設也。非耆老，雖大夫食必有節，耆老則雖雖庶人必胖，飲食之用唯以將孝養也。……。此皆不可食者也。「庮」，臭如九屋朽木也。「泠」，聚也。「羶」，結也，謂毛不周匀，或聚生而羶結也。「赤股」，股裏無毛也。「躁」，數吠齧也。「鳥」，兼家禽也鳥而言。「曤」，羽不澤美也。「沙」，音破也。「鬱」，臭若腐也。「望現」，舉頭遠視。「交睫」，睫毛長相交也。「腥」，與「星」同，肉內有米星散也。「般」，與「班」通，毛色雜也。「漏」，《周禮》作「螻」，臭如螻蛄也。「尾不盈握」，雛未成，味薄，臭腥，食之不益人。「舒雁」，鵝也。「翠」，尾肉。「鵠」，小鳥。「鴞」，一名鵬，今人謂之竹雞。「胖」，脇側薄肉也。「舒鳧」，鴨也。「鴇」，水鳥，無後趾。「奧」，臆胵也。「舒雁翠」以下，皆謂食時去之。此記膾之別也。「軒」、「菹」皆薄切之成片。「膾」、「辟雞」、「宛脾」則薄切之，又條解之如絲，其命名之詳，蓋當時之方言耳。「柔之」，謂醃釀使頓也。牲肉隨有即可爲羹，百穀隨力所獲即可爲食。二者養生之主，精美無嫌也。「秩」，次序設也。「膳」，庶羞也。天子、諸侯雖常食，恒設庶羞之豆。《周禮》所謂「天子羞用百二十品」也。設豆之制，每飯更進之，皆豫實而陳之於閣，每閣十二豆，故天子之

閣十，諸侯六十豆故閣五，大夫三十六豆故閣三，士十二豆故閣一。「閣」者，庋豆架也，大夫常食之豆不過菹醢，皆先設於席，無以次續薦之羞豆，七十而養，於是乃有之而閣三，士亦七十受養而始有閣一，故曾子：「始死之奠其餘閣也與」，為養老而終者言也。「達」，夾室也。夾室在序外。「房」，左右房也。房在正室兩旁，其外為序，序外為夾室。士無夾室，則於序端旁出之坫置閣焉。庖饌之所，尊者遠而卑者近，故諸侯於房中。若大夫亦於夾室，得同天子者，變於諸侯，無嫌於天子也。此言大夫，士老而養，得有羞豆，雖多寡殊，而養道必備也。右第十章。此章記飲食之制，盡中饋之法，所謂「內則」也。……。所謂「以其飲食忠養之」也。事雖微而不謹，物有恒而不潰，后王降德以教士女者，斯為至矣。〔註43〕

上之段落，雖記飲食之制，其實盡「中饋之法」，為「內則」之顯例。蓋以飲食為生活之需，生活美好，吃喝皆宜，健康安適，樂即融融。所以以飲實為養生之道，當無嫌於精美。以文之解說，所謂：大夫早晚飯食，有時有膾無脯，有時有脯無膾；士人早晚飯食有羹肉，但不能竝設；六十歲以上老人，無肉不飽，是以食須有肉，羹則平民百姓皆有之。……飲食所吃的肉，要細加選擇，夜間鳴叫的牛，肉必有惡臭；毛色不均潤澤的羊，肉有羶味；股裏無毛的狗，舉動急躁，肉味必然腥惡；家禽或野鳥，如其羽毛不美，叫聲嘶啞，肉必然腐臭；目光不明，睫毛長而相交的豬豚，肉質必然不好；黑脊而前脛有雜毛的馬，肉質亦常腐爛，以上之肉，皆不宜吃。且而不成熟的雛雞不應吃；鵝委，鵠鴞脅側的薄肉，鴨尾，雞肝，雁腎，鹿胃等，吃時皆須去除，此是飲食的潔淨，又是攝生的良法。凡是牲畜，不論體積小大，細切稱膾，粗切稱軒。麋鹿魚及豕用粗切，麕兔用細切。此外，又將蔥薤漬在醋中，拌和肉類以去腥氣。再以羹食是日常主食，上自諸侯，下至平民，不論貴賤地位，皆等同享用。次者，論及士大夫階級，其雖不能比擬天子諸侯，但養老之事同樣注重。年未至高齡的大夫，平日並未飲用美食，但其十歲後，即擁有專門存放食物的「閣」。天子食閣設在正室外左右夾室內，每室各五個；公侯伯食閣設在正室兩旁房中，共有五個；士人僅一個，但不稱閣，而稱作「坫」，亦皆為養老而設。

以上為〈內則〉儀節之舉隅，其「子婦」之禮，「養老」之述，及食譜之

─────────────────────

〔註43〕《禮記章句》卷十二，頁27～31。《船山全書》第四冊，頁695～699。

說，所列僅爲部份，惟由一及萬，仔細推敲段落意涵，於「儀軌可則」之義，是能深入探究，亦即由船山字裡行間之句注，《禮記》所述古之內室誼範，凸顯印象當更鮮明。

二、〈少儀〉旨要衍義

名曰〈少儀〉，鄭、孔以爲係因「雜明細小威儀〔註44〕」之故。朱熹則謂此篇爲言「少者事長之節」。今考其內容，所涵若相見，適喪，致膊，賓主交接，洒掃，問卜，侍尊長，事君，御車，饋贈，侍食，飲酒，膳羞，以至國家麋敝時之禮數，於少者侍長之節外，尚述賤者事貴之禮法，包羅甚廣，又與〈曲禮〉、〈內則〉互爲出入，且部份雷同，正可以相互參校。〔註45〕是前節爲〈內則〉旨要之衍，今則仍爲生活儀節之推闡，蓋必如此，然後才見古人生活的精謹切當。至船山於此章節，旨要之義，未嘗多言，所述則引朱子之言，謂「小學之支流餘裔也」。〔註46〕若其相見，適喪，致膊，賓主交接，洒掃，問卜，……之章節，則依段落擇要言述：

（一）開始見君子者辭曰：「某固願聞名於將命者。」不得階主。敵者，曰：「某固願見。」罕見曰「聞名」，亟見曰「朝夕」，瞽曰「聞名」。適有喪者曰「比」，童子曰「聽事」，適公卿之喪，則曰「聽役於司徒」。君將適他，臣如致金玉貨貝於君，則曰「致馬資於有司」；敵者，曰「贈從者」。臣致襚於君，則曰「致廢衣於賈人」。敵者，曰「襚」。親者兄弟，不以襚進。臣爲君喪，納貨（賄）貝〔註47〕於君，則曰「納甸於有司」。

船山注曰：

「聞」，記者述其傳聞之辭。「君子」，有齒爵之稱。「固」，誠也。「聞名」，猶言通名。「階」，上進之意。「主」，主人也。釋言辭（按：各印本無此班字）稱「將命」者，以己卑少，不敢自進於主人也。「敵者」，齒爵相當也。得以階主，不稱將命者矣。「罕見」，久離而復相見也。「亟」，數也。於尊者稱聞名，其階主與否，亦因其等。瞽則

〔註44〕《十三經注疏‧禮記》卷第三十五，頁626。
〔註45〕參見王夢鷗《禮記今註今譯》頁457。
〔註46〕《禮記章句》卷十七，頁1。《船山全書》第四冊，頁837。
〔註47〕「貝」，鈔本原作「賄」，據各印本改。楊堅引阮元刻十三經，謂參校之十八種版本無作「賄」字者，其「賄」字，從「貝」爲宜。見《禮記章句》卷十七，頁3。《船山全書》第四冊，頁839補注。

雖敵亦稱聞名，以目無見，辭不虛也。「適有喪」，謂弔也。「比」者，
比次年力，供喪事也。童子不能任事，聽使令也。「司徒」，有大喪，
則率眾庶，屬六引而治其政令。《周禮》無家司徒，公卿之有司徒，
《春秋》以降之僭也。弔而稱「比」、「役」者，哀不虛致，必有事
也。「適他」，謂朝會。「貨」，泉布。「貝」，海中介蟲，古者以其甲
為貨，今雲南人猶然。「馬資」，謂芻秣之費。「敵者」，卿大夫之自
相贈也。「廢」之為言置也，猶尊之有廢尊，謂委致於地，不以即陳
也。玉府之屬吏，主知物貫，凡獻金玉文織貨賄者，玉府受而藏之。
物微不敢當，玉府之藏，稱其屬吏也。「親者兄弟」，謂大功以上。
「進」，執以命也。親者之襚，自以即陳，至親無文，不將命也。「納
貨（賄）貝」者，賻也。「甸」，田也，謂納其采邑之田賦也。〔註48〕

又云：

　　皆記將命之辭，蓋少而習之，以為終身之節。〔註49〕

「將命」者，意謂出入傳話的人。所記為「將命之辭」，雖為出入傳話者
之語，但語所言，若少而習之，仍能為終身之節。若本段言述，則為：古人
相見之禮：首次訪求有德行官爵者，須先言：「我非常願意將鄙名告訴貴之傳
達者。」而不直接告於主人。如求見之主人地位與幾相當，即云：「我特地前
來拜會。」若為少見面之人，其過程當同於始見者；如常常見面，即謂「時
刻煩您通報」云云。至往喪家弔祭，應云「特來與傳命者共同效勞」。遇未成
年的孩童，則「聽候傳命者得差遣」。又如參加公卿喪禮，則云「聽候管家的
差遣」。再者，如國君要至朝會之處，臣下如有致送金玉帛布之寶貝，即謂：
「此為贈送隨從官員，以為養馬的費用」；如贈給地位高之人，則謂：「此是
贈給您底隨從官員」。再如臣下送壽衣給君王，即謙稱：「送若干不合用的衣
服交與致襚（襚，送給死人的衣服。此字船山未解。）的使者」。如其地位相
當，即云：「送壽衣」。若所送者為親近兄弟，即不說客套話，直接將壽衣送
去。若臣下為君喪事而致賻金，即云：「這是繳納與主管的田賦。」此些言語
雖無特殊，卻是做人處世的準則，至少謙虛以進，處處有禮，且在何等場合
說何等話，皆為人素養的基本態度，自小即有此風範，大即不致吃虧，所謂
「禮貌」云者，由此可見。

〔註48〕　《禮記章句》卷十七，頁1～3。《船山全書》第四冊，頁837～839。
〔註49〕　《禮記章句》卷十七，頁1～3。《船山全書》第四冊，頁837～839。

（二）尊長於己踰等，不敢。問其年。燕見不將命。遇於道，見則面，不請
　　所之。喪俟事不植弔。侍坐弗使，不執琴瑟，不畫地，手無容，不翣也。
　　寢則坐而將命。侍射則約矢，侍役則擁矢。勝則洗而以請，客亦如之。
　　不角，不擢馬。

船山注云：

　　「尊」，以爵言；「長」，以分言。非其戰者，雖少不齒。問年、則嫌
　　於齒之也。亞見者一將命而止，後此則爲「燕見」，將問道業，不敢
　　爲賓。「見」，謂尊長見之。趨前相覿曰「面」。不見己則不面，恐煩
　　應接。「不請所之」者，尊長所事，非敢所與也。「喪俟事不植弔」，
　　「植」同特。隨尊長而至喪者之家，不敢爲賓。「使」，命之鼓琴瑟
　　也。「畫地」，有所稱說而指畫也。「容」，張拱也。不拱者，以俟指
　　使扶掖也。「翣」，扇也。「寢則坐而將命」，尊長或有疾而寢，將命
　　必坐以俯就之。「侍射則約矢」至「不擢馬」句，凡射，二人爲耦，
　　先俯（亦作倚）矢于福，二人更相讓拾取矢。「約矢」者，不拾取，
　　待尊長取四矢竟，而後己總取之也。「投」，投壺也。「擁矢」者，尊
　　長委矢於地，更取而投之，己則總四矢擁握以俟投也。「勝」，謂己
　　勝也。凡射與投，不勝者自取觶立飲，今與尊長爲耦而己勝，不敢
　　令其自飲，洗爵以請，若行觴然。「客」云者，謂非鄉射、大射，因
　　燕而以射娛賓也，亦洗以請，尊賓也。「角」，觗也，所以示罰。尊
　　長不勝，爵而不角，不敢施罰也。「馬」者，投壺之算。投壺之禮，
　　賓主各爲朋，每耦勝則立一馬，三馬而成勝，遂行慶爵。若一朋得
　　二馬，一朋得一馬，則攫取一馬者之馬歸二馬者，以成三馬。卑少
　　者與先生爲耦，己朋雖得二馬，不敢攫取先生之馬以受慶也。〔註50〕

　　船山云「馬」者，即投壺之算。意不甚明確，仍須從「不擢馬」三字詮
釋。俞樾《群經平議》云「不擢馬」即「不立馬」之謂〔註51〕。投壺之禮，
卒投，司射執算請數，命酌曰：「請行觴」。正爵既行，請立馬，一馬從二馬
以慶，此賓主投壺之常禮，於〈投壺篇〉有詳載。若侍投於長者，而幼卑者
勝，則亦洗而請，但不敢因長者受罰，而謂己當受慶，故無慶多馬之禮，當

〔註50〕《禮記章句》卷十七，頁8～9。《船山全書》第四冊，頁844～845。
〔註51〕俞樾《春在堂全書》五種上，《經》二十一，頁五。楊家駱主編中國學術名著
　　　　第六輯《讀書箚記叢刊》第二集，第三十四冊。

亦不用立馬，是爲「不擢馬」。以上所解，雖云繁瑣，能使文句更清釐，亦不爲差。

再就章句言，若：於高一輩的尊長，不敢詢問其年齡。私燕而見，卑幼者不使擯者傳達辭令。路間遇尊長，如爲尊長所見，即上前請安，尊長未見，則不勉強；與尊長見面，亦無須問將至何處。參加喪禮，後輩要等主人朝夕哭才弔，非逢時不獨弔。陪侍尊長談坐，如無尊長命令，不執琴瑟奏樂；不自作聰明爲長者策畫，亦不宜手像搖扇動作，故意作態向長者示現反對意見。又如長者躺著，卑幼者即坐著等候爲長者傳命。且陪長者射，須等長者取箭結束，己方過取其他四箭。其陪長者投壺，須抱住箭矢，不可任放地。若比箭勝過射者，即須洗好酒杯，斟好酒，端至長者席前請喝酒；對待客人情形亦復如是。此外，不用罰酒專用之杯，亦不立馬，意在顯卑幼者的謙遜，而少者事長之節，亦於焉以立。

（三）僕於君子，君子升、下則授綏，始乘則式，君子下行，然後還立。乘貳車則式，佐車則否。貳出者，諸侯七乘，上大夫五乘，下大夫三乘。有貳車者之乘馬服車，不齒。觀君之衣服、服劍、乘馬、弗賈。

船山注云：

> 「君子」，兼君、卿、大夫言，非僕者之敵也。「升、下」，或升會下也。「授」者，以手持而引之也。僕升在君子之先，故始乘必式，以敬俟之；下在君子之後，侍君子之步行然後下還向外，待君子去遠乃驅車而退。又：朝祀之副車曰「貳」，戎獵之副車曰「佐」，凡副車皆令人攝乘之。兵車不式，故乘佐車不式也。其式者，以非己所得乘，必恭敬以明有奉也。《周禮》：「貳車公九乘，侯伯七，子男五。」此言「七」者，舉其中而言之。「上大夫」者，天子之卿；「下大夫」者，天子之大夫。凡貳車皆如其命數，卿當六乘，大夫當四乘，此言「五」言「三」，舊說以爲殷制，蓋降殺以兩之義也。「有貳車者」，謂大夫以上尊者也。「乘馬服車」，謂其馬方無車時也。「服劍」，所佩劍也。「弗賈」者，不敢評其良楛。〔註52〕

「服車不齒」，爲一關鍵句法，船山未解。鄭注：「服車，所乘車；車有新舊。」王引之《經義述聞》云：「齒者年數也。車之新舊本無年數之可分，

〔註52〕《禮記章句》卷十七，頁17～18。《船山全書》第四冊，頁853～854。

－143－

無由齒之。服車二字當在下句『乘馬』之下『弗賈』之上。〔註53〕」所見是矣。若俞樾乃謂：「車固不得言齒，但因馬而並稱之，亦得言齒也。車，馬之齒，從一而省文。〔註54〕」王夢鷗則以此說未是。〈曲禮〉云：「齒路馬有誅」，《漢書·賈誼傳》亦曰：「不敢齒君之路馬」，「齒」字皆言「馬」，而不及「車」。蓋馬齒加長而可數也，車則無此，但有「賈」而已。〔註55〕此為文詞辯正，若其義則：為尊長駕車，尊長不論登車下車，皆要將登車挽手繩遞給駕車者，使駕車者有所把持。尊長上車時，駕車者頭須低下，觸及扶手橫木行「式」禮；俟尊長下車步行離去，駕車者才將車轉往一旁，站立等待。乘坐朝覲祭祀的副車，要行「式」禮，乘坐戎獵的副車則不須。朝覲祭祀副車的數量，諸侯七輛，上大夫五輛，下大夫三輛。駕車者不可評論大夫階級以上尊者所乘的馬年老或年幼，亦不可評駕車之坐的新舊。見到尊長所穿衣服、所著佩劍，及所乘之馬，不可評論其貴或賤。一切尊禮法，無過亦無不及，為駕車者即行駕車之事，隨意評論，盡皆非禮。

（四）燕侍食於君子，則先飯而後已。毋放飯，毋流歠。小飯而亟之，數噍，毋為口容。客自徹，辭焉則止。課爵居左，其飯居右。介爵、僎爵皆居右。羞濡魚者進尾，冬右腴，夏右鰭，祭膴。凡齊，執之以右，居之以

〔註53〕王引之《經義述聞》卷十五，頁363。江蘇古籍出版社2000年9月1版。其文為：「有貳車者之馬服車，不齒。觀君子之衣服、服劍、乘馬，弗賈。」鄭注「乘馬服車不齒」曰：「服車，所乘車也。車有新舊。」正義曰：「車有新舊，則年歲有多少，價錢有貴賤。」引之謹案：《曲禮》曰：「齒路馬有誅。」〈僖二年〉《公羊傳》曰：「吾馬之齒亦已長矣。」蓋齒者，年數也。馬有二歲曰駒，三歲曰駣，八歲曰齓之分。故可計其年齒若車之新舊。本無年數之可分，則無由而齒之意矣。衣服亦有新舊，曷嘗有年齒之可計乎！「服車」二字，當在下文乘馬之下，弗賈之上。〈王制〉曰：「命服命車，不粥於市。」明他車可粥於市也。《論語·先進篇》顏淵死。顏路請子之車以為之槨。孔注曰：「顏路家貧，故欲請孔子之車，賣以作槨。」車可賣，則可賈矣。但尊者之車，不可論其賈之貴賤。故曰：「觀君子之衣服、服劍、馬、服車，弗賈也。」自傳寫者誤，置服車於不齒之上，而其義遂不可通。鄭所見本蓋已誤矣。

〔註54〕俞樾《春在堂全書》五種上，《經》二十一，頁五。楊家駱主編中國學術名著第六輯《讀書箚記叢刊》第二集，第三十四冊。俞樾云：樾謹按：「王（引之）說非也。車固不當以齒言，因馬而并稱之，則亦得言齒。〈襄二年〉《左傳》『以索馬牛皆百匹』。正義曰：『司馬法出馬一匹、牛三頭。則牛當稱頭而亦云匹者，因馬而名牛曰匹，并言之耳。』經傳之文，此類多矣。《易繫辭》云：『潤之以風雨』。《論語》云：『沽酒市脯不食』。〈玉藻〉云：『大夫不得造車馬』。皆從一而省文也。然則此文亦是從一省，不得因此而疑其有誤也。」

〔註55〕王夢鷗《禮記校證》卷一，頁57。

左，贊辭自左，詔辭自右。

船山注云：

> 「燕侍食」，侍君子燕居之食也。「先飯後已」，以勸食也。「亟」，數
> 也。「小飯亟嚌」，防噎噫，便答問也。「口容」者，畜飯頰間，弄頤
> 而嚌也。「客自徹辭焉則止」，客卑少則自徹。然辭則可止，不虛主
> 惠也。「客爵」，酬爵也，所以優賓，賓不舉則奠於薦之左。「飲」，
> 獻爵及舉觶也。「居右」者，便於舉也。「僎」，卿大夫來觀禮者。介、
> 僎之獻酬賓酢主人之爵俱居右者，以飲故也。此言「僎」者，以鄉
> 飲酒言之，然舉一爵而凡為獻酢酬者皆放此。「羞濡魚者進尾」，此
> 常燕食設魚之禮。「羞」，亦進也。「濡」，鮮烹和汁也。「進」，前也，
> 謂鄉客也。不以首向客，避憎憐也。「腴」，腹肉。「鰭」，脊也。冬
> 肥在腴，夏肥在鰭，右之，便食也。「膴（音ㄏㄨ）」，腹肉可擘大臠
> 者，乾魚則必割擘登俎，故不言「進」與「右」。「齊」，調和成味，
> 所謂羹齊、飲齊、食齊也。進之者右手握持之，左手捧而居之於掌，
> 以致慎也。「贊」，助也。擯者助主人受幣而入，則由主人之左旋而
> 主人在左艤。「詔辭」，傳命而出，則由主人之右，主人固在左。吉
> 禮以左為尊。〔註56〕

關於「數嚌」一詞，船山以「客飯亟嚌」，謂防噎噫，然「嚌」字未解。
而於注疏所云，則鄭氏未注，孔疏則云「數數嚼之」。王夢鷗引《釋文》謂「嚌
字又作嚼」，實即嚼，其作「嚌」者，為異體之文。又引《說文》謂：「嚌，
嚺也，從口焦聲，或從爵」，疑所謂「數嚼」，是承「而亟之」來。「數」當為
「速」《祭義》云：「祭不欲數」，〈樂記〉云：「衛音趨數」，「數」皆為「速」，
此因「急飯」故「數嚼」，但又不欲其「為口容」〔註57〕，以是船山直以「防
噎噫」解之，理亦通，而「嚌」同「嚼」，則孔疏之述亦合宜。今依其文解，
則為：與尊長同吃便飯時，須先捧筷吃，等尊長吃完才停止；不可掉得滿桌
是飯，或流得滿桌是湯；須小口吃，快吞而下；咀嚼須快，不宜將飯留置頰
間咀嚼。飯後，客人以其身份卑少，親自收拾餐具，若主人勸阻，即不必收
拾。再者，主人酬謝賓客，飲用酒杯置於左邊；主人敬獻賓客，飲用酒杯置
於右邊；主人敬獻賓客的酒杯，賓客答謝主人的酒杯，及主人敬獻僎者的酒

〔註56〕《禮記章句》卷十七，頁22～24。《船山全書》第四冊，頁858～864。
〔註57〕參見王夢鷗《禮記校證》卷一，頁57。

杯，皆置於右邊。日常燕食以魚作菜，如為鮮魚則連汁上菜，以魚尾朝向賓客；東天魚肚朝賓客右方，夏天魚脊朝賓客右方；祭祀則用魚肚切下的大塊魚肉。至於用鹽、梅等調味之菜色，上菜時，用右手握持，而托捧於左手上。次者，擯為主人授與幣帛時，由主人左邊出；為主人傳達命令時，則由主人右邊出。總而說來，上菜或喝酒的飲食，皆彬彬有禮，古者之風，頗值稱是。

三、〈大傳〉旨要衍義

〈大傳〉之篇列於〈喪服小記〉之後，其中文句頗有相同者，前人多疑其與〈小記〉有關，皆為《儀禮‧喪服》篇之傳記。惟因所記大小不同，題名亦因之以異。鄭玄《目錄》謂本篇「記祖宗人親之大義」，由篇中文字細審，則鄭氏之說，殊為吻合。蓋古人合族人而祭宗廟，言廟中制度與喪服制度往往有合。〈小記〉因喪服而涉及廟制，本篇蓋亦如是。特以記者不同，措辭各異；加以原帙凌亂，遂難辨本來面目。或者因其各出於大戴、小戴後學傳承，乃有「大」、「小」不同名稱，亦未可知。〔註 58〕是以〈小記〉與〈大傳〉篇第之分辨，須從源流剖析。至若船山則就義法言述，其謂：

> 「禘」以上治而統祖，「宗」以下治而統族，二者相為表裏，皆禮之大者也。此篇發明其義，故謂之〈大傳〉。抑考禘祀之禮，昉於虞而備於周。宗子之法，殷唯有小宗，而周立大宗。蓋周先王以親親為政務之本，仁至義盡，其道尚矣。子曰「吾從周」，而子貢謂仲尼之學為文、武之道，職謂此也。自周之亡，秦蔑典禮，禘祀不行而宗法廢。漢氏以後，雖有欲修明之者，而得姓所由，莫可稽考，故或依附失實，抑或懲其妄而姑而已。唯宗之亡而致禘不可行，然後知先王肇修人紀之意至深遠也。程子汲汲於宗子之法而欲復之，蓋亦為人道憂也。族譜之修，祠堂之設，庶幾得其遺意而為興復之本。
> 〔註 59〕

船山直就義法言述，亦合鄭氏「記祖宗人親之大義」。所謂「大義」者，其上為論尊祖禰之敬意，其下為慈親屬之愛義。推而廣之，乃旁治昆弟，合族以食，且以序長幼之次第，別以禮義之矩度，人道之善盡在於此。而篇之所論，先有五事：一云治親，二云報功，三云舉賢，四云使能，五云存愛。

〔註 58〕參見王夢鷗《禮記今註今譯》頁 449。
〔註 59〕《禮記章句》卷十六，頁 1。《船山全書》第四冊，頁 825。

五者得一則民足；五者有一此紕謬則民不得其死。〔註60〕至於「禘」義也者，
〈喪服小記〉已載之〔註61〕，船山所以引程子之意，且再三而言，其以禘說
爲肇修人紀之意是爲深遠。說述如下：

（一）禮：不王不禘。王者禘其祖之所自出，以其祖祀之。諸侯及其大祖。
　　　大夫、士士有大事，省於其君，干祫，及其高祖。

船山注云：

　　　「禘」之爲言諦也。所以諦審淵源而大報本始也。祫以祀受命之祖，
　　　天子諸侯之達禮，而天子復推崇及遠，祀其所自出之帝於大祖之廟，
　　　爲西鄉之尊而大祖配之。……。「及」，至也，謂祫祭也。「大祖」者，
　　　受命始封之君。「大事」，謂非常之事，如賜氏、賜邑之類。「省」，
　　　告也。「干」，空也。大夫、士不得立高祖之妙，主已遷毀則空，爲
　　　位於祖禰之廟而祫之，然必告君而後敢行。其但及高祖而無大祖，
　　　士夫、士不世官，無始封之祖也。「不王不禘」者，所以立義而定分，
　　　達於士者，所以推仁而逮下：仁義之並行而不悖也。抑干祫止於高
　　　祖，而王侯之祫及大祖，則大宗、小宗之義亦寓於此矣。〔註62〕

　　若其文義：禮：不王不禘。王者禘其祖之所自出，以其祖配之。諸侯之
祭，得推及於始封國的祖先。至於雖同祖先的支族庶子其爲大夫庶子者，祭
祀較諸侯爲簡省，至多僅能聯合同爲高族以下的族人，祭及高祖爲止。

　　而「禘」、「祫」之義，其爲船山所重，但未深入詮解，今姑舉例以說。
以「禘」言，禘即祭也。《周禮》云：「五歲一禘。」《說文》段注：「言部曰：
諦者審也。」諦祭者，即祭之審諦，謂之審諦，自來說者皆云審諦昭穆。禘
有三義，有時禘，有殷禘，有大禘。謂之時禘者，《王制》云：「春曰礿（音
ㄩㄝˋ），夏曰禘，秋曰嘗，冬曰烝」是也，以「禘」爲四時祭之一，故曰「時
禘」，爲夏、商之禮。而殷禘者，周春祠，夏禴（同礿），秋嘗，冬烝，此爲
周改夏、商祭名。而殷者，盛也，合群廟之主，祭於太廟之謂。大祭者，即
〈大傳〉、〈喪服小記〉所云：「王者禘其祖之所自出，以其祖配之。」謂王者
之先祖皆感太微五帝之精以生，而行所謂的郊祭。

　　上列之言，爲禘祭之大略。至於「祫」者，即大合祭先祖親疏遠遠近之

〔註60〕參見王靜芝《經學通論》下，頁54。
〔註61〕如〈喪服小記〉第三章即云：「王者禘其祖之所自出，以其祖配之，而立四廟。」
〔註62〕《禮記章句》卷十六，頁2。《船山全書》第四冊，頁826。

謂。《周禮》謂：「三歲一祫」。《說文》段注：「《春秋》文二年八月丁卯，大事於大廟，《公羊傳》曰：『大事者何？大祫也。大祫者何？合祭也。毀廟之主，陳於太祖，未毀廟之主皆升，合食於太廟，五年而再殷（大）祭。』」鄭氏云：「魯禮，三年喪畢而合於太祖。明年春，禘於群廟，自此之後，五年而再殷（大）祭，一祫一禘。」謂「五年殷祭」，在以「祫」、「禘」皆殷祭，三年一祫，五年一禘，是以云五年再殷祭。至於「禘」、「祫」之辨，其二者之別，則於下章論列之。再以段落言：

（二）牧之野，武王之大事也，既事而退，柴於上帝，祈於社，設奠於牧室。
　　　遂率天下諸侯，執豆籩，逡奔走，追大王亶父、王季歷、文王昌，不以卑臨尊也。

船山注云：

　　「大事」，謂改建天命而奉神治人也。「退」，斂兵也，當作「宜」，師行祭社。「奠」，奠幣於行主也。「牧室」，作次舍於牧野，奉行主而修奠如室也。「柴」、「宜」、「奠」，皆以告成功也。「遂」者，繼事之辭，謂還周而修廟祀也。「逡」，疾也，宗廟之事以疾為敬。「奔走」，助祭而有事也。追王之禮周公成之，周公因武王之受命而終其事，故功歸於武王也。「不以卑臨尊」者，欲奉其廟享天下之奉，不可以諸侯之卑臨之也。此所謂「上治祖禰」也。〔註63〕

　　船山言「大事」，謂「改建天命而奉神治人」，意似模糊。實則「大事」也者，乃指周人之能建國，全在武王敗殷紂於牧野之勝仗，以此戰勝，周人乃得以立國。故如僅云「改建天命」，仍無法接連上下文。而「大王亶父」，《詩經》稱云「古公亶父」；「王季歷」，亦稱王季，皆武王祖先。文王，亦稱西伯昌，為武王之父。若古公亶父等本非王者，以武王戰勝而為王；亦即後輩之人為王，其先代人無王位，是以武王追尊其人為王。必如此，祭祖時才不致使卑之後輩而為王者，祭拜尊之前輩而非王者，是而「追王」之意，即在追贈上代祖先之德澤，避免卑之後輩以臨尊之前輩之故。

　　以上為辭義之述，再就前後語勢觀之，文句仍有足茲討論者。就此一節言，其值爭議之句，依排列之序，可議者厥有二，一為「牧野」之事，一為「追王」之事。就前者言，本處所引，近於《尚書·武成》篇，〈武成〉云：「丁未，祝于周廟，邦甸侯衛，駿奔走，執豆籩。越三日庚戌，柴望，大告

〔註63〕《禮記章句》卷十六，頁3。《船山全書》第四冊，頁827。

武成」。則必「祀廟」在前,「柴于上帝」在後;而本處則「柴于上帝」在前,祀廟之「執豆籩」在後,語句顯有錯亂,以合〈武成〉文句比較,則此段之「既事而退柴于上帝」句,當置於「逡奔下」,前後語勢方見通暢。再以「追王」事言,如以本篇末所引「無斁于人斯」句〔註64〕觀之,則所引為《詩‧清廟》之作,所謂:「……濟濟多士,秉文之德,對越在天,駿奔走在廟。……」,《毛詩》序以〈清廟〉出於〈周頌〉,為周公率諸侯祭祀文王之詩。則〈武成〉所言與〈清廟〉所述,一為武王,一為周公;一在牧野,一在洛邑;一在武王生前,一在武王死後,論其時、其地、其人,盡皆不同。故可證為此篇者,實合〈武成〉與〈清廟〉為說。惟此二篇本未言武王或周公有「追王」其祖先之事,雖《中庸》云:「武王未受命,周公成文武之德,追王大王王季,上祀先公以天子之禮……」,雖有此言,然仍未足證得〈清廟〉即周公追念先王的詩,而再細考〈武成〉篇載武王告廟之詞,雖溯及祖先建邦啟土之功,畢竟乃祝告之常詞,非為「追王」之事實。以是知此「追王」之說,乃漢世經師混而為一,意在解釋王者之「禘」,遂使前後章法錯置致遭後人指摘。因之,如依〈武成〉之文與本節文句相比,則此文據〈武成〉立說,較足可信,其引〈清廟〉之述,或漢之儒者錯簡,使「追王」之意,有所隱晦耳。今再以章句意蘊言,則文載牧野之戰,乃武王一生重要事件。當此戰事勝利後,武王即退而祭告於上帝,祈求土地之神,且臨時在牧野搭起祖廟以祭祀祖先。而其時,武王並率領各地國君,皆端著祭祀用品,兢兢業業追隨勝戰之王且跟隨崇拜其祖先。而武王祖先本非王者,是以各國之君要追尊古公亶父,季歷,西伯為王,其意在避免後輩之大於前輩。為此即訂下上代祖禰的次序,意在尊重輩份大小;又訂下後代子孫次序,意在愛護血統傳承,間而訂立親堂兄弟關係,聯合同一血統支族。此外,會食於宗廟之中,排列父輩子輩昭穆位置,進之制定彼此間最合理的節儀;則所謂做人的道理,盡在於是。

(三)上治祖禰,尊尊也。下治子孫,親親也。旁治昆弟,合族以食,序以
　　　昭繆(穆),別之以禮義,人道竭矣。

船山注云:

　　「下治子孫」,謂分封也。「旁治昆弟」,立大宗也。食者合之,於廟
　　中則有旅酬之禮,又時燕(宴)之於宗子之家,親疏貴賤一以昭穆

〔註64〕〈大傳〉末段謂:「親親故尊祖,……《詩》云『不顯不承,無斁于人斯』,此之謂也。」

序之，父子祖孫無或踰紊，則是「別之以禮義」也。「人道」者，立
人之道，一本之誼，所以異於禽獸者也。蓋因尊尊、親親而推其禮
之所秩，義之所宜，以立大宗之法，然後上治下治之義，雖在百世，
皆疏通而曲盡，則人之所以爲人者，道畢修矣。〔註65〕

船山以「治」字貫全段，此爲動詞之用。然「治」字另有一義，依鄭注
當爲「正」之意，孔疏並謂：「上正治祖是尊其尊也」。〔註66〕。《後漢書‧梁
竦傳》注引作「上正祖禰⋯⋯下正子孫⋯⋯」，衛湜《禮記集說》亦作「上正」
「下正」。則鄭注謂「治」爲「正」當合文意。若孫希旦則謂「立爲法制，以
別親疏厚薄之宜也。」〔註67〕以「立」言「治」，又別爲一說。無論如何，皆
在合「尊尊」、「親親」之禮。

至於全段之意，如船山所云：「此章言敬宗之義原本尊祖，承上章以起下
章同姓從宗之意。〔註68〕」所謂「敬宗」之意，在尊尊在敬祖先，其祭祀之
法，即如上文所云爲「追王」之禮，亦治祖禰之事，故謂之正上；所謂「親
親」，如親其宗族兄弟，合族以食，聯其情之同，且比禮義治男女使之別，即
正下之謂。上以正祖禰，下以正親族，上下得其正，人道盡矣。

再就章句申釋言，船山將前段與本段銜接爲一，且以「第二章」括之，
故其文句應依上段聯繫而下，所謂：如此訂立上代祖禰的次序，目的是尊重
輩份的大小；訂立後代子孫的次序，目的是愛護血統的傳承；從旁又訂立親
堂兄弟的關係。再者，聯合同一血統的支族，會食於宗廟之中，排列父輩子
輩的昭穆位置，制定彼此間最合理的禮節；則所謂做人的道理，皆包括在其
中。由此亦知，上治下治之義，一則尊尊，一則親親，推展開來，必是人倫
的極致。

（四）聖人南面而聽天下，所且先者五，民不與焉：一曰治親，二曰報功，
三曰舉賢，四曰使能，五曰存愛。五者一得於天下，民無不足、無不贍
者。五者一物紕繆，民莫得其死。聖人南面而治天下，必自人道始矣。

船山注云：

「聖人」，謂始有天下創制顯庸者。「聽」，治也。「且先」者，不遑
他務之意。「民不與」，謂養民之事猶後也。「治親」，上治、下治、

〔註65〕《禮記章句》卷十六，頁 4。《船山全書》第四冊，頁 828。

〔註66〕《十三經注疏‧禮記》卷三十四，頁 616。

〔註67〕孫希旦《禮記集解》卷九，頁 830。

〔註68〕同註 65。

旁治也。「存」，省也。「愛」者，所相親愛，謂姻黨也。「得」，皆得
也。「贍」，有餘也。五者得而親睦道行，民勸以和，各安其業，則
財足而用贍矣。「紕繆」，乖錯也。薄道行，爭奪起，民不得其死矣。
　　五者爲政之本，而治親爲五者之首務，故以人道始也。〔註69〕

　　船山以「五者得而親睦道行」，五者即篇章所云「治親」、「報功」、「舉賢」、
「使能」、「存愛」之謂，旨要則在「存愛」。關於「存愛」二字，鄭注解「察
有仁愛也」〔註70〕。若俞樾《群經評議》則以鄭注之說爲非，而以「存愛」
之愛同「曖」，即暗藏之意，故引《詩·烝民篇》「愛莫助之」，且引毛傳「愛，
隱也」，證「存愛」即「存察引意逸之士」〔註71〕，然此說甚迂曲。如《小雅·
隰桑》云：「心乎愛矣，遐不謂矣，中心藏之，何日忘之」，此爲《孝經·事
君章》所引，即察仁相親之謂，與存察隱逸是無關聯，故俞說實有可議。而
船山直云「所相親愛」，意同於鄭注之說。至於「治親」、「報功」、「選賢」、「使
能」四者，必兼「存愛」爲五，苟去存愛之「仁」，則其餘四者，當爲徒具形
式。亦唯此五者具，民才能足且贍，倘去其一，則民即「莫得其死」。是如俞
氏所云「存愛」爲「存察隱逸」，豈非與「舉賢」、「使能」之意重複，蓋以舉
賢使能，本即兼括顯達與隱逸二者。由是亦知船山重「治親」，其以「存愛」
爲首要，義旨頗明。

　　再以文意言，則必謂：聖明之人，其居統治地位，須先注意五事，而人
民之事不在其內。此五事：一爲訂立親屬關係；二爲酬報有功者；三爲選拔
善良；四爲任用有能者；五爲審察所愛者。如五事皆施行，則人民必皆滿意
富足；如五事有一差誤，則人民即無由保全性命。是以聖明者流，其居統治
地位，首要即從人與人關係做起。故爲政以人道爲先，人道得施，君民關係
合諧，則上治、下治乃爲安適。

四、〈雜記〉旨要衍義

　　名爲〈雜記〉者，以其記禮之雜文，所記則諸侯以下之士的喪事。分爲
上下二篇，而下篇并載其他雜事，本不限於「喪」，其爲叢殘古記的零簡而被
附輯於篇末，次序散漫不整。船山於本文旨要所言稍簡，僅云「記喪禮之變
者及其小節，以篇策繁多，分爲上、下篇。」又云「謂之『雜者』，記輯舊文，

〔註69〕　《禮記章句》卷十六，頁4～5。《船山全書》第四冊，頁828～829。
〔註70〕　《十三經注疏·禮記》頁617。
〔註71〕　俞樾《春在堂全書》經二十一，頁4～5。

略無次序，又兼君、大夫，士而錯記之也。〔註72〕」細觀此篇，雖爲叢殘記事，然於喪禮之事，所記則多，譬若諸侯大夫死亡在外，其復、訃、斂、殯等節文，亦有〈士喪禮〉、〈喪禮〉傳所未備者，除附見於〈曾子問〉、〈喪服小記〉、〈喪大記〉諸篇外，間復雜輯於此，雖云龐雜，猶有可說者。

王夢鷗引清陸奎勳《戴記緒言》〔註73〕云：「〈雜記〉所記之事甚雜，記事之人亦雜，然皆魯禮也。觀武叔廢殘賤者之杖，泄柳之徒由右相，孺悲學士喪禮……可類推矣。諸儒以篇中記孔子事，遂指爲春秋時書，余謂史遷所云：諸生以時習禮其家，洙泗之間齦齦者，此類是也。其人識高，所記事信而言醇；其人識低，所記事僞而言駁。蓋古〈喪大記〉、〈喪服小記〉猶然，況以『雜』名篇者乎？〔註74〕」則細校本文，以質陸氏言，大體不差。

若夫本篇所記，事雖駁雜，亦如船山所言「記喪禮之變者及其小節」，是其以「喪禮」爲大宗，乃爲可知。其中與《儀禮》〈士喪禮〉、〈既夕禮〉、〈士虞禮〉相較，有雖〈喪大記〉云者，而事同語異；有足補〈喪大記〉未備者，因之，或疑其本爲〈喪禮〉之記，取義則與〈喪大記〉、〈間喪〉、〈間傳〉等篇同科，故列爲禮之儀節，猶有可說之處。

今如就大體觀之，則上篇所記，皆爲喪事；下篇雖亦有上篇散入的錯簡，然愈近篇末，所廁列不相干之記文即愈多，似零星簡冊湊附所致。以是知〈雜記〉本僅一篇，特因篇末附入增多，繁冗雜沓，後乃分爲上下二篇。再以茲篇既多輯他篇殘文，其不出於一手之書，固無可疑。倘剔除此等雜湊的記文，略就上篇所載者視之，則上篇之述，當如前段所言，一則言及諸侯大夫死亡在外的「復」，次言及「訃」，次言生者成服的衰杖，次言死者的襲斂，最後言及諸侯使人祭弔之含襚贈臨。至其通篇所論，層次之間，又夾雜其他記語，惟所夾雜者仍不外此數事引申之記，特以編排無統紀，故時見紛亂。

〔註72〕《禮記章句》卷二十，頁1。《船山全書》第四冊，頁961。

〔註73〕陸奎勳，字聚侯，號星坡，別名陸堂，浙江平湖人。生於康熙二年（癸卯，1663），卒於乾隆三年（戊午，1738），爲康熙六十年（辛丑，1738）進士。先生爲陸隴其族弟，而師事焉。官檢討，後歸里講學，潛心著述，學者稱「陸堂先生」。嘗主廣西秀峰書院，創立學規，倣朱子白鹿洞遺意，成就甚眾。生平誦法朱子，不遺餘力。且以爲誦法朱子不徒誦其遺書，必當效法其持身之嚴，教家之肅。著《戴禮（亦稱記）緒言》四卷；《春秋義存錄》四卷；《陸堂易學》十卷；《陸堂詩學》十二卷；《今文尚書說》三卷；《陸堂文集》十二卷，《詩集》二十四卷；《八代詩揆》五卷，《補遺》一卷；《魯詩》補亡。等等。參見嚴文郁《清儒傳略》頁218，830條。

〔註74〕王夢鷗《禮記校證》卷十一，頁299。

　　再以編排紛亂錯落言，其例如《白虎通・蓍龜篇》引《禮・雜記》云：「龜，陰之老也；蓍，陽之老也」；又〈崩薨篇〉引《禮・雜記》云：「君弔臣，主人待之於門外見馬首不哭」等節，今皆不見於此篇中，而與〈喪大記〉「夫人弔于大夫士，主人出迎于門外，見馬首。」之語相類。如非《白虎通》誤以〈喪大記〉爲〈雜記〉，則此文當亡於《白虎通》成書以後。

　　綜合言之，〈雜記〉本爲喪禮餘義之綜述，時代或出秦漢之際。所記則《儀禮》未備之節文，近似〈喪大記〉、〈問喪・閒傳〉等篇。以傳至西漢，篇幅略有增減，紛雜情況，有雖爲注語，錄爲正文者，如「匠人執羽葆御柩」之例；有雖爲解說語而混於正文者，如「孔子身有瘍則浴，有病則飲酒食肉……」之例；又如一部份遺失，另一部份從他處輯入者。再如須引孔子、曾子及其他故事以爲陪襯者，往往斷然下其文句，譬「諸侯死於別館，則其復，如於其國……」、「凡訃於其君，曰君之臣某死……」、「大夫卜宅與葬日，有司麻衣……」之例；此皆稱引某人某事，卻爲後人掇拾他文以爲附記而附合茲篇者，〔註75〕若此之例，雖爲「雜」文，然於禮之儀節，仍能適度發抒，又爲文之值稱道者。至論其文句，如首章云：

（一）諸侯行而死於館，則其復如於其國；如於道，則升其乘車之左轂，以其綏復。其輤（ㄑㄧㄢˋ）有裧（ㄔㄢ），緇布裳帷，素錦以爲屋，而行。至於廟門，不毀牆。遂入適所殯，唯輤爲說於廟門外。

船山注云：

　　「行」，謂朝會在外。「館」，主國所授舍也。生其館則死即其寢，得專有之，不避主人矣。「乘車」，別於兵車之名。「左轂」，象屋東榮。不於盧邸者，非其所久安也。「綏」，旌旂（旗）之旄也。去其斿（ㄧㄡˊ，旗旁附著的飄帶）者，異於生也。旌旂者所以爲章識，故神依之也。復之人數如其命，貳車皆君之駕，每車一人，各持其綏。「輤」，載柩之車飾也。若未大斂，載尸亦然，用赤色帛爲覆，張之車上。「裧」，四旁垂下如簷也。「裳帷」，附柩之帷，下垂如裳。「屋」，綴裳帷上，附棺而覆之，其制：內施屋帷，外加輤裧，裧露帷之半。「素錦」，白繒也。「行」，歸返國也。必盡飾忌人之惡見也。諸侯尊，尤加華美。「廟」，殯宮，蓋即正寢而稱「廟」者，從乎死者之辭也。「毀」，徹也。「牆」，裳帷也。裳帷不徹，錦屋亦不徹矣。

> 所以然者，以殯必有帷有荒，因仍之，不重設也。「所殯」，兩楹之
> 間，不於西階者，以自外來不忍賓之，故用殷禮也。「說輴」者，輴
> 以象宮室，在宮則可說，且不可施之殯也。〔註76〕

此一節言諸侯大夫士出外而死，行其「復」之禮。同樣章句〈喪大記〉
亦言「復」之禮，文簡而要，云：「其爲賓，則公館復，私館不復；其在野，
則升其乘車之左轂而復」。合而言之，當爲諸侯死於外之「復」禮。至於大夫、
士，除所記之文外，亦聯接下文「爲君使而死，公館復，私館不復。公館者，
公宮與公所爲也；私館者，自卿大夫以下之家也」。其文與〈曾子問〉篇章同。
此爲上下文之聯結，蓋亦可補船山言之不足。若其文句解析，則爲：諸侯出
國旅行，若其死於賓館，則招魂之禮，當如死家中一般，須捧其衣服，從東
榮登屋，朝北叫魂。若其死路途，則要登上其人所乘車之左轂，持旌旐之「綏」
朝北叫魂。又載運靈柩的車，上有赤色頂蓋，頂蓋周沿有垂邊，當用褐色布
帷圍繞靈柩車，如處宮室般，送往生者而行。如車至停柩廟門，不可解除圍
帷，直接將往生者送至廟內兩楹間停放，之後，將頂蓋卸下，放置廟門外。

（二）大夫、士死於道，則升其乘車之左轂，以其綏復；如於館死，則其復
　　　如於家。大夫以不爲輴而行，至於家而說輴，載以輴（ㄔㄨㄢˊ）車，
　　　入自門，至於阼階下而說車，舉自阼階，升適所殯。士輴，葦席以爲屋，
　　　蒲席以爲裳帷。

船山注云：

> 「布」，白布。「輴車」，無輻，合大木爲輪，崇減乘車之半，卑而安
> 也。大夫裳帷用布，屋亦用錦，與諸侯同。諸侯之載亦用輴車，至
> 於阼階下而說車，舉自阼階，皆與大夫同，錯互記之。士「輴」，亦
> 用白布，與大夫同。內飾異耳。「葦」，荻之大者，載以軹軸，不言
> 者文略。（右第一章）〔註77〕

船山以「大夫、士死於道」，與前所云「諸侯行而死館」合爲一章，就上
下文理觀之，是爲妥當。以此段落言，除船山注外，可注及者仍有數端，如
「則升其乘車之左轂以其綏復」句，〈喪大記〉無「以其綏」三字。鄭注「綏
當作緌，字之誤也」。「綏」、「緌」二字，似形近而誤。王筠《說文句讀》則
謂「〈天官〉夏采，〈王制〉，〈明堂位〉，鄭注皆云：「綏當作緌，竊疑直是一

〔註76〕《禮記章句》卷二十，頁1。《船山全書》第四冊，頁961～962。
〔註77〕《禮記章句》卷二十，頁2～3。《船山全書》第四冊，頁962～963。

字」。如自字意言，「綏」一為登車之挽手繩，譬執綏之例；然如作「旌旗的
旒」，則「綏」同「緌」，如此，自「登車手挽繩」解，其為「字之誤」；自「旒」
字解，則「綏、緌」直是一字，二說皆可行。再如「大夫以布為輤而行」句，
鄭注「輤讀如蒨旆之蒨」，《左傳》定公四年云「分康叔以大路少帛綪筏」，即
鄭所謂「蒨旆」，《說文》無「蒨」字，而有「綪」字，且云「赤繒」也，則
「蒨」、「綪」當為染赤色之意，是知車部之「輤」，當為後起的字。又如「輇
車」，鄭注云：「輇讀為輇，或作博。許氏《說文解字》曰：有輻曰輪，無輻
曰輇。《周禮》又有蜃車、蜃銓，聲相進其制同也〔註78〕」。則「輇車」亦名
為「博車」、「輇車」、「蜃車」；而〈喪大祭〉有謂：「大夫葬用輴（音ㄔㄨㄣ，
載棺木之車。）」鄭注云：「輴皆當為載以輇車之輇，聲之誤也。」又云：「士
葬用國車」，鄭復注曰：「輇字或作團，是以又誤為國」；然則「輴車」、「國車」，
又為「輇車」之一名。此皆名義之詮釋，有此詮釋，對古名物之釋，其名異
實同者，乃豁然而解。若依文意，則必謂：大夫或士，如死於道途，則當登
其乘車之左轂，用其所持引手繩來招魂。若其死於客館，則同死於家中一般
行招魂之禮。大夫的喪車用未染之布為飾，而載之以行。至其家中，除去喪
車外飾，另換輇車，運至門內阼階之下，然後將小斂的屍身，由阼階移至停
屍之所，再行大斂。至於士的喪車則用葦車的草蓆作覆蓋，並以蒲草製的蓆
子作裳帷。

（三）大夫次於公館以終喪。士練而歸，士次於公館，大夫居廬，士居堊室。
船山注云：

> 謂居君之喪也。大夫於既殯之後居倚廬，既葬居堊室，練而次於公
> 館，諸喪而歸。士既殯而居堊室，葬而次於公館，練而歸。倚廬，
> 在門內，倚垣結草覆地而不塗。堊室，在門外，有簷宇，塗以堊士。
> 均為三年之喪。而大夫之居降於嗣君，士降於大夫，君臣之義以尊
> 卑為輕重也。〔註79〕

此文連用三「士」字，上下文意略不可解。船山於三「士」字未表示意
見，惟此士字仍值討論。鄭注于大夫之外，以「士」分為「朝廷之士」與「邑
宰」而解之。〔註80〕至「練」者，當指同年的練祭，士只須在公館周年即可

〔註78〕《十三經注疏・禮記》頁710。
〔註79〕《禮記章句》卷二十，頁5。《船山全書》第四冊，頁965。
〔註80〕《十三經注疏・禮記》頁712。鄭注：「練而歸之士，謂邑宰也；練而猶處公
　　　　館，朝廷之士也。」是「士」分「朝廷之士」與「邑宰」而言。

回去；而「堊室」者，指白色可供塗飾的泥室，二者意明，底下才能講。孔疏因〈閒傳〉篇有「既練居堊室」之語，與此「練而歸」語意未合，遂將「練」分爲「應練」與「未練」解，使原來簡單文意致生複雜之說。其實如指「同年的練祭」說之，且士在公館可擇居周年或不居周年，則「應練」、「未練」即無須多分別，蓋皆士之自擇而已。至若三「士」字，則略有爭議，俞樾即謂：「士次于公館，衍一『士』字。次于公館，當連下讀。〔註81〕」其說爲是。因之，文之句式當爲「大夫次于公館，以終喪；士，練而歸。」爲一層次；「次于公館，大夫居廬，士居堊室。」又一層次，此上下句式方順暢。而依其文解則爲：大夫遇國君之喪，須在國君館舍喪廬守喪三年後才返鄉；士，只須守喪周年即可返鄉。以是知大夫、士在公館守喪的喪次有所區別；大夫在倚廬，士則在堊室中。由此區分，乃有所謂大夫與士之別。

（四）子羔之襲也：繭衣裳稅衣纁袡爲一，素端一，皮弁一，爵弁一，玄冕一。曾子曰：「不襲婦服。」（第三十五章）弔者即位於門西，東面，其介在其東南，北面，西上，西於門。主孤西面，相者受命，曰：「孤某使某請事。」客曰：「寡君使某，如何不淑。」相者入告，出曰：「孤某須矣。」弔者入，主人升堂，西面。弔者升自西階，東面，致命，曰：「寡君聞君之喪，寡君使某，如何不淑？」子拜稽顙，弔者降，反位。含者執璧將命，曰：「寡君使某含。」相者入告，出曰：「孤某須矣。」含者入，升堂，致命，子拜稽顙。含者坐委於殯東南，有葦席，既葬蒲席，降出，反位。宰夫朝服，即喪屨，升自西階，西面，坐取璧，降自西階，以東。襚者曰：「寡君使某襚。」相者入告，出曰：「孤某須矣。」襚者執冕服，左執領，右執要，入，升堂，致命，曰：「寡君使某襚。」子拜稽顙，委衣於殯東。襚者降受爵弁服於門內霤，將命，子拜稽顙如初。受皮弁服於中庭，自西階受朝服，自堂受玄端，將命，子拜稽顙皆如初，襚者降出，反位。宰夫五人舉以東，降自西階，其舉亦西面。上介賵（音ㄈㄥˋ，贈死者家屬的車馬物品。），執圭將命，曰：「寡君使某賵。」相者入告，反命曰：「孤須矣。」……。

船山注云：

子羔，高柴字。「襲」者，浴尸已，親身著衣，蓋子羔親喪而襲之也。「繭」，衣之複而有著者，枲者謂之「袍」，綿者謂之「繭」。「衣裳」

〔註81〕俞樾《春在堂全書》《群經平議》卷二十一，頁7。

者，衣連裳合縫之。「稅衣」，玄衣，亦連衣裳而不殊，所以表袍者也。「纁」，淺絳色。「袡」，緣裳下襈也。「一」，稱也。「素端」者，衣裳皆以素爲之，端當用玄，用素亦非禮也。「皮弁」、「爵弁」，皆以冠名服，士襲之正服也。「玄端」，大夫之服，其裳制歠，亦非士之得用。「婦服」，謂稅衣纁袡。士之襲三稱，子羔加素端玄冕而僭大夫，失禮非一，曾子但譏其婦服，記者詳見以盡著之。

又：「弔者即位於門西」以下，此章所記，乃諸侯相弔之禮。鄰國之喪，諸侯遣使弔之，因歸含襚及賵，使介行事，次第進之。「即位」，賓待命之位也。「門」，殯宮大門。〈聘禮〉：使者門西北驗。此「東面」者，聘行於廟，廟之北面，路寢之東面，一也。「在其東南」，地迤東而南立也。「西上」者，介非一人，上介近賓，以次東也。「西於門」者，末介雖東，亦在門之西，不中門也。〈聘禮〉：介夾賓左右而雁行。弔異者，喪事質，介備含襚，不傳命也。又：「主孤」，猶言主君，在喪之稱也。「西面」者，在阼階下，不出迎者，喪禮質也。變擯言「相」者，以助主人哀辭爲重，不主接賓也。相者一人，無傳擯，質也。孤必名者，未成君，且示人知適嗣也。既知其所爲來，復「請事」者，賓不敢瀆質所事於主孤，主孤亦不敢必其爲弔己，讓道也。「如何」，問辭。「淑」，善也。問其如之何而罹此不吉之是也，「須」，待也。又：入不俟迎，急喪事也。主孤先升，尊卑殊也。未葬子不由阼階，「主人升堂，西面」，是由阼階矣，以對異國之賓，須正主位，示爲繼嗣，防爭亂也。《春秋》爭亂者皆挾鄰國以爲援，示之早以杜其亂，所以安社稷也。「東面」，在殯之西南，近鄉殯，遠對孤，兩不背也。「降」，避主人之拜稽，分殊不敢答也。「反位」，出門立於門西，東面如初，待後事也。又：含襚皆始死事，鄰國弔使不能即至，追致壁衣，此周禮之文勝其質者也，於弔攝行事焉。「含者」，承介也。賓立於位以待。「壁」，含玉也，形如壁爾。其將命亦待相者再出，諸事而後入，不重言者，因上弔禮互見之，襚放（倣）此。含者入，升堂，孤先在堂，不復下堂待之，喪禮簡也。致命之辭如襚，亦於下互見之。殯在西階，「委壁於殯東南」，當奠處也。「席」，以承壁及衣也。「有」者，主人先鋪之。「反位」，反賓東南北面之位。又：受壁必宰者，重玉也。執玉不麻，故「朝

服」。「即」，仍也，因仍喪屨，不純吉也。「降自西階」，受於殯也。
「以東」，示主孤而藏之。又：「冕服」，玄冕。「要」，裳際。「委」，
襚者委之。「殯東」，不言南，在委壁之北，正當殯。襚用末介。又：
「降受」，自西階降也。「受」者，賈人以次舉衣人，襚者受而執之
升也。「門內霤」，大門內簷之際也。「中庭」，堂下堲。「西階」，階
下。衣之貴者先將而遠受之，卑者後將而近受之，服褻則禮彌簡也。
受玄端於堂，襚者不降矣。「反位」，亦反門外北面之位。賓皆皆待
於位，延之復入，乃成哭踊之禮。又：「宰」夫，宰之亞也。「五人」
者，襚衣五襲，人舉一襲。不朝服者，非受玉，仍喪服也。「舉亦西
面」者，仍客坐委之位，不背殯也。又：睭雖在後，必上介將命，
睭禮重也。「圭」，所以爲信也。……〔註82〕

　　本段文字稍長，雖云喪祭之事，爲禮儀的展露，亦古大夫、士生活的縮
影。若其章句，可討論的有二，一爲「子羔之襲，玄端一」之句；一爲「弔
者即位於門西」後四節之句。以前者言，鄭注云：「玄端，大夫服。未聞子羔
曷爲襲之！玄冕或爲玄端也。〔註83〕」孔疏云：「子羔爲大夫，無文。故注云：
未聞子羔曷爲襲之。」依上下文句推斷，鄭注所云「未聞子羔」下當脫「爲
大夫」三字，孔疏雖知其意卻不指明，是有可議。姜兆錫〔註84〕《禮記章義》
云：「此條與大夫五稱之數相符，則玄冕非玄端也。又考後章，鄭注亦以士襲
三稱；而子羔襲五稱，並侯襲七稱，公九稱，天子十二稱，以明尊卑之數。
豈子羔實爲大夫，抑非孔子弟子之羔歟？」姜氏疑此所云之「子羔」，未必即

〔註82〕《禮記章句》卷二十，頁25～32。《船山全書》第四冊，頁985～992。
〔註83〕《十三經注疏・禮記》頁725。
〔註84〕姜兆錫，字上均，江蘇丹陽人。生於康熙五年（丙午，1666），卒於乾隆十年
　　　（乙丑，1745），康熙二十九年（庚午，1690）舉人。後選授湖北蒲圻縣知縣，
　　　以病辭。乾隆元年（1736），因鄂相國爾泰薦充三禮館纂修官。先生採輯群書，
　　　折衷眾說，寅入申出，以勤博稱。書成後優敘回籍。所述經書，鏗然明晰，
　　　殫精著述。所著：《書經蔡傳參義六卷》;《周禮輯義》十二卷;《儀禮經傳注
　　　疏參議內編》二十三卷，外編五卷;《禮記章義》十卷;《春秋公羊穀梁諸傳
　　　彙義》十二卷;《春秋胡傳參義》十二卷;《孝經本義》一卷;《爾雅參義》六
　　　卷;《周易本義述蘊》四卷;《周易蘊義圖考》二卷;《詩禮述蘊》四卷;《大
　　　戴禮刪翼》四卷;《春秋事義慎考》十四卷;《家語正義》十卷;《孔叢子正義》
　　　五卷;《方音集》六卷;《周禮類考》;《群經本末考》;《汲冢周書刪異》;《列
　　　女傳訂義》;《新序訂義》;《說苑訂義》;《朱子楚辭參義》;《志學齋永言》;《春
　　　風亭倡和詩》;《寅清樓文集》。參見嚴文郁《清儒傳略》頁119，449條。

孔子弟子之子羔，或其子羔之同名而實爲大夫之職。此皆後之所疑，然以時代久遠，亦無法論其是非。再以「弔者即位於門西」之後段落，由章句所示，當爲分述諸侯遣使弔唁，所行含襚贈臨之禮。至若「孤某須矣」，之「某」，究爲「孤某須」或爲「孤須」，此猶有爭議。阮元〈校勘記〉謂：「閩監毛本、石經、岳本、嘉靖、衛氏集說本皆同。坊本無『某』字，《釋文》出孤須矣，云：從此盡篇末，皆無『某』字，有者非。」此〈校勘記〉及坊本皆據《釋文》以爲應刊去「某」字。孫希旦《禮記集解》於「弔含襚」之節皆作「孤某須矣」，亦未嘗改易〔註85〕。再依鄭注云：「稱某君名者，君薨稱子某使人知嫡嗣也。」然則鄭所見本有「某」字，後以刊刻脫去此字，《釋文》反據其脫者謂「有者非」，是有所顛倒。故云以「某」爲脫文可，以無「某」字爲是者，是又自見其非也。今再依文解，則爲：子羔小斂時穿戴：一爲綿衣綿裳，又爲滾紅邊的黑衣。二爲素色衣裳。三爲皮帽。四爲制帽。五爲黑冠。曾子譏諷說：「不要穿同於滾紅衣邊的女子服即可。」

　　又：諸侯遣使祭弔，祭弔的使者先站到大門口西邊，臉朝東；副官則排列在其人的東南方，臉朝北，以靠西者爲上位，亦即後文的「上介」。所有的人皆站在門口西邊，不可直對著門口。門內，孝男站在東階之下，臉朝西。輔導孝男的人受吩咐走出來，對弔者說：「孝男某叫我來接待。」弔者說：「敝國主君特遣我某來表達不幸之事的哀悼。」輔導者聽後，進內報告孝男，之後出來對弔者說：「孝男某，有喪在身，未得出迎，但已在裡面恭候。」於是弔者入內，孝男從東階登堂，臉朝西站立。弔者從西階登堂，臉朝東站立，面向死者表達來意，並說：「敝國君王聽說您不幸之事，特遣我某前來表達不幸之事的哀悼。」孝男磕頭拜謝。弔者便走下西階，回到原來位置。弔者既已就位，其次即奉命致「含」的人端著璧玉向前述說：「敝國君王遣我某前來致含禮。（含用璧玉，稱執含。）」輔導者入內報告，出來後，即謂：「孝男某正在恭候。」含者進門，自西階登堂，向殯者說明來意，孝男在一旁磕頭拜謝。含者即在停殯的東南方，跪著將璧玉置於草席。如往生者已葬，則用蒲席。既畢，仍從西階下去，走回原來位置。另一邊，宰夫的官穿著朝服，換上繩鞋，從西階登堂，臉朝西，跪下取璧，之後再下西階往東走。緊接著奉命贈襚（贈死者以衣服）的人上前述說：「敝國君王遣我某送來襚衣。」輔導者進去報告，出來後即說：「孝男某正在恭候。」於是，襚者先捧冕服，左手提衣領，右手捧衣腰；進門，

〔註85〕孫希旦《禮記集解》卷十一，頁984～986。

從西階登堂，向殯者說明來意，孝男磕頭拜謝，襚者將冕服放在殯東，然後走下西階，到門內正簷下，從賈人手中接過爵弁服，再登堂，之後在堂上接過玄端，述說安慰的話，孝男再拜磕頭。襚者將祭物等一次一次行禮如儀後，即步下西階，走出門外，站回原來位置。另一邊，宰夫等五人從西階登堂，跪在殯東，臉朝西，一人捧一件襚服，步下西階，向東走去。此外，為首的副官進上賵（贈死者家屬的禮品）物，持圭傳話，述說：「敝國君王遣我某來致賵禮。」輔導者進內報告，出來回話，述說：「孝男某正在恭候著。」……。

以上文句雖長，文意則清晰，整個大夫喪禮過程，皆依序行事，使禮之義不僅順理成章，且切合規矩。雖其中運作略見繁複，但於禮儀表示，確能徹底實踐，亦見古人行禮非為空談，而是按步就班，逐一展露。

第三節 〈樂記〉、〈月令〉、〈明堂位〉、〈儒行〉、〈王制〉之評騭

《禮記》之書，內容複雜。名義上雖是禮經的記，實則並不全與《儀禮》相關。即以〈樂記〉、〈月令〉、〈明堂位〉、〈儒行〉、〈王制〉之作，並不全合於《儀禮》的範疇，諸篇所涵如政治、社會、生活、教育等等，都有一適當矩度，是以諸篇之作，亦可視為古代生活另一儀節的表現。以〈樂記〉言，所記如樂本、樂論、樂施、樂言、樂禮、樂情、樂化、樂象、賓牟賈、師乙、魏文侯等篇，在以論樂為感人化俗，成就治世之道。再以〈月令〉言，其為記十二月中，每月季候節令之政事，或言周公所作，其官名時事則多不合周法，其辨證可於下節中解之，然其合於政事，為不爭的事實。又以〈明堂位〉言，所記為諸侯朝見周公所陳列的位置，為歸政成王後，成王以周公有大功於天下，封周公於曲阜，有地七百里，革車千乘，成王亦命魯公世世祀周公以天子之禮樂，則其具社會、生活之意義可知。復以〈儒行〉言，所記為哀公孔子以儒行，孔子對答，敘述儒者之行，哀公聞之，言加信，行加義，終生不敢以儒為戲。則此篇所記，當深具教化意義。至若〈王制〉之篇，則船山引東漢盧植之言，謂「漢孝文皇帝令博士諸生作此〈王制〉之書。〔註86〕」然今人范文瀾則疑此〈王制〉或為劉向《別錄》所云之〈本制篇〉〔註87〕，

〔註86〕《禮記章句》卷五，頁1。《船山全書》第四冊，頁299。
〔註87〕范文瀾《群經概論》頁278。

若乎此類問題，皆有待釐清。

而在船山，則以爲此五篇頗有背離聖人之意，其謂〈樂記〉則云：「乃此篇之說，傳說駁雜。其論性情文質之際，多淫於荀卿氏之說，而背於聖人之旨。〔註88〕」以「性情文質」淫於「荀卿」而非之，是以背離聖人教化旨趣。次謂〈月令〉云：「〈月令〉一篇，舊云呂不韋所作。」又云：「此篇所論刑賞政教，拘牽時數，抑不足以憲天而宜民。〔註89〕」以爲此篇襲自呂不韋之作，而其人狡獪姦詭，是不能依附正道。再謂〈明堂位〉云：「〈明堂位〉者，取篇首之辭以爲篇目，蓋魯之後儒張魯而爲之侈大之辭。」又云：「顧不知魯僭天子之爲非禮，則欲張之而祇以損之，後儒不察，益從而附焉。〔註90〕」此魯之儒者僭越天子之禮且侈大之，後儒不察，益加附焉，是不見其益，反見其損，故船山以「傷名義而啓僭亂〔註91〕」目之，非之甚明。復謂〈儒行〉云：「〈儒行〉一篇，詞旨夸誕，略與東方朔、揚雄俳諧之言相似。〔註92〕」又引藍田呂氏言，謂茲篇「有矜大勝人之氣，無從容深厚之風。」且「獨爲疵戾，而不足與五經之教相爲並列。」〔註93〕則其爲末世儒者自尊其教假託孔子之語可知，是而船山有所擯斥。又言〈王制〉雖文帝令博士憶習（昔）輯而成篇，雖略具虞、夏、商、周制天下大法，然則其文參差不齊，異同互出，是爲駁且未純。是而以上五篇，船山皆提批駁之語，顯見其於《禮記》篇章之稔熟。惟篇旨之外，諸篇亦有足資討論之處，故仍宜依篇章所言，按節論述，使詁訓與義理能相融相合，而船山所論，猶能因之以明。

一、〈樂記〉之評騭

以〈樂記〉旨要論，其本即在敷衍禮樂教化之義。譬劉勰《文心・樂府》即云：「夫樂本心術，故響浹肌髓，先王慎焉，務塞淫濫。」以爲「務塞淫濫」必「樂」之旨要。即宋儒程頤亦云：「《禮記》除〈大學〉、〈中庸〉外，惟〈樂記〉爲近道。」程氏是從〈樂記〉「人生而靜，天之性也；感於物而動，性之欲也。」著眼。明王應麟則以爲此篇出自《文子》一書。〔註94〕至楊愼借此

〔註88〕《禮記章句》卷十九，頁1。《船山全書》第四冊，頁887。
〔註89〕《禮記章句》卷六，頁2。《船山全書》第四冊，頁372～373。
〔註90〕《禮記章句》卷十四，頁1。《船山全書》第四冊，頁773。
〔註91〕《禮記章句》卷十四，頁1。《船山全書》第四冊，頁773。
〔註92〕《禮記章句》卷四十一，頁1。《船山全書》第四冊，頁1457。
〔註93〕《禮記章句》卷四十一，頁1。《船山全書》第四冊，頁1457。
〔註94〕王應麟《困學紀聞》卷五。

發揮，謂文子引老子之語，宋人妄以老子之語充作孔孟之道，可見其「無知」云云。〔註95〕明人評語，或為穿鑿，姑不必論；然而〈樂記〉內容駁雜且來源曖昧，卻是不爭的事實。

即以本篇所論，舊說言其出於西漢儒者所記，亦有言其出於先秦公孫尼子所寫，流傳至東漢，馬融始將之編入《禮記》；又傳〈樂記〉本有二十三篇，編入《禮記》者僅十一篇，但此傳說皆未必真確。其實本篇所記，亦見於《史記・樂書》，與現存《樂書》文字，意見大體相同，思想背景則不甚一致；可知其非一家之言且非出自一人之手。大底漢世儒者雜剟先秦舊籍，將相關樂論記述彙編為一，方其編入《史記》時，原文尚完好，編入《禮記》時，則已錯亂顛倒。

再就〈樂記〉材料來源觀之，其中三分之一強，殆出於《荀子・樂論》，而如前所述，船山以〈樂記〉之文「多淫於荀卿氏之說」，相較於《荀子・樂論》，則船山之說，殆亦有據，然此篇文質受荀卿之作影響，當有跡可尋。再以雜剟先秦舊籍言，〈樂記〉材料除出《荀子》外，其見於《呂氏春秋》、《淮南子》者復不少。倘從其文義稱量，則其與《尚書大傳》、《韓詩外傳》、《毛詩序》、《易繫辭傳》、《禮記・祭義》、《左傳》、《莊子外篇》、《孝經》、《論語》，以迄漢之緯書及劉歆《鍾律書》，皆有關係。質言之，舉凡流傳於西漢古籍及西漢時人之著，皆為取材之所自。如按其撰作方法，可略言者為：（一）直錄原文不加改撰：如〈樂化篇〉所錄〈祭義〉之文及〈樂本篇〉所錄〈毛詩序〉之語，皆抄自古〈樂記〉而不加改易。（二）直錄而略改數字，如〈樂本篇〉所云「人生而靜」一段，與《文子・道源篇》、《淮南子・原道訓》所載，僅數字之異。（三）略刪而不加改撰，如〈樂施篇〉、〈樂化篇〉載錄《荀子・樂論》；《樂本篇》「宮為君，商為臣」句，載錄劉歆《鍾律書》（見《漢書・律歷志》及應劭《風俗通・聲音篇》所引）。（四）改撰他書而成者，如〈樂象篇〉改易《荀子・樂論》「夫民有好惡之情」以迄「而民鄉方」數段。又如〈樂禮篇〉改易《易・繫辭傳》「天尊地卑」以下段落，並參入〈月令〉「天氣下降，地氣上騰」二句，且將「乾坤」改為「禮樂」。（五）一再引申他書緒說者，如《北堂書鈔》卷一百五引《尚書・大傳》「樂者，人性之所有也。」；《韓詩外傳》卷一云：「古者天子左五鐘右五鐘……此言音樂相合，物類相感，同聲相應之義。」此等「緒說」，既三見於〈樂本篇〉，又散見於〈樂言篇〉、〈樂

象篇〉等等。凡此種種，皆就文之段落言，其引句用式，亦皆形跡可稽，而其零章斷句，與《荀子》之〈樂論〉、《呂覽》之〈大樂〉、〈古樂〉、〈適音〉、〈音初〉等篇，及《淮南子》之〈汎論篇〉相同者，仍時有所見，故知〈樂記〉所採篇章內容，是為紊雜零散。〔註96〕

　　復以《樂記》全文而言，全篇不過五千三百餘字，除去「魏文侯」、「賓牟賈」、「師乙」三篇自成段落，文義不與他書相犯者外，其餘不出上列五種方法雜湊輯成。倘欲從中抽繹思想內涵，則必為「儒」、「道」的綜合體。一則為本於天地，寓於陰陽，循乎四時，揉合五行八卦，而為率神居鬼的禮樂論；一則為根於人心，主於感物，施於政教，以倫理教化為尚的禮樂論。前者文體恣肆浮夸，後者用語平實拘謹。是以自材料來源、思想體系及構辭技巧等方式考之，〈樂記〉當如前述，為雜輯秦漢諸子遺文之作，文或早於戰國時代，或晚於劉歆時代。

　　以上析論，雖就〈樂記〉源流考訂，於其篇章意涵所自亦得一脈絡，知其雖為雜輯，其中思想，仍有值稱道者，故船山亦云：

　　　樂之為教，先王以為教國子之本業。學者自十三以上，莫不習焉。
　　　蓋以移易性情而鼓舞以遷於善者，其效最捷而馴至大成，亦不能舍
　　　是而別有化成之妙也。推而用之，則燕饗祭、飲射、軍旅、人神文
　　　武，咸受制焉。是其為用亦大矣。周之衰也，鄭衛之音始作以亂佳
　　　樂，沿及暴秦，焚先王之典章，樂文淪替，習傳浸失。漢興，雅鄭
　　　互壹，莫能飭定。而六代之遺傳僅託學士之論說，故戴氏承其散缺，
　　　略存儒先所論樂理之言，輯為此篇，而樂之器數節度精微博大者，
　　　亦未從而考焉。以故授受無資，而制作苟簡，教衰治圮，民亂神淫，
　　　胥此之由矣。學者覽此篇之旨，將以窺見制作之精意而欲從末由，
　　　可勝悼哉！自漢以降，古樂愈失，唯是律呂之制、鐘鏞之器，猶有
　　　存者，沿及胡瑗、范鎮之流，猶得髣髴而為之說，而女直蹴宋，僅
　　　存之器燼焉無餘，雖有聖人亦無所憑藉以修復，而部之姦聲，北里
　　　之淫曲，充斥乎朝野，有志之士，三復此篇之義，粗得大義而無以
　　　徵之，亦徒守舊聞以存什一於千百而已。乃此篇之說，傳說雜駁，
　　　其論性情文質之際，多淫於荀卿氏之說，而背於聖人之旨，讀者不
　　　察，用以語性道之趣，則適以長疵而趣妄，故為疏其可通而辨正其

────────────

〔註96〕參見王夢鷗《禮記校證》頁267～268。

駁異處者，以俟後之君子。〔註97〕

此船山之辨，一以鄭聲淫民，一以荀說惑人，故就〈樂記〉篇章「疏其可通而辨其駁異處」，以爲必如此，乃能使雅音傳而聖道顯。惟無論如何，樂之教義，本在度數，若只談其義，未就音律概之，其教義仍無由抒發，必如宋湛若水所評：「論其義理而遺其度數，則樂之本廢矣。〔註98〕」是以論樂者，仍應自樂理及律度有所究意，文質之際，才能臻於極善。故宜就〈樂記〉之篇，擇其段落旨要，順船山之說，逐一抒論，於荀卿之漫「淫」者，或有所辨析焉。

例說

（一）凡音之起，由人心生也。人心之動，物使之然也。感於物而動，故形於聲。聲相應，故生變；變成方，謂之音；比音而樂之，及干、戚、羽、旄，謂之樂。

船山注云：

「音」，宮、商、角、徵、羽之相應合者也。「物」，事也。心有合離攻取，因事物之同異從違而喜怒哀樂徵見於聲響，凡口之所言，氣之所吹，手之所考擊之節，皆其自然之發也。又：聲音之道，唱則必隨，抑則必揚，自然相應。而其應也，必變於其前，未有往而不返，同而得和者也。又：「方」，法也，類也。所變者雖極乎至賾，而一往一返，或損而清，或益而濁，要各有法以相與爲類，則五音概之矣。又：「比」，次也。「樂之」，謂播之於八音也。「干」，盾；「戚」，斧；武舞所執。「羽」，翟羽；「旄」，旄牛尾；文舞所執。聲動而形隨，形動而所執之器必肖其容，聲容合而樂備矣。（第一章）。此章推樂之所自生因於人心之動幾，固樂理之自然，顧其曰「人心之動，物使之然」，則不知靜含動理，情爲性緒，喜怒哀樂之正者，皆因天機之固有而時出以與物相應，乃一以寂然不動者爲心之本體，而不識感而遂通之實，舉其動者悉歸外物之引觸，則與聖人之言不合，而流爲佛、老之濫觴。〔註99〕

實則樂之起，其事有二，一是人心感樂，樂心從心而生；一是樂感人心，

〔註97〕《禮記章句》卷十九，頁 1～2。《船山全書》第四冊，頁 887～888。

〔註98〕朱彝尊《經義考》卷三七四引〈補樂經序〉。

〔註99〕《禮記章句》卷十九，頁 2～3。《船山全書》第四冊，頁 888～889。

心隨樂聲而變。無論人心感樂或樂感人心，其端皆自心流出，無心則樂即無所感。然此心非寂然不動之心，乃爲感而遂通的心，其所發非爲外物之引觸，而是內心自然的流露，此即船山所云聖人的心之流轉，如心無感通，只是寂寂然然，動也不動，一任外物引觸，天機與外物不能相感相應，其終非流於佛，即流於道，此即船山憂心忡忡而念茲在茲者。故特云以「靜含動理」，以「情爲性緒」，其喜怒哀樂皆因天機固有而出之以正，如是，以自然爲要，「樂」乃可知。以是知「人心感樂」、「樂感人心」，二者才是樂之本，亦爲順應自然之道。

今則就其文解，即爲：凡聲音因發作，皆由人心事先活動；人心的活動又因受外物的刺激。人心受外物刺激而起反應，有時即以聲音表現。但因人人反應不同，所發聲音亦不相同。由於不同的聲音相應和，當即顯出不同的變化。如將此變化列成一定格調，則凝成爲聲歌。比照聲歌之狀而配以樂器及舞蹈所用的道具，展延開來，即是所謂的「樂」。

（二）樂者，音之所由生也，其本在人心之感於物也。是故其哀心感者，其聲噍以殺；其樂心感者，其聲嘽以緩；其喜心感者，其聲發以散；其怒心感者，其聲粗以厲；其敬心感者，其聲直以廉；其愛心感者，其聲和以柔。六者非性也，感於物而后動。是故先王愼所以感之者，故禮以道其志，樂以和其聲，政以一其行，刑以防其姦。禮樂刑政，其極一也，所以同民心而出治道也。

船山注云：

「感於物」，謂喜怒哀樂愛敬之心皆因物而起。其說與告子「彼長而我長之」之意略同。「噍」，急也。「殺」，漸弱而不繼也。「嘽」，寬綽貌。「發」，不留也。「散」，不收也。「廉」，分明有廉隅也。敬愼於發聲，爽潔而無縈繞，故直以廉。「和」，悅也。六者皆以人聲而言，推之八音，其理一也。又：記者之意，以寂然不動者爲性。六者，情也，則直斥爲「非性」矣。又：「道」，引也，引其志於正也。「同」，齊也。「出」，猶達也。（第二章）此章言先王制樂之意，推之禮與刑政而皆協於一，其論覈矣！抑嘗論之：喜怒哀樂之發，情也，性之緒也。以喜怒哀樂爲性，固不可矣，而直斥之爲非性，則情與性判然爲二，將必矯情兒後能復性，而道爲逆情之物以強天下，而非其固欲。若夫愛敬之感發，則仁義之實顯諸情而不昧者，乃亦

以爲非性，是與告子「杞柳桮棬（按：屈木做成的盂）」之義同，而釋氏所謂「本來無一物」、「緣起無生者」，正此謂矣。至云「先王愼所以感之者」，而禮樂刑政以起，則又與荀子之言相似，蓋作此記者，徒知樂之爲用，以正人心於已邪，而不知樂之爲體，本人心之正而無邪者利導而節宣之，則亦循末而昧其本矣。〔註100〕

船山以爲「樂」者，在正人心而爲無邪之思，順勢利導，節宣暢遂，則民心向善。而制「樂」者，卻將禮與刑政協之爲一，使人心之正反因有所顧忌而不得其正，同於本爲天性之當然，因糝以喜怒哀樂而目之爲非性，此即失「樂」之本意，而落於告子所謂杞柳栽於屈木所圍的盂中而有所限礙。再以「樂」以道和，是人心藝術情操的昇華，壹以刑政加之，則又落於荀子〈禮論〉所言束縛之意，皆爲不當。

要之，船山有此運思，其意乃在「矯情復性」，其源則在對荀子「性惡」說的反思。蓋荀子「禮」說的根據即在人性之惡，以人性有惡，故須以禮節之，如所言：「古者聖王以人之性惡，以爲偏險而不正，悖亂而不治，是以爲之起禮義，制法度，以矯飾人之情性而正之，以擾化人之情性而導之也。〔註101〕」此荀子以禮矯情的復性觀本爲船山「矯情復性」的先聲，惜荀子但轉入刑措，使「情」、「性」之本意反因有所限制而不得順其天性之自然。至於佛氏所云「本來無一物」、「緣起無生者」，船山所以非之，乃在「樂」本根於性，爲心之所發，其心性之源，本即存有，如何說是「本無」，又如何說是「緣起」，此皆船山於段落中有辯者。至於文解處，則爲：所謂「樂」者，當是由聲音構成，而聲音則又因外物刺激而引起內心的反映。因之，內心的悲哀的反應，則是發出焦急且低沉的聲音；快樂的反應，則是發出寬裕且徐緩的聲音。又如喜悅的反應，聲音昂奮且爽朗；恭敬的反應，聲音虔誠且清新；而戀愛的反應，聲音即體貼且溫柔。這六種反應，本非人天性有別，卻是因於不同刺激而起。怎樣的刺激即有怎樣的反應，因之古代聖王非常重視人們所承受的「刺激」，要用「禮」來誘導人心；亦用「樂」來調和人聲，並用政令劃一人們的行爲，用刑罰防止社會的邪惡。說起來，「禮、樂、政、刑」終極目的皆一致，都用來齊一人心而實現治國平天下的理想。

〔註100〕《禮記章句》卷十九，頁3〜5。《船山全書》第四冊，頁889〜891。
〔註101〕《荀子・性惡》第二十。清王先謙《荀子集解》下，頁435。

（三）人生而靜，天之性也；感於物而動，性之欲也。物至知知，然後好惡形焉。好惡無節於內，知誘於外，不能反躬，天理滅矣。夫物之感人無窮，而人之好惡無節，則是物制而人化勿也。人化物也者，滅天理而窮人欲者也。於是有悖逆詐偽之心，有淫泆（一ヽ）作亂之事。是故強者脅弱，眾者暴寡，知者詐愚，勇者苦怯，疾病不養，老幼孤獨不得其所，此大亂之道也。是故先王之制禮樂，人為之節。衰麻哭泣，所以節喪紀也；鐘鼓干戚，所以安樂也；昏姻冠笄，所以別男女也；射鄉食饗，所以正交接也。禮節民心，樂和民聲，政以行之，刑以房之，禮樂刑政四達而不悖，則王道備矣。

船山注云：

「欲」，謂情也。「知知」，謂靈明之覺因而知之也。人具生理，則天所命人之性固在其中，特其無所感觸，則性用不形而靜。乃性必發而為情，因物至而知決之體分別遂彰，則同其情者好之，異其情者惡之，而於物有所攻取，亦自然之勢也。又：「滅」，亡失也。好惡本性之所發，而吾性固有當然之節。唯不能於未發之時存其節而不失，則所知之物誘之以流。斯時也，大本已失，而唯反躬自修以治其末，則由外以養內，天理猶有存者，苟其不然，縱欲以蕩性，迷而不復，而天理亡矣。又：心存乎所嗜之物，則物之形不舍於心而心徇之，是失其所以為人者，而化為所嗜之物也。「窮」，極也。「人欲」，謂一人之私欲。又：「脅」，挾持之。「詐」，給也。「苦」，凌虐之也。滅理窮欲，各求逞其私，而成乎大亂矣。又：建中和之極，胥天下之賢愚貴賤，而皆可秉以為節也。又：「射」，鄉射、大射。「鄉」，鄉飲酒。「食饗」，皆以厚賓客之來覲問者。「食」，主食。「饗」，主飲。「四達」，謂行於天下。「不悖」，互相為用也。先王憂人失其性而制為禮樂以為之節，又以政刑輔之，所以遏人欲之橫流而存其天理也。（第六章）。

此章承上章「平好惡」〔註102〕而言。推禮樂刑政之所自設，以著先

<hr>

〔註102〕「平好惡」為〈樂記〉第五章末句。原承接段落為：是故樂之隆，非極音也，食饗之禮，非致味也。清廟之瑟，朱絃而疏越，壹倡（唱）而三歎，有遺音者也。大饗之禮，尚玄酒而俎腥魚，大羹不和，有遺味者矣。是故先王之制禮樂也，非以極口腹耳目之欲也，將以教民「平好惡」而反人道之正也。

王立人道之意，可謂明切矣。顧其所論性情心知之際，偏爲下愚牿亡天理者而言，而未能推性情同善之原，槩以感物之動爲欲，而歸罪於知，則抑不知喜怒哀樂之本涵於未發之先，逮其已發，而天理之節固存而不昧，則因知發見，要以效其所性之正，非知之誘人迷性而爲人欲之倡有。迷其本而但咎其末，則與釋氏所云「知見立知，即無明本。」莊周所謂「隨其成心而師之」者，意旨無別。此聖學異端之大辨，不可以毫釐差者也。〔註103〕

船山之論，乃銜接前章而來，對性情之說，有進一步的申述。惟本段章句略有錯置，應先予補足。

自篇章結構言，舊說以此爲〈樂本〉篇之後段。詳考其實，前三段文句不知所從來，以其語意纏沓重疊，疑爲採錄先秦遺文且加以講解者。如前一節所所列「是故樂之隆，非極音也。」之段，當是抄錄或節錄他書之語；而第二、三段所列「知聲而不知音者，禽獸是也。」、「審聲以知音，審音以知樂，審樂以知政，而治道備矣。」則又爲引申詳解之語。今證以此節文字，可見其然。若本章「人生而靜」至「天理滅矣」數語，《文子·道原篇》中載此文，而此文又採載於《淮南子·原道訓》。則〈樂本〉文字盡皆抄錄先秦諸子之作，此書可見，他書亦可見。〔註104〕

再以文字勘定言之，如「性之欲也」，〈樂書〉「欲」字作「頌」字，《文子》作「善」字，《淮南子》作「害」字，《史記集解》引徐廣云：「頌音容，今禮作欲。」俞樾則謂：「性之欲也，義不可通；據《史記·樂書》作『性之頌也』。」疑古本《禮記》如此。徐廣曰：『頌音容，當從之。頌即容之叚字。』〈月令〉篇有『不戒其容止者。』注曰：『容止猶動靜也。』以動訓容，以靜訓止。是容有動義。《孟子·盡心篇》『動容周玄中禮者。』動容連文，其義一也。……《周官》鄭大夫職四曰：『和，容。』司農注曰：『容與頌同。』是其證也。學者不得其義，而改頌爲欲，先失其義，兼失其韻矣。〔註105〕」俞氏繞了一大曲折，只爲證明「頌」爲「容」，又「容」爲「動」之說，是爲特別。但此「動」字與「感於物而動」的「動」字又相重複，所解並不盡然。以《孟子》「可欲之謂善」觀之，則「欲」與「善」意相近。而「善」、「害」

〔註103〕《禮記章句》卷十九，頁11～14。《船山全書》第四冊，頁898～900。
〔註104〕參見王夢鷗《禮記校證》頁281。
〔註105〕俞樾《春在堂全書》《群經平議》經二十一，頁6。

二者本相反，其以「善」爲「害」，或爲形近而誤。若《呂氏春秋・侈樂篇》所云：「生也者，其心固靜，感而後知，或使之也；遂而不反，制乎嗜欲；嗜欲無窮，則必失其天矣。」構辭雖與異於本段，立意則同。而云「嗜欲」者，正猶「貪欲」之義，則「性之欲也」義仍可通，非必若前人之改正。

　　以上爲校正之說，若其理義，關鍵則在「知知」二字。以上之「知」言，其爲心智之知；以下之「知」言，其爲應接之知。是有應接之知，而後有心智之知，因物而感，知才以明，而後才辨出愛好與厭惡的欲念。因之，此知須有所主，必不爲外物所誘，如爲外物之誘，則物與物交，知即有所惑矣。是以知有所明者，須時刻內省其心，以天性之良知制止衝動，如是，雖外物引至，亦不爲所動，好惡之念即不致形之於胸，便不致生好高騖遠或悖離詐僞之心，當無所謂之「亂」也。而如「知」因外物之接，引之過甚，欲望過度，其不能克制，則必爲無節，無節則詐僞生，詐僞生則強凌弱，眾暴寡，勇者怯，而老幼孤獨，疾病不養，亂源由此而生，大道之禍，即因之而來。故由「樂」之感，而興人性之欲，其源值得探討。若其文解，則爲：人的天性，本即爲靜。因受外物刺激乃成爲動。但此「動」者，當非人的本性，如其本性的衝動，即化而爲「欲」。因之，外物與動之知性相接觸，表現的即是愛好與厭惡的欲念。如好惡的欲念無所限制，接觸之物又時刻牽引，其人又不能當下自省，且以天性的良知裁制其衝動，天性良知即因此消滅。且而外物不斷刺激牽引，如其人只隨刺激形其好惡而無法作理性辨識，則其人當隨外物之變而遷化。人因外物遷化而變，其天理即隨人欲而滅絕，詐僞之心及爲非作歹的事即因之而起，以致強者挾持弱者，多者欺負少者，智者詐騙愚者，大膽者欺負懦怯者；疾病者得不到照顧，老幼孤獨者流離失所，大亂之來，即不爲遠。等等，因欲而生之患，最值得關切。

二、〈月令〉之評騭

　　〈月令〉之作，常見於秦漢人著述。雖同爲戰國遊士陰謀之書，但其內容仍有可取的價值。以題目言，其爲兼記「月」與「令」。「月」是天文，「令」是政事。先秦一派學者以爲王者須承天以治人，故設計此一依「天文」而行的「政事」，其實仍同於「王制」的思想。因之，雖爲古之天文知識，然以附以陰陽五行之說，故此〈月令〉仍可視爲依據陰陽五行而設計之〈王制〉理念，惟重點在著意於天子其人。再以施行此王制的天子，必居於明堂以施政，

是此篇章又稱爲「明堂月令」或「王居明堂禮」，與下節所云〈明堂位〉可謂異曲同工相輔相成。而「明堂月令」之稱，最早見於《管子‧幼官圖》，而詳於《呂氏春秋‧十二月紀》。以是船山於〈月令篇〉旨要，開宗明義即云：「〈月令〉一篇，舊云呂不韋所作。今《呂氏春秋》十二紀之首具有此文，而《管子》、《淮南子》亦皆有之，特其文小異，唯《呂氏春秋》與此異者不過數字，是以知其所傳自呂氏出也。〔註106〕」船山直指〈月令〉出於《呂氏春秋》，可謂卓識。

　　然則〈月令〉來源，有魯恭者，推其爲周人所作，鄭玄《禮記目錄》即謂此本《呂氏春秋》十二紀之首章，好事者抄合之，後人因題名爲《禮記》〔註107〕。然而，王肅、蔡邕（伯喈）不以鄭說爲然。蔡氏〈月令答問〉以爲〈月令〉「體大經同」，非周公莫能作，於是自魏之高堂隆、傅玄以下，辯論不絕。船山以後，延至於清，此事猶懸而未決。譬清桂馥《晚學案》，陳壽祺《左海文集》，陳澧《東塾讀書記》，孫星衍《平津館文稿》，許宗彥《鑑止齋集》，俞正燮《癸巳類稿》，劉師培《左盦外集》及近人容肇祖皆有專文討論。〔註108〕大抵時代愈進，而斷定周公爲作者之說，證據較薄弱；最後所爭者，唯周秦漢人之異而已。若此爭論，崔述《豐鎬考信錄》之說，理由頗有可采：「〈月令〉所言，多陰陽家說，所載政事雖有一文可取，然所係（繫）之月亦未見有不可移易者。蓋撰書者雜采傳記所載政事而分屬之於十二月，是以純雜不均，邪正互見。豈惟非周公之書，亦斷非周人之制，康成之言是也。〔註109〕」是崔氏之辨甚爲近理，尤以陰陽家之說，爲秦漢間人所述，自不應爲周公所取。而呂不韋之書屬雜家，且兼取陰陽者流之言，〈月令〉取自《呂覽》當屬可信。由是，如船山所言：

　　　　不韋本以賈人由嬖倖爲秦相，非能自造一家言者，且其駔（音卫尢ˇ，狡獪貌。）獪姦詭，亦不能依附正道，而此篇所紀亦略髣髴先王之政教，蓋戰國之時政散說殊，九家之儒與雜流之士，依傍先王之禮法雜纂而附會之，作爲此書，而不韋以權力襲取，攘爲己有。戴氏知其所自來，非呂氏之獨造而往往與《禮》相近，故采之於《記》，

─────────────

〔註106〕《禮記章句》卷六，頁1。《船山全書》第四冊，頁371。

〔註107〕鄭注云：「此是《呂氏春秋》十二紀之首。後人刪合此記。蔡伯喈、王肅云周公所作。」

〔註108〕參見王夢鷗《禮記校證》頁527。

〔註109〕參見王靜芝《經學通論》下，頁51所引。

以備三代之遺法焉。至不韙之雜以權謀者，則概從刪斥，可謂辨矣。顧其謂明堂十二室，王者隨月居之以出政，立説舛異，與五經不合。而後公玉帶之流創爲敧側零星非法之屋，謂之「明堂」，蔡邕祖而爲之説，施及拓拔宏、武曌，緣飾猥媟（同褻），蓋自此始，其爲戰國游士設立虛名以驚聽觀，既無足疑。若夫先王敬授之義，止以爲民農開桑之計，未嘗屑屑然師天之寒暑陰陽，襲取以爲道法。此篇所論刑賞政教，拘牽時數，抑不足以憲天而宜民。且災祥之至謂爲人感者，要以和則致祥，乖則致戾爲其大較，至祥沴之致，或此或彼，天造無心，亦奚必以此感者即以此應，拘於其墟而不相移易哉！君子恐懼修省，敬天災而恤民患，亦盡道於己而天即不違，執一成之應感以逆億天心，徒爲妄而已矣。《易》曰「天地設位，聖人成能。」設位者天，成能者人，仰干其位而自替其能，固已殊異乎君子之道，而後世變復之邪説，流爲讖緯以惑世誣民，皆自此興焉。〔註110〕

　　船山所謂「明堂十二室，王者隨月居之以出政。」者，即「王居明堂禮」之謂。鄭玄注禮，不僅引述漢之月令，亦且引述「王居明堂禮」，則此十二月之禮其來有自。而蔡邕祖公玉帶等説，謂敧側零星之屋即爲明堂，説與鄭氏不合，又爲船山所斥，則蔡氏所引〈月令〉之解，已非周書可知。

　　以〈月令〉之名説，其名非古，如《呂氏春秋》但稱「月紀」。他若《管子》〈四時五行〉及〈輕重己〉篇所詳列，〈七臣七主〉、〈禁藏〉、〈水地〉篇等雜載者，亦僅稱「時令」；《淮南子》、《逸周書》則分別名「時則」、「時訓」，名皆近於是。而若明堂型式，則《管子・幼官圖》〔註111〕又較具規模。是此數者，所指皆「播五行於四時」之言，只能以「時令」視之。而時者，其春夏秋冬，應屬曆紀；令者，其承天治人，兼施刑德，爲行政綱領；此即時、令之別。至十二紀不過析分四時爲十二月，亦即將四時行政綱領分佈於各月之中。是而《管子》所載時令，皆云「政」而不稱「令」。彼紀政之文，由時而月，其爲層次使然，若沿此跡象探討，則十二月令之出五時政書，當爲可信。

〔註110〕《禮記章句》卷六，頁1～2。《船山全書》第四冊，頁371～372。
〔註111〕《管子幼官圖》區劃一年爲五時，概云五和時節（中），八舉時節（春），七舉時節（夏），九和時節（秋），六行時節（冬）。其言五六七八九等時節，悉依土木火金水天地生成之數，與〈月令〉所言春用八數，夏用七數，中央用五數，秋用九數，冬用六數同。但其時節雖分爲五，其日數則僅四時有之；若五和時節，則付諸闕如。

五時政書，僅劃分一年之若干日爲一時，未嘗以天文物候配合。論其本意僅在闡釋陰陽五行的玄想，目的在阿諛苟合於時君世主，論述雖在淑世惠民、富國強兵，實則蘊有天人合一的神秘思想。《管子》之書，泰半屬齊學雜著〔註112〕，則其衍自鄒衍〈陰陽說〉餘緒，當無足稱奇。《史記・鄒衍傳》稱鄒衍以「五德終始」顯於諸侯；班固《漢書藝文志》既列鄒氏於陰陽家，又於五行家中云「其法亦起五德終始」，所重五行家著述「四時五行經」及「陰陽五行時令」之故。五行家之書今雖不傳，但顧名思義，謂〈月令〉抄自十二月紀，十二月紀衍自「五行時令」；「五行時令」則起於五德終始，五德終始又本於鄒說。此一傳承系統明白，是此陰陽五行之說，即戰國策士之論，雖爲政論，其實是「鄒子之徒」的遺策，無怪乎船山有〈月令〉「立說舛異，與五經不合」之歎。

再以〈月令〉所著一年十二月之天文人事，其與董仲舒《春秋繁露》〈陰陽義〉有相謀相合之況，董氏云：「天道之常，一陰一陽。陽者天之德也，陰者地之刑也……。聖人之治，亦從其然。天之少陰用於功，大陰用於空。人之少陰用於嚴，而大陰用於喪。是故天之道以三時成生，以一時喪死。天亦有喜怒之氣，哀樂之心，與人相副，以類合之，天人一也。春喜氣也，故生；秋怒氣也，故殺；夏樂氣也，故養；冬哀氣也，故藏。四者，天人同有之，有其理而一用之：與天同者大治，與天異者大亂。故爲人主之道，莫明於在身之與天同者而用之，使喜怒必當義乃出，如寒暑之必當其時乃發也；使德之厚於刑也，如陽之多於陰也。」依此論述，經陰陽家之複說，故比擬諸侯如天之聖，而假此陰陽五行之玄想，制作時令月令的妙文，而希其光澤以嘉惠於世人。故而上之所引《春秋繁露》雖云簡要，然其義理亦有值稱道者，影響所及，則陰陽由五行發展爲十二支、十二律，結構由簡而繁，使理論臻於邃密，亦後出轉精的進步。

次者，論及船山所云：「此天所論刑賞政教，拘牽時數，抑不足以憲天而宜民。」今如依〈月令〉篇章詳觀，別其所載材料，當可分爲自然現象與行政綱領二者，前者屬天，後者屬人，而「承天治人」即爲基本之見。以此見解，一則順自然現象表現具人意志的天文，一則順自然現象表現承天意志的行事。云天文而有人類意志，其爲出於古占星望氣者之緒餘，然此緒餘，如過而未當，即不免因「拘牽時數」流於無度；再以人事必須契合天意，而其

〔註112〕羅根澤《管子探源》持是說。

中之天意又混合儒墨的天志之思，使成陽多陰少，其德之餘，不免於用刑，亦當如船山所言刑賞政教「不足以憲天而宜民」，待乎考量。因之，若以正面之說，則誠如〈禮運〉所云：「夫禮必本於天，動而之地，列而之事，變而從時，協於分藝；其居人也養，其行之以貨力辭讓，飲食冠昏喪祭射御朝聘。」云云，不特可作〈月令〉思想之體系，所列觀點，亦可爲〈月令〉編者之取法。至篇章之文解：

例說

（一）孟春之月，日在營室，昏參中，旦尾中。

船山注云：

> 「孟春」，夏正歲首，建寅，日月會於娵訾之月也。建寅者，斗柄第一星指寅方也。地有十二方，天有十二次。十二方者，東南西北圍遶周遭，正北，北西合於亥。十二次者，上下東西圍遶周遭，天中爲午，地中爲子，東正爲卯，西正爲酉，而二十八宿日移一度左旋環之，起女二度，入玄枵之次，至女一度，終娵訾之次也。北斗隨時自運斗柄，一星居常不動，餘六星圓轉周回，斗柄因之而易所指，日遷月移，以大概言之，則十二月指地之十二方也。月有朔，歲有十二中氣，此言「月」者，中氣必在其月之內，實則自立春訖驚蟄前一刻、三十日有奇之內皆孟春也。餘放此。太陽東行，日移一度，歲而周天，以常計之，每一中氣行三十度有奇，爲一次。古今歲差所積，率六十七年而差一。此據周秦之際日在斗二十三度爲冬至，則立春日在危十二度，雨水日在室十一度。然此篇十二月所記，或先或後，不能盡合，則記者之未審也。若以《大統曆》法算之，終至日在箕五度初，則雨水日在危六度，而日月會於玄枵之次矣。「中」星者，二十八宿三百六十五度萬分度之二千四百二十五分，一日左旋一度，當晨星欲隱昏星始顯之際於南方正中午位測之，以紀天行也。此云「昏參中，旦尾中」者，亦周、秦之際之大較也。十二月所記，以日躔相去較之，亦多不合，皆記者之疏爾。歲差所積，至於今歷（曆），則雨水昏中畢十三度，旦中房三度末矣。記日躔，審中星，皆以記天及太陽所行之舍，爲太陽、五星周合之本，蓋治曆之事也。〔註113〕

〔註113〕《禮記章句》卷六，頁2～3。《船山全書》第四冊，頁372～373。

　　然則此「孟春之月」，於《呂氏春秋・孟春紀》，蔡邕《月令章句》，敦煌《禮記・月令》殘卷，《北堂書鈔》一五四引，《文選》曹大家〈東征賦〉注，所引皆同。即《淮南子》亦言星宿之說，其〈時則訓〉云：「孟春之月，招搖指寅，昏參中，旦危中。」所記「星中」雖相同，但言斗建方位，未及日躔。其記日躔，則別見於〈天文訓〉，云：「正月建寅，日月俱入營室五度。」又云：「星正月建營。」是日躔之說，於古天文曆法中已有之。船山云「建寅者，斗柄第一星指寅方」，同於《淮南子・天文訓》「日月俱入營室五度」之說。而船山所引「周、秦之際日在斗二十三度為多至，而立春日在危十二度，雨水日在室十一度」之語，為大略之詞，非必一定合於所云之刻度。如孔穎達疏即謂：「《三統曆》：立春，日在危十六度；正月中，日在室一度。《三統曆》立春：昏畢十度；中，去日八十九度。正月中，昏井二度；中，去日九十三度。《元嘉曆》立春，昏昴九度，中，月半昏觜觿一度。中皆不載昏參中者：蓋〈月令〉昏明中星，皆大略而言，不與曆正同。但在一月之內有中者，皆得載之。〔註114〕」是則此文所記，亦如前述，但言大略，與實在星度，本不契合，當不必一定求其刻度之是否。至於本句文解，則為：正月孟春，太陽位置在飛馬座附近，黃昏時可看見參星在南方天中，天將亮時，尾星則在南方天中。

（二）其日甲乙，其帝大皞，其神句芒，其蟲鱗，其音角，律中大簇，其數
　　　八，其味酸，其臭羶，其祀戶，祭先脾。

船山注云：

　　曰「其日」者，以為擇日之月也。春在木，「甲乙」者木幹，故凡春以甲乙之日為王而吉也，餘放此。「帝」，古之有天下者。大皞，伏羲氏。周末鄒衍之流，推五德迭王之說，謂大皞以木德王。餘四帝放此。「神」者，造化之精爽。句芒，春時草木句屈芒萌而生，故謂其神曰「句芒」，迎春則祀之。動物之屬皆曰「蟲」。「鱗」者，魚類，至春而盛，以紀取之之候也。餘四蟲放此。「音」者，律之祖；「律」者，音之辨也。紀音律者，所以著其損益生合之數，與天為合。或曰：以其管吹灰，候中氣之至。古有此法，要其驗否未可知也。「角」者，三分羽益一以生，其數六十四，濁清之中也。「大簇」，林鐘上生之律，長八寸，蔡式曰：「積十五萬七千四百六十四分。」「其數」

者，所以決卜筮之用也。「八」，木之成數，於《河圖》位在東，故應乎春。凡四時之數皆用，以卜筮用七、八、九、六而不用一、二、三、四，象必成而後效也。「酸」者，木之味。「羶」者，木之臭。紀「味」與「臭」者，辨其原本於五行之化，使服食者得因其運氣與府藏之虛實而損益之爲補瀉也。「祀」，謂五祀，自大夫以上達於天子之所祀。「戶」，室內，自內向外出者之所先，興起有事，象春之生也。四時各一祀而每月言之者，謂此三月之內隨一月而可祀也。「祭」，祭始制飲食者於豆間。「先」者，謂食庶羞時品祭品嘗而先此之也。「脾」，土藏。木克土，以所克者爲養之重，妻養夫之義也。〔註115〕

　　船山所言，乃順鄒衍陰陽五行而來，所推在「五德終始」之說，其以春爲木德，夏爲火德，仲夏爲土德，秋爲金德，冬爲水德。聖人依其相生相克之理，而行治天下之實，此即五行說之本意。

　　至其文句排列，則若《淮南子‧時訓篇》於「其日甲乙」上有「其位東方」，下則有「盛德在木」之載，當與上段「招搖指寅」一語相呼應。至《管子‧四時篇》，於四時布政之始，皆有「發五政」之說，其春三月，則云「以甲乙之日發五政」；夏三月，則云「以丙丁之日發五政」；秋三月，則云「以庚辛之日發五政」：冬三月，則云「以壬癸之日發五政」。實則即〈月令〉「其日甲乙」、「其日丙丁」等語之所出。又《白虎通‧五行解》於「其神句芒」下則載「其精蒼龍」之句。唯倉龍與鱗蟲相應，鱗蟲爲五蟲之一，《管子‧幼官篇》云此四獸一蟲，皆爲爨火之用。其春羽夏毛，以配陽義；秋介冬鱗，則配陰義。而〈月令〉失其陰陽意義，將鱗蟲列之於春，即未顯作用；後人又以蒼龍白虎相配，所失更遠。再考《漢書‧魏相傳》有引〈月令〉云：「東方之神大皞，乘震，執規司春。」其語亦見《淮南子‧天文訓》。言乘震者，震卦名，蓋合八卦於四時，「執規」者，云規矩權衡準繩六者，《淮南子‧時訓篇》稱之爲「六度」，云「明堂之制：靜而法準，動而法繩，春治以規，秋治以矩，夏治以權，冬治以衡。」是知魏相所言者，實出〈明堂月令〉之書，鄭注〈月令〉，亦嘗其書，由是更知〈月令〉所引蓋漢世所增飾而成，非十二月紀之舊。〔註116〕

〔註115〕《禮記章句》卷六，頁4～5。《船山全書》第四冊，頁374～375。
〔註116〕參見王夢鷗《禮記校證》頁459～455。

　　以上乃就船山「春」甲乙日之意申衍，若其文解，則爲：春之日於天干爲甲乙，於是日，萬物開始破殼而出。此時主宰爲太皞，神名爲勾萌。動物以鱗族爲主，音是清濁中和的角音，十二律相應於大簇。數爲土加木之八。口味爲酸，臭味爲羶。祭祀以戶爲對象，祭品以脾臟爲上。

（三）天子居青陽左个，乘鸞路，駕倉（蒼）龍，衣青衣，服倉玉，食麥與
　　　羊，其器疏以達。

船山注云：

　　　「青陽左个」，舊說以爲明堂十二室，其東三室曰「青陽」，「左个」
　　　則其北偏室也。「鸞」，鈴也。「鸞路」，縣（懸）鈴於路車之鑣上。「倉」
　　　與「蒼」通，深青色。馬八尺曰「龍」。「載」，建之車上也。「服」，
　　　謂冠飾及佩。「食麥與羊」，其說不可曉。按《素問》四時所食之穀
　　　畜錯見不一，皆與此不同，要皆拘牽附會之言，非有理可據也。「器」，
　　　食器。「疏以達」者，刻鏤疏通而形製廓達也，凡此事理穿鑿，法制
　　　詭異，考之三王之制，皆所不合。蓋周末小道繁興，以私意比擬而
　　　創立之，以成一家之言，謂可俟後王之施行。然不韋祖之以爲立說，
　　　而卒不能用之於秦，況聖人之創制顯庸以體天而宜民者乎！〔註117〕

　　船山謂「食麥與羊」，其說不可曉，且〈月令〉載四時所食之穀與《黃帝・素問》所列錯見不一，知〈月令〉所舉皆拘牽附會，非有理可據。且以器物所製，與三王之制多所不合，而以爲此爲周末小道者，私意比擬創之，必非先王之制術。而呂不韋祖述之，終不能用之於秦，其欲體天宜民，猶爲不可能，則不韋之說，僅能稱之爲「雜」，其說欲行於世，恐是困難。

　　今再以古書相較，則《淮南子・時訓篇》亦列此段落，云：「天子衣青衣，乘蒼龍，服蒼玉，建青旗，食麥與羊，服八風水，爨其燧火，東宮御女青色，衣青采，鼓琴瑟。其兵矛，其畜羊，朝于青陽左个，以出春令。」如按其序列，則文頗異於〈月令〉，且益以飲水爨火御女及樂器等規定，應出於古五時令的遺文。至云「八風水」，所注爲「銅盤露水」，其意不甚明白，或爲東漢人之設想亦未可知。倒是《淮南子・天文篇》記「八風」之說，與《呂氏春秋》所言雖異，但其「八風」之水，疑即依時風所吹的水，其本簡單之語，反因之越解越複雜。今如就其文解，則爲：春天，天子居住明堂東邊，名爲「青陽」，正月則住青陽的左个。爲順應時氣，天子所乘爲繫有鸞鈴的車，駕

〔註117〕《禮記章句》卷六，頁6。《船山全書》第四冊，頁376。

蒼頭的馬，掛青色的旗號，穿青色的衣服，佩青色的玉佩。食物以麥和羊爲主，用的器皿粗疏但容易透氣。

（四）是月也，天氣下降，地氣上騰，天地和同，草木萌動。王命布農事，命田舍動郊，皆修封疆，審端徑術，善相丘陵阪險原隰土地所宜，五穀所殖，以教道民，必躬親之。田事既飭，先定準直，農乃不惑。

船山注云：

> 「天氣」者，太虛清剛之氣。「地氣」者，水土蒸升之氣也。清剛之氣降，則水土之氣抑聚而屯合，憤盈逸出於清霄黃壚之間，遇蟄而充，則草木資之振動而萌芽，物有生理，而時雨亦將降矣，故農事於此興焉。「布農事」者，發令以修農政也。「田」，田畯。「舍」，次舍也。四郊皆田，獨言「東郊」者，田畯之行自東始也。「封疆」，井牧之經界，阡陌之塍埒也。「審」者，察水土高下之勢。「端」者，勿使迂曲礙耒耜也。「徑術」者，《周禮・遂人》所謂「夫間有遂，遂上有徑。」「遂」，廣二尺深二尺之小溝。「徑」，廣二尺，徒行之小路也。言「徑遂」則溝畛洫涂以上之皆審端可知，舉小以概大也。「善相」，審視之也。小山曰「邱」，岡足曰「陵」。「阪」，坡也。「險」，碕（按，曲折也。）岸也。高平曰「原」，下平曰「隰」。六者燥濕肥瘠各其種之穀，雖農人所喻，而或貪多得，或幸蚤成，種非其種，以陷於水旱，必須田畯歲省而教導之。「躬親」者，謂雖窮鄉僻壤，田畯必履畝而視之也。凡此皆田之大政，歲申飭之，而又爲之定其高下之準，縱衡之直，使行水以防旱澇者各有定則焉。蓋農人見近而昧遠，必田畯通爲相察，乃能不惑而利於耕矣。此三代田官勸農之政，亦他亡所考而僅見於此。凡此類，則〈月令〉之不可廢者也。
> 〔註118〕

船山注解極爲詳盡，尤以述農之事，更是縝密。蓋以農爲生民之本，農興則民興，農爲立國之本，古今同然。然爲農者，如僅按時耕種，無人指導，若遇天災，收成必減，是田畯之起，其來有自。以田畯者，深悉農事，又能教民田稼，其履田而教民，依時而爲，所耕必穫，此即船山所謂「三代田官勸農之政」。故〈月令〉之作，天時月份是一事，勤耕有得，才最主要，是而倘無興農之事，即有天時地利之述作，當亦無益。

〔註118〕《禮記章句》卷六，頁9～10。《船山全書》第四冊，頁379～380。

同類之文，如《管子‧幼官篇》載「天氣下，地氣發，戒春事。」言農事宜看天時。〈夏小正〉則載「農緯厥耒，初歲祭耒始用暢。農率均田。農及雪澤，初服于公田。」其為正月農事之紀。《淮南子‧天文訓》稱「清明風至，正封疆，修田疇。」《管子‧四時篇》亦謂「治堤防，耕耘樹藝，正津梁，修溝瀆，甃（音ㄓㄡˋ，用磚修井。）屋行水。」指春時之行事，皆以農為要。而其旨義則在順〈月令〉十二紀以行，所謂春耕、夏耘、秋收、冬藏，有其歲序，則農豐民富而國以治，此亦船山云「《月令》之不可廢者也」之意。

今再依文解詮釋，則為：這一月份，天氣下降，地氣上升，天地之氣相互混和，草木開始抽芽。天子乃發佈農事命令，派遣農官住在東郊，修理冬天久已荒廢的耕地，重新查明小溝小徑的路線，並修理齊整。之後，斟酌地形之所宜，高地則種高地作物，低地則種低地作物，且把培植農作物的方法教授以安農民。待得田土皆已青理整齊，則預定年平均的直線，教農民依照平均標準種植作物，使農民不致惑亂。

（五）是月也，日長至，陰陽爭，死生分。君子齋戒，處必掩身，毋躁；止聲色，毋或進；薄滋味，毋致和；節嗜欲，定心氣；百官靜，事毋刑，以定晏陰之所成。

船山注云：

「長至」，晷極長而日北至也。「陰陽爭」者，一陰起於下而與陽爭也。「死」，殺氣，陰也；生，長養之氣，陽也。陰氣進則陽氣退，死生之分，肇於此也。養生家謂陽不盡不死，陰不盡不長生，說蓋本此。「君子」，修身凝命之稱。「齋戒」者，即下止聲色、澹滋味之事，若齋戒也。「掩身」者，時已暑，不可袒裸，防陰氣襲之也。「毋躁」者，靜以勝熱，躁則飲水受風，陰得乘之矣。「止色」而兼言「聲」者，君子辭也。「致」，盡也。「和」，調和鹹酸也。味以養陰，故須薄之，勿注陰氣也。滋味曰「嗜」，聲色曰「欲」，止色薄味則嗜欲節矣。嗜欲節則陽不耗、陰不盛，心氣不交於腎而不蕩矣。「百官」，謂百骸之官廢。「刑」，《呂氏春秋》、《淮南子》俱作「徑」，於義為通。安定百骸，毋使過勞，凡所營皆審顧和緩，毋得率意徑行，則陽氣不暴越而陰不能干之也。「定」者，處置得所之謂。「晏」，安也。陽生陰殺，德刑所分，而天時物理不能有陽而無陰，唯陽不越而陰不縱，則雖陰之浸長不可過抑，而循其柔靜之性晏安以處，不與揚

爭，則雖成而不害矣。〔註119〕

本段僅爲〈月令〉「仲夏」之解，無特殊意義，然船山全盤衍注，意即不同。蓋以所重在「陰陽爭，死生分」之義。再析言之，所謂「陰陽」二字，最簡要解說，當如朱駿聲《說文通訓定聲》所言：「会者，見雲不見日；昜者，雲開而見日。」此即「陰陽」之本義。而自《易·繫辭》開始，將陰陽與天道結合，使陰陽與道德形上學連結爲一，至宋理學家，如周敦頤等，即不再攏統談「陰陽」，對陰、陽二者特性及交互關係，即做進一步說明。至於漢鄒衍陰陽五行說所言，又是另一系統。〈月令〉之「陰陽」說，非指宋儒的道德形上學，其自《呂氏春秋》而來，當與鄒衍有關。而鄒衍之說，其言「陰陽」，其實已隱寓神秘的色彩，如胡適所言：「陰陽家雖然迷信，他們的根本學說都頗帶有自然主義的色彩。陰陽消息，五行終始，都是自然的現象。一德已終，不得不終；一德將興，不得不興。改正朔，易服色，都是順著這自然的轉移，並不是用人事轉移天命。〔註120〕」由自然現象而轉至神秘色彩，是陰陽家的學說，亦可說「陰陽」之念，初爲自然之道，後則轉爲道德之形上論。此外，胡適亦提〈月令〉之見：「試看〈月令〉一書，本是陰陽家的話，但《呂氏春秋》收他，《淮南子》收他，《禮記》也收他，《逸周書》也收他。又如『陰陽五行』之說，本是陰陽家言，但《呂氏春秋》採他，《淮南子》也採他，董仲舒的《春秋繁露》也採他，漢朝的儒生無人不採他。〔註121〕」此段文字雖未說明「陰陽」之內涵，然由各典籍的徵引，知陰陽之論已深植秦漢儒者之中。故知船山篇章引《呂氏春秋》、《淮南子》，乃至《春秋繁露》之作，與胡適之說同出一轍，皆以陰陽之說的災異感應，影響自然的神秘色采。〔註122〕

再就句式言，「齊戒」二字，《呂氏春秋·仲夏紀》作「齋戒」；「居必掩身，毋躁」作「處必揜身欲靜無躁」；「節嗜欲」作「退嗜欲」。《淮南子·時則訓》則以「居必掩身毋躁」省作「愼身無躁」；「止聲色」作「節聲色」；「事

〔註119〕《禮記章句》卷六，頁31～32。《船山全書》第四冊，頁405～406。
〔註120〕胡適《中國哲學史長編》論「齊學」。
〔註121〕胡適《中國中古思想小史》論「道家」。
〔註122〕胡適亦云：「我們須要知道，陰陽家的迷忌所以能在中國哲學思想發達之後風靡一時者，正因爲陰陽家的學說頗能利用當日的哲學思想，表面上頗能掛出一面薄薄的自然主義的幌子，用陰陽五行等等自然界的勢力來重新明『感應』的道理。他們並不說那些幼稚的天鬼宗教了；他們竟可以說天是氣，地是氣，鬼神也是氣，這豈不是自然主義的解釋嗎？」《中國中古思想小史》論「淮南王書」。

無刑」作「事無徑」；而省「節嗜欲定心氣」六字。至於「居必掩身毋躁」一語，諸本所記不盡相同，可提討論。依鄭注引〈月令〉謂「毋躁」作「欲靜」，其實二者取義無別。《呂》書「無躁」之語或從旁注夾入正文，《淮南》亦取此二字，今〈月令〉所言「欲靜」者，同於仲冬之月「君子齋戒，居必掩，身欲寧」之句，則「欲靜」、「欲寧」皆是。如再就其文解，則爲：這月份，到了夏至，是一年裏最長的一天，陽氣達到極點，陰氣接著而來，恰成陰陽互爭的情況。陽氣生物，陰氣殺物，陰陽互爭之局，亦是萬物死生之界。此時大人們必須齋戒，在家中不可裸露身體，要安靜不可急躁。停止聲色娛樂，不要講究口味，節制私欲，平心靜氣，百官亦靜謀所事，毋動刑罰，以安定陰陽的分野。

以上所言，蓋爲舉隅，不及全篇的三分之一，然由船山精詳之注，知其對〈月令〉之篇頗爲在意，對《呂氏春秋》十二紀之文，亦予適度的評判。

三、〈明堂位〉之評騭

〈明堂位〉者，取篇首之辭以爲篇目。其內容，自來說法不一。所引論辯之端者，歷來有二：一爲明堂形制之說；一爲篇目由來之說。分述如下：

（一）明堂形制之說

以明堂形制言，其中問題又包括兩端：一爲明堂與寢廟關係；一爲堂屋建構問題。以明堂與寢廟關係言，其又分爲二說：「明堂」即「寢廟」之說，此說始自鄭注，〈玉藻篇〉已載此事，〔註123〕即《周禮・考工記》〈匠人職〉、《詩經・小雅》〈斯干篇〉亦載之，而孔穎達、賈公彥《正義》因之；及船山〈明堂位〉之「明堂」亦以「廟堂」說之，乃至後之王國維〈明堂路寢考〉仍稱明堂爲「寢廟」。此其一。而言「寢廟」與「明堂」互異者，如清李如圭《儀禮釋宮》，陳祥道《禮書》，江永《鄉黨圖考》，戴震《考工圖考》，金鶚《明堂考寢廟宮室制度考》，任啓運《朝廟宮室考》，焦循《群經宮室考》，林喬蔭《三禮陳數求義》，孔廣森《禮學卮言》，胡培翬《儀禮正義》等主之，雖諸家所言各有出入，此鄭玄等說是爲不同，此其二。則「明堂」之說，顯而易見，有宗鄭即非鄭二派。

以船山言，如上所說，其必爲宗鄭，蓋即以「明堂」爲「寢廟」，於〈明堂位〉云：

〔註123〕《十三經注疏・禮記》頁543。

〈明堂位〉者，取篇首之辭以爲篇目，蓋魯之後儒張魯而爲之侈大之辭，原本周公總己之事以紀其禮樂之盛，其後班固〈典引〉、柳宗元〈晉問〉之類，皆跡此而爲之者也。顧不知魯僭天子之非禮，則欲張之而祇以損之。後儒不察，益從而附會焉，加之周公負扆（音一ˇ，古時帝王的座位。）之說以厚誣聖人，則傷名義而啓僭亂，尤爲世道人心之大害。讀者知節取焉以稽古儀文器物之制可爾，若侈其說以淫佚而入於亂，則所謂「盡信書，不如無書」者也。抑攷明堂之制，孟子「王者之堂」，猶言天子之宮也。其在〈考工記〉所志，既詳廟門、闈門、路門之制，即王宮之通稱審矣。天子之宮以大廟爲禮法之正朝，故覲禮曰「天子負扆」，正與此記脗合。又云：「諸侯肉袒於廟門之東，乃入門右，北面立，告聽事。」是天子朝諸侯於大廟、戶牖之間，其廟之堂坫即所謂明堂也。〔註124〕

其實「明堂」者，本是周人追享文王的廟，魯國爲周宗親，其廟亦侈名「明堂」，廟中繪有周公懷抱成王朝見諸侯圖像，魯儒以爲無上榮耀，乃作圖解，此篇殆其中殘文之一，而船山則以爲此乃魯儒侈大之辭，所謂「周公負扆」之說，必無此事。謂「明堂」者，乃天子朝諸侯於大廟、戶牖之間者，其廟之堂坫即「明堂」之謂。而必以爲「天子於國之南立一十二月頒政之宮」〔註125〕，爲呂不韋、蔡邕等妄識之說，且期期以爲不可。

然則「明堂」設計，是否同於「路寢」，此須有一辨。船山以鄭注等所云「路寢」，當爲天子的正寢。《公羊傳・莊公三十二年》載「路寢制如明堂，以之聽政。路，大也；人君所居皆曰路。」而孔疏之「明堂」，則本《周禮・匠人》「周人明堂，度九尺之筵，東西九筵，南北七筵，堂崇一筵，五室，凡室二筵。」鄭注：「明堂者，明政教之堂。周度以筵，亦王者相政。周堂高九尺，殷三尺，則夏一尺矣，相參之數。禹卑宮室，謂此一尺之堂歟？此三者或舉宗廟，或舉王寢，或舉明堂，互言之，以明同制。」〔註126〕

惟此爲鄭氏之言，若孔穎達則以爲非然，《尚書正義》云：「案鄭注《周禮》『宗廟』、『路寢』制如明堂。明堂則五室，此路寢得有東房、西房者，《鄭志》張逸以此問，鄭答云：『成王崩在鎬京。鎬京宮室因文武，更不改作，故

〔註124〕《禮記章句》卷十四，頁1。《船山全書》第四冊，頁773。
〔註125〕《禮記章句》卷十四，頁1。《船山全書》第四冊，頁773。
〔註126〕北京大學版《十三經注疏・周禮注疏》頁1152。

同諸侯之制，有左右房也。』孔（安國）無明說，或與鄭異，路寢之制不必同明堂也。」〔註127〕則孔穎達明言「路寢之制不必同明堂」，是鄭、孔各有執異。而《公羊傳·莊公三十二年》「明堂」之說，何休《解詁》謂：「公之正居也。天子諸侯皆有三寢：一曰高寢，二曰路寢，三曰小寢。父居高寢，子居路寢，孫從王父母，妻從夫寢，夫人居小寢。」〔註128〕則「路寢」為公之正居三寢之一，且天子寢也。再據《周禮·天官》〈宮人〉言「掌王六寢之脩」，鄭注：「六寢者，路寢一，小寢五。」又《禮記·玉藻》云：「朝，辨色始入，君日出而視朝，退室路寢聽政，使人視大夫，大夫退，然後適小寢，釋服。」是人君非一寢明矣。則「路寢」可視為聽政之所，非必即為天子宗廟之「明堂」可知。

且而《考工記》〈匠人〉所云之「明堂」，依戴震所言，是「在國之陽」，所引《韓詩》說，亦謂「明堂在南方七里之郊」〔註129〕，則明堂在郊外，非在王城，其與「路寢」顯然有別。至如明堂之義，當亦有天子、諸侯之別：其祀上帝、祭祖先者，天子屬之；養老、尊賢、教國子、鄉射、獻俘馘等等，則諸侯屬之。合而言之，則周公之祭文王，與天子祀上帝、祭先祖並無分別，亦非定設立於王城之內。今如以圖示之，其圖一、圖二之況：

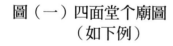

圖（一）四面堂个廟圖
（如下例）

圖（二）堂个室丈尺圖
（如下例）

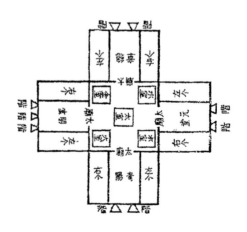

〔註127〕北京大學版《十三經注疏·尚書正義》頁 507。
〔註128〕北京大學版《十三經注疏·公羊傳注疏》頁 188。
〔註129〕《戴震文集》頁 24～25。

依上圖例，明堂之堂廟及丈尺可得一清晰梗概，〈月令〉所云「明堂陰陽」之義，亦於此得之。以圖文相照，即設之於郊，所行則政教之義。且如船山必以明堂爲「寢廟」，其爲斥呂、蔡之說，所論仍合理義。無論如何，宗鄭、非鄭之說，由來已久，其或設於天子之宮，或設於郊外頒政之處，皆無一圓滿結論，姑就歷代儒者之說，提出正反之見，其是其非，恐爲一懸置之公案，或未可知。

而如就篇目言，船山謂此乃「魯之後儒張魯而爲之侈大之辭」。通觀本篇，蓋爲魯儒舊記，經莽世潤色而傳于今。依內容說，其旨端爲載記魯國禮樂之事，以魯學不好陰陽五行，故其所記大異於〈明堂月令〉。若其篇首一大段實抄自《逸周書・明堂解》，其〈明堂解〉之文顛倒錯亂，然本篇已倒錯。第二段言成王賜周公禮樂，與〈祭統〉篇同，但〈祭統〉篇多「康王」之名，恐爲轉錄此文時所增入。第三段言魯禘，禮樂，祭祀，廟飾等節，文句零散。第四段列述虞夏商周四代的「服」、「器」、「官」名，而以「魯兼用之」言述，似據魯大廟所有器物而言。但以此一節，每事稱「周」者，實即「魯」也，故此文當爲魯儒記述大廟之服器官名而著於篇章之謂。

例說

（一）昔者周公朝諸侯于明堂之位：天子負斧依，南鄉而立；三公，中階之前，北面東上。諸侯之位，阼階之東，西面北上。諸伯之國，西階之西，東面北上。諸子之國，門東，北面東上。諸南之國，門西，北面東上。九夷之國，東門之外，西面北上。八蠻之國，南門之外，北面東上。六戎之國，西門之外，東面南上。五狄之國，北門之外，南面東上。九采之國，兵門之外，北面東上。四塞，世告至。此周公之明堂之位也。明堂也者，明諸侯之尊卑也。

船山注云：

> 「朝」謂序其朝位也。「明堂」，大廟之堂，堂基去地高九尺，廣九筵，深七筵，筵九尺，前爲三階，旁闢四門。古者天子必於大廟見諸侯，而路寢乃以聽政。廟在庫門之內，於路寢爲左，廟堂南鄉，諸侯四面立焉。周公之功，使於勝殷，成於定禮。周禮定而上下定，海內治，天下平矣。禮莫大於諸侯，周公班位以綏輯九服，於功最大，故記者今張魯賜天子之禮而先述之，以明功德之所自起。又：「天子」，謂成王。「依」，屏風。「斧依」，畫黼於屏風也。斧依設於戶牖

之間，當前簷之中。「南鄉」，鄉明也。諸侯升見則皆北面。此言周公制禮，正天子之位以臨諸侯也。又：「中階」者，唯天子之廟有之。「門」，廟門。門東、門西，皆在門內。又：「九」、「八」、「六」、「五」，舉其大綮而言之也。廟設四門，四夷位在門外，拜立各於其位。有所命，乃召入也。位皆以右為上，狄南面而東上，尚左者，嫌與王同鄉，故東上，如北面之序也。「九采」，（按，千里之外曰采。）九州之牧典職貢者，居應門之外，以序糾諸侯。「四塞」，九州之外，羈縻之國也。每世一見，不在述職之列，於大門外拜謁，因有司以告而已，不入朝位。又：結上文以明周公制禮之功，尊卑明而天下定矣。〔註130〕

此段與下段「昔殷紂亂天下」相較，應為段落錯簡。依《逸周書・明堂解》本段自應移於下段之後，惟船山只就文辭抒解，未說明上下段落互錯之由。

如以文說，則所述應為武王崩，成王幼，周公攝政，天下大治，六年之後，會諸侯於明堂，上下句式方見通順。至「周公朝諸侯於明堂之位」，《逸周書・明堂解》言「之位」二字，應在「三公」之下。而「明堂」不論其位置，依《孟子》及《中庸》所載，當是祭祀文王的宗「廟」。今再言「三公中階之前」句，依前所言，《逸周書》「三公」二字下原有「之位」二字。《大戴記・朝事篇》雖引此，但「三公」作「諸公」，其下則有「之國」二字。王夢鷗云：「《逸周書》『之位』二字，本篇常改為『之國』，可證《大戴記》者所見本篇『三公』下本有『之國』二字；今無之者，乃是脫文。〔註131〕」是「諸伯之國」，與延伸之下句「諸男之國」，《逸周書》皆作「之位」言，以上句為諸侯「之位」，則諸侯以下的「伯、子、男」均應同例，而以「之位」概之。其次，云「周公明堂之位也」之句，《釋文》謂「本或無周公之字」，《逸周書》則載「宗周明堂之位也」，是「周公之」三字，當疑後所改。若論其文解，則為：

從前周公在明堂接待諸侯，因而訂下明堂的位置：天子背著斧扆朝南而立。三公位置在中階之前，朝北而立，且比靠近邊者為上位。諸侯爵的位置靠近東階東邊，朝西而立，以靠北的位置為上。諸伯爵的位置在西階之西，

〔註130〕《禮記章句》卷十四，頁2～4。《船山全書》第四冊，頁774～776。
〔註131〕王夢鷗《禮記校證》頁230。

朝東而立，亦以靠近北邊者爲上位。諸子爵國內的來賓，站在廟門東邊，面朝北，以靠近東邊者爲上位。諸男爵國內的來賓，站在廟門的西邊，亦面朝北，以東爲上。九夷之國，則在東門外，面朝西，以靠近北邊者爲上。八蠻之國，在南門外，面朝北，以東爲上。六戎之國，在西門外，面朝東，以南爲上。五狄之國，在北門外，面朝南，以東爲上。九采之國，更遠在大廟應門之外，面朝北，以東爲上。至於西方極遠之國，其國君一生只能來朝一次。這即是周公制訂的明堂。因此，明堂即是表明諸侯尊卑的位所。

（二）昔殷紂亂天下，脯鬼侯以饗諸侯，是以周公相武王以伐紂。武王崩，成王幼弱，周公踐天子之位以治天下。六年，朝諸侯於明堂，制禮作樂，頒度量，而天下大治。七年，致政於成王；成王以周公爲有勳勞於天下，是以封周公於曲阜，地方七百里，革車千乘，命魯公世世祀周公以天子之禮樂。

船山注云：

鬼，國名，《周本紀》作「九」。「饗」，遺也。「踐位」，猶言行事。周公攝政在成王之元年，其明年遂居於東，則亦諒陰總己之常禮。舊謂踐位爲居負扆南鄉之位，蓋魯人張大之辭既已文害其意，而後儒因附會以成妄也。「致政」，謝事之稱。承上文而言周公武功文德之盛，足以受成王之寵賜而非溢賞也。又：王功曰「勳」，定典禮以治天下是也；事功曰「勞」，相武王以伐紂是也。曲阜，金兗州（山東省）屬縣。「方七百里」者，提封方五百里，爲方里者二十五萬，其外附庸之國二十四，爲方里者二十四萬。並附庸而數之，張大之辭也。「千乘」者，六十四井旁加一里而出兵車一乘，蓋六萬五千井之賦，方五百里而以其四分之一爲車賦之實，四乘而供一乘之征，以中地制田二畝而當百畝，又半用之爲更番也。魯公，魯君也。魯侯爵而稱公，亦臣子之辭。〔註132〕

以本段言，其「制禮作樂」以上各句，《逸周書》列之于篇首。「鬼侯」，船山引《史記・周本紀》作「九侯」，孔疏云：「九與鬼，聲相近故不同也」，以聲近意則未同。王國維並以古器金文證「鬼方」即春秋的隗國〔註133〕（今湖北省秭歸縣東），與晉國聯爲婚姻，則《史記》言九侯納女子于紂的事，是

〔註132〕《禮記章句》卷十四，頁4～5。《船山全書》第四冊，頁776～777。
〔註133〕王國維《觀堂集林》卷十三，〈鬼方考〉。

有可信。至於「成王幼弱，周公踐天子之位以制天下」，從文句觀之，卻似周公見成王幼弱，於是遽登天子之位，在用語上，有值爭議。參以《逸周書》，乃謂「武王崩，成王嗣，幼弱。未能踐天子之位，周公攝政，君天下，弭亂，六年而天下大治。」中間雖年月差異，敘次則分明，其與《尚書》〈洛誥〉、〈多方〉、〈立政〉諸篇遺說相合，故如僅言成王幼弱，周公即遽而踐之，就理義言，仍嫌草率，與《逸周書》文相較，則本段似後之撰者簡要刪飾，致前後理義不通，反成一歷史的公案。至於本段文解，則爲：

從前，殷紂王暴虐無道，將鬼國諸侯殺死，製成乾肉，並用以宴請其他諸侯。因此，周公協助武王討伐殷紂。殷紂既亡，武王亦逝，成王繼位。因年紀尚小，由周公代爲攝政行事，統治天下。六年之後，各國諸侯都來朝貢，集會於明堂。周公於其時即製訂許多禮節和樂章，並頒布統一的度量衡，于是天下服從。七年之後，周公將政權交還成王，成王因周公有功勞於周天下，所以將曲阜七百里的地方封給周公，並允許周公擁有一千輛兵車，且繼承魯國國君之位，世世代代可以用天子的禮儀和樂章來祭祀他。

（三）是以魯君孟春乘大路，載弧韣，旂十有二旒，日月之章，祀帝于郊，配以后稷，天子之禮也。季夏六月，以禘禮祀周公於大廟。牲用白牡，尊用犧、象、山罍，鬱尊用黃目，灌用玉瓚大圭，薦用玉豆、雕篹；爵用玉琖仍雕，加以璧散、璧角；俎用梡、嶡；升歌〈清廟〉，下管〈象〉；朱干玉戚，冕而舞〈大武〉；皮弁素積，裼而舞〈大夏〉。〈昧〉，東夷之樂也。〈任〉，南蠻之樂也。納夷蠻之樂於大廟，言廣魯於天下也。

船山注云：

此下皆所謂天子之禮樂，魯君受王命而行，非輒僭也。「孟春」，周正建子之月。「大路」，殷之木路。「載」，施之旂上也。「弧」，以竹爲之，狀類弓，兩端施金錐以張旂幅令開舒者。「韣」，畫布爲弧衣。日月爲常，交龍爲旂，旂而有日月之章，禮之不純乎天子也。又：言「季夏」而又言「六月」者，夏正建未之月也。所以禘於建午之月者，春祠非禘時，因祠而禘。禘以建午而緩一月者，避天子之禘時也。「禘」者，禘其所自出之帝以祖配之，伯禽爲魯始封之祖而上禘周公，亦如周之禘嚳也。「白牡」，殷牲，以避周也。「犧尊」，以翠羽飾尊，畫爲鳳羽婆娑然，祠祫朝踐盛醴齊之尊。「象尊」，以象骨飾尊，饋食獻尸之尊。「山罍」，刻山於罍，罍亦尊也。囗侈者爲

－186－

「尊」，頸細口斂者爲「罍」。「山罍」，追享朝享再獻之尊也。「黃目」，黃彝刻畫爲目形，嘗蒸之祼尊也。「灌」，尊用鬱爲始獻也。「瓚」，於圭端爲槃以盛鬱。瓚圭長尺有二寸，而用大圭，亦禮之不純者也。「籩」，籈也，形似筥。「琖」，夏后氏之爵，玉爵，所以醑（ㄒㄩˇ，美酒）也。「仍」，循也。「仍雕」者，循爵口而雕之也。「加」，醑後加獻。「璧散」、「璧角」，皆以璧飾口。「梡」，俎下有四足。「厥」，四足中間橫木爲距。「升歌」，堂上之歌。「下」，堂下也。「管」，笙奏。〈象〉、〈周頌・武〉之篇，歌而笙播之也。「積」，裳之襞積。「素積」，素裳。「裼」，素錦衣裼裘也。冕及皮弁素積，皆舞者之服。〈大夏〉、禹樂。「昧」，《周禮》作「韎」，持矛舞。（按：韎，亦古代一赤的喪服。）任，持羽舞。西方樂曰「株離」，北方曰「禁」。王者兼用四夷之樂以示外，魯獨用東南者，降於天子，以周公行於南而建國於東也。「廣魯於天下」，謂著其威德之加於遠方也。魯用天子之禮樂，本爲非禮以誣周公，然而降殺龐雜，參用杞、宋，則天理之不可違而人心之固有其不安者，亦見矣。〔註134〕

　　船山之注，無一字不詳注，由此可證。尤以文物之說明，特爲仔細。則先生於義理之外，又精於器物之述，又爲一證。再就篇章段落言，此文所重，乃力言魯之郊禘非爲「僭禮」，說與《春秋繁露・郊事對》及《禮記・祭統篇》同，然與〈禮運〉、〈郊特性〉等所載則相反。〈禮運〉云：「魯之郊禘，非禮也，周公其衰矣」；〈郊特性〉云：「諸侯之宮縣而祭以白牡，擊玉磬，朱干設錫冕而舞大武，乘大路，諸侯之僭禮也。」二篇似針就此文而發。而本文又爲此僭禮辯解，顯而易見二者當爲「齊」、「魯」之異學。船山之注，言本文有僭禮之嫌，其引齊學而斥魯學，亦有可證。再以「牲用白牡」之句，鄭注「白牡，殷牲也。」殷尚白，含五行之說詞。而〈郊事對〉云：「成王使祭周公以白牡，上不得與天子同色，下有異於諸侯。」云云，所取則爲魯說，與鄭注爲有異。又「鬱尊用黃目」〈郊特性〉云：「黃目鬱氣之上尊也，黃者中也，目者氣之清明者也，言酌於中而清明於外也。」蓋以「黃」爲「中」者，依五行之述，土居「中」，其色「黃」，是爲齊學之五行說〔註135〕。以上之述，或可補船山之說者。若其文解，則爲：

〔註134〕《禮記章句》卷十四，頁5～6。《船山全書》第四冊，頁777～778。
〔註135〕參見王夢鷗《禮記校證》頁232～233。

以是魯國國君，在孟春之月，可以乘大輅的車，載有弓衣的弓，撐起十又二旒的旗幟，塗畫日月的徽號，到郊外祭祀承天的上帝，並以周的祖先后稷來配享，這原來都是天子的禮（即船山所云僭禮之謂）。到季夏六月，魯國國君還要在大廟祭祀周公之位，祭牲用白色公牛，酒器有犧尊、象尊、山罍；盛鬯酒的酒器是黃目之尊。行灌禮時用大圭作柄的玉瓚；進的熟物用玉豆；乾物用雕篹。進酒時用雕飾的予瑳，再進酒時，則用璧玉裝飾的「散」和「角」。盛肉之物，用四腳有橫木的几案。登堂唱〈清廟〉的詩，堂下管樂對奏〈象〉樂。舞隊執紅色的盾牌和玉斧，冠冕而舞〈大武〉；並戴皮帽素巾而舞〈大夏〉之樂。還有「昧」樂，是東夷來的；「任」樂，是南蠻來的；蠻夷之樂可兼在大廟中演奏。這說明魯國周公的後代，和別國不一樣。

然則魯之尊周公，其明堂之禮，雖爲魯禮，難免有僭越之處，惟行之既久，流風餘韻亦足影響於後，即如船山於章旨評魯儒者以「周公負扆」之說「厚誣聖人」，且「傷名義而啓僭亂」，是有訾議；其篇末則贊謂：「先儒皆譏其失實，蓋其流於矜夸者，誠有之矣。然觀齊仲孫、晉韓起之所推獎，則『天下資禮樂』之非誕。及後世項羽之亡，魯受圍而絃歌不輟，則流風餘韻皆周公之德，亦不誣矣。子：『爲國以禮。』禮者，固非徒儀文器服之謂，而儀文器服之僅存，猶足以維人心而端風俗，其又可忽乎哉！〔註136〕」則船山持平之論，一以周公之得，因魯而行，其流風餘韻，蓋不可誣；一以儀文器服之存，仍能維人心端風俗，二者未嘗可忽。亦見船山的深識卓見，當非世之俗儒可比。

四、〈儒行〉之評騭

謂之〈儒行〉者，鄭目錄云：「名曰『儒行』者，以其記有道德者所行也。儒之言優也，柔也，能安人。又儒者濡也，以先王之道能濡其身，此於《別錄》屬通論。〔註137〕」最簡要之說，〈儒行篇〉所記爲哀公問孔子以儒行，孔子對答，敘述儒者之行。哀公聞之，言加信，行加義。終世不敢以儒爲戲。孫希旦亦謂〈儒行〉「孔子爲魯哀公陳儒者之行也。呂大臨曰：『儒者之行，一出於義理，皆吾性所當爲，非以是自多而求勝於天下也。』此篇之說，有誇大勝人之氣，少雍容深厚之風，竊意末世儒者將以自尊其教，謂孔子之言

〔註136〕《禮記章句》卷十四，頁15。《船山全書》第四冊，頁787～788。
〔註137〕《十三經注疏・禮記》頁974。

之，殊可疑。』然考其言，不合於義理者殊寡，學者果踐其言，亦不愧爲儒矣。此先儒所以存於篇與。〔註138〕」鄭注和孫說皆自「褒」處言，且孫說亦引宋呂大臨所言：「儒者之行，一出於義理，皆吾性所當爲。」是以自義理處言，乃爲褒過於貶，揚過於抑。

　　然孫說亦引呂大臨，謂〈儒行〉「有誇大盛人之氣，少雍容深厚之風」，且以爲此乃「末世儒者將以自尊其教，謂孔子之言，殊可疑。」則此篇要旨仍值探究。以內容言，此篇所言，或爲假託孔子之語，而歷述儒者之行，是以名爲〈儒行〉。篇章所論，雖爲哀公問、孔子答之作，仍分爲十五項，即儒者之「自立」、「仕」、「憂思」、「寬裕」、「任舉」、「特立獨行」、「規爲」、「交友」、「尊讓」等，惟辭意多重複，思想亦頗異儒家道德觀念，若「鷙蟲攫搏不程勇者」、「其過失可微辨而不可面歟」等語，皆《論語》所力詆者，是以孫氏所引呂氏之說即謂此篇有「誇大之氣」，少「雍容之風」之評。至船山則抑多於揚，以爲此篇於《禮記》四十九篇中，獨爲「疵戾」，語亦特殊，故其言爲：

> 〈儒行〉一篇，詞旨夸誕，略與東方朔、揚雄俳諧之言相似。藍田呂氏以謂「有矜大勝人之氣，無從容深厚之風，與不知者力爭於一旦，蓋末世儒者將以自尊其教而託爲聖人之言，有道者不爲也」，其說是已。顧抑曰：「其言儒者之行，不合於義理者殊寡，學者果踐其言，亦不愧於儒」，則亦不知其博而寡要，有枝葉而不知根本，使循是以爲之而求其合，亦必不可得之道也。且其文句複亂險澀，有不可得而通者，益以知言由德立，非知德者，則欲其詞之安定必不可得，而況其深者乎！蓋於《戴記》四十九篇之中獨爲疵戾，而不足與五經之教相爲並列。今姑爲通其訓詁之可通者，而複者終不能爲之序，窒者終不能爲之疏，則亦姑闕之焉可矣。〔註139〕

　　船山以〈儒行〉疵戾，而不足與於五經之列，且以辭之複者，不能爲之序；辭之窒者，不能爲之疏，是爲無奈。故所注，亦非按篇章逐一注解，乃爲擇要而言，譬「儒有博學而不窮，篤行而不倦」之段落，即有所缺微，故宜就船山所言，逐一述之。

〔註138〕孫希旦《禮記集解》卷十七，頁1277。
〔註139〕《禮記章句》卷四十一，頁1。《船山全書》第四冊，頁1457。

例說

（一）……哀公命席。孔子侍曰：「儒有席上之珍以待聘，夙夜強學以待問，懷忠信以待舉，力行以待取。其自立有如此者。」

船山注云：

「席上之珍」，貴重之意。「強」，力也。「取」，舉也。〔註140〕

「席上之珍」，船山僅言「貴重」之意，實則「珍」者即「玉」之謂。以「玉」待聘，乃喻君子之待問待取。蓋以儒者強學，所以自致其知，非為君之來問，而自可以待問〔註141〕。同理，儒者懷忠信，所以自立其本，非純為君之舉我，我自可以待舉，皆所以自盡其道，以是無求於世，且日新又新，則其人可謂之自立。依其文解，則為：

哀公使人擺席。孔子陪侍哀公坐著，然後說：「儒者像筵席上的珍玉，等待諸侯的聘用；早晚用功學習，以等待他人的請教；心存忠信，以等待他人的推舉；力行不倦，以等待他人的錄用，是這樣來自修立身的。」

（二）儒有衣冠中，動作慎，其大讓如慢，小讓如偽，大則如威，小則如愧，其難進而易退也，粥粥若無能也。其容貌有如此者。

船山注云：

「中」，合度也。「如慢」，終不受而傲慢也。「如偽」，固辭而終聽，如偽為之也。「威」與「畏」同。「如威」、「如愧」，對人謙下之容。

「難進易退」，逡巡讓避之容。「粥粥」，柔貌。〔註142〕

「讓」有大讓、小讓之分。讓國、讓天下，是為大讓；飲食辭辟之間，誠心而讓，是為小讓。衣冠得其中制，不異於流俗，不異乎群眾，即謂之「中」。非禮勿履，即謂之「慎」。苟非其義，即祿之以天下，弗顧，即「大者如威」之謂。所尊道而不屈於世，由禮而不犯禮，難進而易退，近於君子之儒也乃知。若其文解，則為：儒者所穿戴的衣冠，得其中度，不異於眾，不流於俗；行為謹慎：對大事有所推讓，始終不接受，有若傲慢；對小事亦有所推讓，但始辭終受，有若虛偽。做大事時再三考慮，似乎有所畏懼；做小事時亦不放任，似乎內心慚愧。其人難於激進，卻易於退讓，外表又似一副柔弱無能的樣子。儒者的容貌是這樣。總之，雖云誠摯，但總是有些拘謹，其人似放

〔註140〕《禮記章句》卷四十一，頁2～3。《船山全書》第四冊，頁1458～1459。

〔註141〕參見孫希旦《禮記集解》卷十四，頁1284。

〔註142〕《禮記章句》卷四十一，頁3。《船山全書》第四冊，頁1459。

不甚開，此或爲古儒者的寫照。

（三）儒有居處齊難，其坐起恭敬，言必先信，行必中正，道塗不爭險易之
　　　利，冬夏不爭陰陽之和，愛其死以有待也，養其身以有爲也。其備豫有
　　　如此者。

船山注云：

「齊難」，未詳。「不爭險易之利」，不趨險以求捷徑也。「不爭陰陽
之和」，不違犯寒暑以致疢疾也。「備豫」，備患之豫也。〔註143〕

船山云「齊難」之詞，未詳其說。鄭注則謂「齊莊可畏難」〔註144〕，指
儒者要生活始終嚴肅，似不易做到。實則儒者居處，所在必愼，要坐起不苟，
才能遠離身害。再者，言必先信，行必中正，其德才能進。不爭險易，不爭
陰陽，不妄與人競爭者，皆所以愛其死者。夫愛其死，非爲貪生，乃以懲其
血氣之勇，而養其義理之勇，以待乎事之大者而爭之，乃「欲將以大有爲於
世」之謂，是即儒者備豫之道。

（四）儒有不寶金玉，而忠信以爲寶；不祈土地，立義以爲土地；不祈多積，
　　　多文以爲富；難得而易祿也，易祿而難畜也。非時不見，不亦難得乎？
　　　非義不合，不亦難畜乎？先勞後祿，不亦易祿乎？其近人有如此者。

船山注云：

「祈」，求也。「多積」，謂財貨。「文」，當作「聞」。「勞」，功也。「近
人」，義不可通。〔註145〕

船山解「近人」之語，謂「義不可通」。並非不明「近人」之意，只是對
此篇章有所不愉，是以下筆之間，總是輕描淡寫，貶抑之意甚明。依理儒者
自爲者，「德」而已；所以應世者，「義」而已。其待人接物，莫非以禮行之。
故其內蘊忠信，外則因事制宜，與人交，別無所求；先勞後祿，不亦宜乎！
且多學詩書六藝之文，內足於己，外無求於人，不亦富潤己身。故其待人以
忠信，接物以禮義，則必謂之「近人」。若其文解，則爲：儒者不以金玉爲寶，
而以忠信爲寶；不希求土地，而以建立義理爲土地；不希求多所積蓄，而以
多學文學才藝爲富厚。以是知儒者條件不容易做到，但容易供養，雖容易供
養，但難以羅致。同樣的，儒者不在適當時候不與外人交往，那不是很難羅

〔註143〕《禮記章句》卷四十一，頁3。《船山全書》第四冊，頁1459。
〔註144〕《十三經注疏‧禮記》頁974。
〔註145〕《禮記章句》卷四十一，頁3～4。《船山全書》第四冊，頁1459～1460。

致嗎？先勞動然後得到俸祿，不是容易供養？儒者是這樣的平易近人。以上
之說，通段觀之，儒者似有自鳴清高之意，尤以「非時不見」，更顯其「高峻」
而不可犯，與謙謙君子之意，略見違離，殆即船山所云「近人」者，義不可
通之謂。

（五）儒有委之以貨財，淹之以樂好，見利不虧其義；劫之以眾，沮之以兵，
　　　見死不更其守；鷙蟲攫博不程勇者，引重鼎不程其力；往者不悔，來者
　　　不豫；過言不再，流言不極；不斷其威，不習其謀。其特立有如此者。

船山注云：

> 「淹」，沒也。「沮」，抑也。「鷙蟲」，猛獸也。「程」，量也。「引」，
> 舉也。言不畏強、不避難也。「不悔」，必終所爲也。「不豫」，見則
> 行之也。「流言」，議非之者。「極」，止也。「斷」，折也。「不習其謀」，
> 謂不顧利害也。按此所言「剛愎冒昧」之行，以此特立，其妄甚矣。

船山以「妄甚矣」形容此段，以「剛愎冒昧」之行非儒者所應爲。且而
「鷙博」之勇，重在其「力」，到底有橫戾之氣，亦非儒者所應爲，故以「妄」
非之。即此字眼，即鄭注亦有一說，「淹，謂浸漬之劫。劫，脅也。沮，謂恐
怖之也。鷙蟲，猛鳥猛獸也。字從鳥，鷙省聲。〔註146〕」則「鷙蟲攫博」頗
有霸氣。而孫希旦則綜合鄭注、呂大臨及方慤之言，解云「愚謂鷙蟲攫博，
以喻凶暴之威也。勇者，當從《家語》作『其勇』。重鼎，以喻艱鉅之任也。
言雖有凶暴之威，苟自反而縮，則不程其勇，而有所必赴也。雖有艱鉅之任，
苟義所當爲，則不自量其力，而有所必任也。極，窮也。過言，出於己者也。
有不善未嘗復，何再之有？此改過之勇也。流言，起於人者也，在己者，可
以自信，何窮之有？此自反之功也。不斷其威者，氣配道義而無所餒。不習
其謀者，道立於豫而不疑其所行也。〔註147〕」依孫氏之說，則「鷙蟲攫博」，
爲喻「凶暴之威」，此「威」當非儒家之威，而爲法家之威，故其悍厲之氣已
顯其中，則孫氏此說，亦船山所不喜，惟船山言「妄」字，較孫氏之說似又
過之。至其文解，則爲：如以錢財物品贈予，或以玩樂愛好來誘惑，儒者皆
不會因見利益而虧損義理；即或受許多人威脅，或用武器來恐嚇，儒者亦皆
不致因怕死改變操守；遇猛獸之來，便上前與之博鬥，毫不考慮自身的勇武
或危險；舉重鼎亦不考慮己力量的足不足，只問事的可不可，可即行動；已

〔註146〕《十三經注疏・禮記》頁975。
〔註147〕孫希旦《禮記集解》卷十四，頁1281。

開始做事，必定堅持到底；未來的事，不作預謀，該做即做；話說錯了，不
會再說；不聽謠言，亦不尋究它的根底；常常保持威嚴，使人敬畏；不重謀
略。而行其當行。儒者立身是如此獨特。然則此說過於剛猛，與儒門之「溫
溫煦煦」，畢竟有異。

（六）儒有可親而不可劫也，可近而不可迫也，可殺而不可辱也。其居處不
　　　淫，其飲食不溽，其過失可微辨而不可面數也。其剛毅有如此者。儒有
　　　忠信以爲甲胄，禮義以爲該干櫓；戴仁而行，抱義而處，雖有暴政，不
　　　更其所，其自立有如此者。

船山注云：

> 「溽」，貪染也。「干」，小盾，步卒所持者，今之燕尾牌。「櫓」，大
> 盾，以守城者，今之檔箭牌。「所」，謂所守也。此上數節詞煩意複，
> 而其云「過失不可面數」，尤爲謬妄。君子之過人皆見之，故子路之
> 勇，告之以過則喜而已怙過凌人以爲剛毅，此椒邱訢、灌俠之所爲，
> 而託爲聖人之言，多見其不知量也。〔註148〕

「怙過凌人以爲剛毅」，此爲冒似聖人之言，實則爲武夫之舉，故船山非
之。再以前數段頗有法家筆法，船山以爲「猛厲」，必非聖人溫雅淵如之美姿，
顯現只是一股霸越之氣，已迴非剛毅木訥之質，且如暴虎馮河，好勇過人，
是以「多見其不知量也」。至其文解，則爲：儒者可親密而不可利用，可接近
而不可受威迫；可被殺而不可被辱。所居之地，樸實乾淨，飲食亦簡單；如
有過失，他人可輕微委婉示意，而不可當面指出。儒者是這樣剛強嚴毅。再
以儒者用忠信作盔甲，用禮義作盾牌，並用以保護自己；無論行動或安居，
都謹守著仁義，縱遇暴虐政治，也不更易居住處所。儒者是這樣的自立。以
上之言，看似剛健，但逼人之氣卻縈繞而出，就局度而言，與儒家盡己愛的
風格差別甚大，難怪船山不願就此篇章多所用心，以其迴異聖人之語故也。

五、〈王制〉之評騭

船山〈王制〉旨要，首即引東漢盧植言，謂漢文帝命博士諸生作此篇。
考〈王制〉之名，並見於《荀子》，而其文不同。盧植雖謂此篇出於博士諸生
之手，鄭玄則稱其出於秦漢之際〔註149〕，二說顯不同。鄭氏又云：「孟子當赧

〔註148〕《禮記章句》卷四十一，頁5～6。《船山全書》第四冊，頁1460～1461。
〔註149〕《十三經注疏・禮記》〈王制〉題疏，頁212。

王之際，〈王制〉之作，復在其後。」且云：「《周禮》是周公之制，《王制》是孔子後大賢所記先王之事。〔註150〕」審其所言，則爲孔子後降至孟子；而後降至秦漢之際的儒者之作，無論篇章時代及作者，皆與盧說有異。蓋以盧、鄭同爲漢末大儒，皆去古未遠，對〈王制〉來歷，即相異若此。而如以二氏之說相較，則鄭雖持慎，所言乃空疏不著邊際；盧不鑿空，實亦未有確說。孔疏引《史記・封禪書》之文以實盧說，惟〈封禪書〉載「文帝使博士諸生刺六經中作〈王制〉」，孔氏既未見博士原書，如何能定彼《王制》即此一〈王制〉？是以後人議論不斷，至今未決。

而王夢鷗則舉《史記》、《漢書》之說，以〈王制〉之篇，乃文帝因賈誼遺策，而思有此篇之作〔註151〕。且引《史記・賈誼傳》：「賈生以爲漢興至孝文二十餘年，天下和洽而固，當改正朔，易服色法制度，定官名，興禮樂；乃悉草具其儀法，色尚黃，數用五，爲官名悉更秦之法。」亦引《漢書・賈誼傳》言賈誼生平著述，其要者，即爲陳述時政之疏。而其時漢之思潮是受「五德終行」的影響，五德之說，其以「五」爲主的生數，其色黃，正合賈誼以「土德」爲說之一貫主張，惜其以漢爲土德的〈王制〉篇已不傳，眞相如何，難以考察。今之〈王制〉其首言「王者之制爵祿」，蓋亦已變孟子所言六等，悉改從五等可知也。再以所述六三公九卿等官職，其「司徒、司馬、司空」之名，雖稍異賈誼〈時政疏〉所云之「大師、大保、大傅」，但確已悉更秦之法。又者，今〈王制〉篇中附記九州四海道里之遠近云：「自恒山至於南河，千里而近；自南河至於江，千里而近；自河至於衡山，千里而遙；自東河至於東海，千里而遙；自東河至於西荷，千里而近；……」云云者，其所丈量，隱然以洛陽爲中心。然秦漢之都，皆不在洛陽，以此爲國中心者唯東周而已。東周迫於三晉而困於齊秦兩大國之間，朝不保夕，信其慮不及此；然則作此經制者，疑亦出於洛陽人賈誼的構想。再以此篇所溯，源於「六經」之文甚少，出自諸子傳說，立意與今文《尚書》說、《春秋公羊》說、及〈明堂〉、〈月令〉說者實多，其於賈誼生前必已流傳，經賈誼整理而傳，文帝時即以博士諸生刺諸子傳說而傳賈誼所潤飾之〈王制〉〔註152〕。此〈王制〉淵源之述，於盧植之說，或有裨補，至船山所云「今按篇內『獄成告於正』，『正』

〔註150〕《十三經注疏・禮記》〈王制〉題疏，頁212。
〔註151〕參見王夢鷗《禮記校證》頁60～61。
〔註152〕參見王夢鷗《禮記校證》頁61。

者，漢官也；又云『今以周六尺四寸爲步』，『今』者，漢制也，則盧氏之言信矣。」〔註153〕其爲尊盧氏，然盧氏所引博士諸生所引之作則未言，今如依王氏所考，其源自賈誼者，乃有跡可尋。

再者，船山又云：「其於虞、夏、商、周宰制天下之大法，亦略具矣。其間參差不齊，異同互出，蓋不純乎一代之制，又不專乎一家之言，則時有出入，亦其所不免也。自今觀之，有若駮而未純，而當文獻不足之時，節取以記四代之良法，傳先聖之精意，功亦偉焉。至其孰爲周制，孰爲夏、殷之禮，固有縷析者，讀者達其意而闕之，不亦可乎！〔註154〕」船山謂〈王制〉所言，非純爲一代之制；又謂讀者於〈王制〉之篇，當有所辨析。

（一）以「非純爲一代之制」言

前人以〈王制〉所言，皆虞、夏、殷、周之制，此說有可信，有不可信者。可信者，在因〈王制〉所採多爲先秦諸子傳說，故其淵源並不全始於漢人。而不可信者，在此等傳說，本出於耳聞臆造，未必見諸實行。故其於周制已如此，遑論所謂虞、夏、殷之時？但因茲篇自漢景、武二帝之後，漸爲博士經生所傳習，傳世既久，遂成典故。至東漢諸儒，以習焉不察，說即爲鄭玄、王肅所據。鄭玄兼採緯書及《周禮》之說以解釋茲篇所記的官名爵號，又以篇中所錄養老之作，兼存虞夏商周之名，遂以爲全篇皆損益四代禮文以立制。於是，凡遇《周禮》所解說未通者，即云此爲殷制或此爲虞夏，等等。即如船山所引解獄「正」之官，且下取及於秦制，即見鄭注所解，但憑其記憶，未嘗以事實爲根據。有如王孟鷗所引郝敬《經解禮記》之說，云：「鄭康成以《禮記》爲仲尼手澤，遇文義難通處則稱竹簡爛脫而顛倒其序；根據無實則推夏殷異世而遁逃其說〔註155〕」；雖評之過嚴，未爲不是。倒是船山以「參差不齊，異同互出」隱約言說鄭氏之非，其語最是客氣。故以鄭氏之賢，尚不免於疏漏，而王肅者流，既以《家語》爲孔子遺書，則對所取文句仍不得不曲解以充孔子辭說，其視凡百禮文，皆周公所作，而孔子所述。其主觀之見，常以偏概全，且以注語多妄，難免令人質疑。至於漢初學者所傳誦者，《詩》、《書》而外，仍以「諸子傳說」爲多。所謂諸子傳說，雖可解爲百學，然儒家諸子必包含在內。儒家諸子以《詩》、《書》、《禮》、《樂》相傳授，其

〔註153〕《禮記章句》卷五，頁1。《船山全書》第四冊，頁299。
〔註154〕《禮記章句》卷五，頁1。《船山全書》第四冊，頁299。
〔註155〕參見王夢鷗《禮記校證》頁65所引。

說亦即《詩》、《書》等之傳記。以是存於〈王制〉篇中者，即以此傳記之文為多，是為合於漢文帝時博士諸生所習見書籍的情形。

（二）辨析〈王制〉之篇

今存於〈王制〉之篇者，蓋四千四百餘字。詳其文義，可別為二：其一是自篇首「王者之制爵祿」句起，至「百官齋戒受質，然後養老、勞農，成歲事，制國用」句止，共三千一百餘字；分為三敘次：爵祿的分配；一為天子巡守及諸侯之朝聘；又為官職之制訂。段落部份尚雜若干附記及脫文錯簡，大體仍整齊有序。其二為自「凡養老」句起，汔於終篇，共一千二百餘字，孔穎達即引此文字以解前部份的記載。但未敢斷定〈王制〉通篇何者為本文，何者為後人述記，故有時竟捨附記而引他書以釋前文。蓋以《禮記》本漢儒之章句殘文，各篇往往本文、記文合而為一，不僅〈王制〉如此，他篇亦然。唯以《王制》本文殘留特多，其與「附記」混合形跡較顯，較易辨別。譬本文止於「成歲事制國用」句，則其下「凡養老」一節，當是敘司徒官職「養耆老以致孝」的附記：其下「恤孤獨」一節，當為「恤孤獨以逮不足」的附記；又其下「道路，男子由左」一節，當是「一道德，同風俗」的附記，凡此前後複出，而後者又詳於前者的記載，應係〈王制〉本文講章無疑。大底本文簡括而附記之語詳贍，就中之異，可以明白。至於夾雜附記之語，王夢鷗則以為「敘司寇一職」之文為最可疑〔註156〕，所舉例證，如「王三又原後制刑」句下，忽接「刑者（人字旁）刑也，（人字旁）刑者成也。一成而不可變，故君子盡心焉」云云，則以「刑」訓人字旁之刑，又以人字旁之刑訓「成」，顯是經說訓詁之說，而博士諸生作〈王制〉當不必在制訂綱領之際，同時兼作訓詁，且益之以「故君子盡心焉」之說，是類若此等之語，出於後人附記可以明白。總之，〈王制〉成篇之前，所據為諸子傳說，本無古今文之異學，惟自漢武群儒重采此篇以與《封禪》、《尚書》、《周官》等書相提並論，茲篇復入於學官，才有古今文之異耳。今再舉其中段落以證。

例說

（一）王者之制祿爵，公侯伯子男，凡五等。諸侯之上大夫卿、下大夫、上士、中士、下士、凡五等。天子之田方千里，公侯田方百里，伯七十里，子、男五十里。不能五十里者，不合於天子，附於諸侯曰「附庸」。

〔註156〕同上，頁 68～69。

船山注云：

> 「王者」，通三王而言。「制」，裁定而立爲式也。「祿」之爲言錄也，
> 錄其功而賦之田與粟也。酒器容一升曰「爵」。先王祀於大廟，因行
> 酬爵而授之命，故謂之「爵」。先言「祿」後言「爵」者，在其位則
> 食其祿，年必五十而後賜爵也。又：此言王者之制爵也。先言爵後
> 言祿者，此以祿視爵者言之也。諸侯之上大夫即卿也。無中大夫者，
> 諸侯之上大夫視天子之中大夫也。不言天子之卿、大夫、士者，於
> 後見之。又：此下四節皆言王者之制祿也。「田」，兼公田、私田而
> 言。公田上所入、私田以養公田，故皆繫之君之祿田焉。「方」開方
> 也，其積實之數見後章。「不能」，不足也。「合」，會也，謂與朝貢
> 之事也。「附於諸侯」者，以其貢賦禆益附近之大國而佐之受事也。
>
> 「庸」，功也，謂效職貢之功也。

〈王制〉云：「王者之制爵祿，公侯伯子男，凡五等。」《孟子・萬章下》
則云「六等」，且謂：「周室班爵祿也，嘗聞其略也：天子一位，公一位，侯
一位，伯一位，子男同一位，凡五等也；君一位，大夫一位，上士一位，中
士一位，下士一位，凡六等。」所記與〈王制〉有異。此五等、六等之說，
船山並無異議，僅就「王者，通三王而言。制，裁定而立爲式也。」立說。
然此問題自鄭注之後，歷代學者辨之甚眾，姚際恒即謂此乃「漢文博士刺《孟
子》之文而略變之〔註157〕」以免雷同。如謂「刺《孟子》之文」，則爲易知，
但謂欲免於雷同而略變之，則較無道理。若此文無足取，何必刺諸《孟子》？
既已取之，又何必換其雷同？劉師培謂此文本於古文，《孟子》則爲今文之說
〔註158〕，故自不同。劉氏以今古文觀點集證本篇，其意見仍值斟酌。基本上，
此二說之異，由於言說動象不同，而其立言主體亦異。若《孟子》之述，乃
孟子答北宮錡之聞，爲約舉傳聞，而不以典制爲參考：〈王制〉之作，乃奉天
子之命刺取舊說以立制，故「天子」不在言說之中，天子如此，「君」亦同例。
證以下文「受命於天子」、「受命於君」云云者，知其對象皆爲「臣下」。再以
本段謂「諸侯之上大夫卿」之句，其「士」有上中下之分，可以「卑者多也」
視之；而謂卿亦有上下者，在〈王制〉以卿與上大夫同一級，故其班祿，只
云「下大夫倍上大夫，卿四大夫祿」，而不言於上大夫。次者，《孟子・萬章

〔註157〕杭世駿《續禮記集說》卷十九引。
〔註158〕劉師培《左盦全集》〈王制篇集證〉。

下》載「天子之田方千里」，作「天子之制地方千里」；「不合於天子」，作「不達於天子」。「曰附庸」者，《漢書·王莽傳》引作「附城。」孔穎達疏云：「庸，小城也；謂小國之城，不能自達。」疑孔氏所見古本作「不達於天子」。由上諸例，顯然〈王制〉之作部份改自《孟子》之文，惟前後次序略有參差。若其文解，則爲：王者規定俸祿爵位，以「五」數。爵位計分公侯伯子男五級；上大夫或卿，連同下大夫上士中士下士，亦共五級。至於俸祿部份：天子祿田一千方里，公或侯祿田一百方里，伯爵祿田七十方里，子男同爲五十方里。如其不能相當於五十方里，即不能直轄於天子，將屬於諸侯之國而爲附城。

（二）天子之三公之田視公、侯，天子之大夫視子、男，天子之元士視附庸。

> 制：農田百畝，百畝之分：上農夫食九人，其次食六人，其次食八人，其次食七人，其次食六人，下農夫食五人；庶人在官者，其祿以是爲差也。諸侯之下士視上農夫，祿足以代其耕也。中士倍下士，下大夫倍上士，卿四大夫祿，君十卿祿。次國之卿三大夫祿，君十卿祿。小國之卿倍大夫祿，君十卿祿。

船山注云：

> 此言「田」者，皆專以公田言之，食其祿而不有其土也。若「視公、侯」者，公、侯提封萬井，公田百萬畝，則其祿亦百萬畝也。餘放此。「元士」，上士。「附庸」，大小無恒，此之田「視附庸」者，以降殺差之，其方三十里歟？中大夫、下大夫、中士、下士，祿必有差，而此不言者，略文。此節言天子卿、大夫、士之祿制，而制爵之等亦見矣。「制」，謂授田之制。「農田」，一夫之田。「百畝」，除一易再易而計其歲所實入也。「分」，所收粟之等也。一人之食，以中歲爲率，月食三釜，歲三十六釜，釜六斗四升，凡二百三十斗四升。古之量器，所容者約，大約抵今官斛八十斗有奇。「食九人」者，三百二十四釜。餘放此算之。「庶人在官者」，府、史、胥、奄、奚之屬，其署有尊卑，局有閑冗，因以制其差也。凡此皆公田所入，公斂之，而不分以田也。又：諸侯之下士亦受祿而不分田，故孟子「唯士無田」，謂下士也。此唯諸侯之下士則然，若天子之下士，其祿厚。皆有祿田矣。其諸侯之庶人在官者，則同於天子。中士以上則分田以爲祿，「倍下士」則授公田二百畝，爲養公田者十六家也。餘放此。「卿」，即上大夫。「四大夫」者，四下大夫也。大夫以下祿

不以國小而減者，所入少，不可再減也。〔註159〕

此為「田祿」之制。船山此注雖謂明言之出《孟子》，但從《孟子》「唯士無田」語，知船山認同〈王制〉之田祿制同於《孟子》。以《孟子・萬章下》所敘田祿之制，大別可分為：（一）天子之卿受地是侯，大夫受地是伯，元士受地視子男。（二）大國地方百里，君十卿祿，卿祿四大夫，大夫倍上士，上士倍中士，中士倍下士，下士與庶人之在官者同祿，祿足以代其耕也。（三）次國地方七十里，君十卿祿，卿祿三大夫，大夫倍上士，上士倍中士，中士倍下士，下士與庶人之在官者同祿，祿足以代其耕也。（四）小國地方五十里，君十卿祿，卿祿二大夫，大夫倍上士，上士倍中士，中士倍下士，下士與庶人之在官者同祿，祿足以代其耕也。（五）耕者之所量：一夫百畝，百畝之糞，上農夫食九人，上次食八人，中食七人，下食五人，庶人之在官者，其祿以是為差〔註160〕。比較《孟子》、〈王制〉，二篇層次有異。詳觀〈王制〉篇末附記順序，知此文敘次與《孟子》未同者，乃在（二）、（五）之段，而〈王制〉所採，乃循逆敘之法，蓋以先敘第（五）段落，次而及於（二）（三）（四），將其重沓語句合併，是以二篇結構即有未同。再以「農者」之稱，《孟子》分農夫為上中下三者，〈王制〉則僅上農與下農之說，餘皆稱「其次」，此為二篇之別。若其文解，則為：再以天子的三公，祿田可比照公爵侯爵；卿，比照伯爵；大夫，比照子男；命士則比照附庸，在五十方里以下。其所規定，農田以百畝為一單位，單位分配比率：頭等田，以能養活九人為度，二等養活八人，三等七人，四等六人，五等五人，依此五等，區分為上農夫、中農

〔註159〕《禮記章句》卷五，頁3〜4。《船山全書》第四冊，頁301〜302。

〔註160〕《孟子・萬章下》原文載：北宮錡問曰：「周室班爵祿也，如之何？」孟子：「其詳不可得聞也。諸侯惡其害己也，而皆去其籍。然而軻也，嘗聞其略也。天子一位，公一位，侯一位，伯一位，子、男一位，凡五等也。君一位，卿一位，大夫一位，上士一位，下士一位，凡六等。天子之制，地方百里；公、侯皆方百里，伯七十里，子、男五十里，凡四等。不能五十里，不達於天子，附於諸侯，曰『附庸』。天子之卿受地視侯，大夫受地視伯，元士受地視子、男。大國地方百里，君十卿祿，卿祿四大夫，大夫倍上士，上士倍中士，中士倍下士；下士與庶人在官者同祿，祿足以代其耕也。次國地方七十里，君十卿祿，卿祿三大夫，大夫倍上士，上士倍中士，中士倍下士；下士與庶人在官者同祿，祿足以代其耕也。小國地方五十里，君十卿祿，卿祿二大夫，大夫倍上士，上士倍中士，中士倍下士；下士與庶人在官者同祿祿。耕者勺所獲，一夫百畝；百畝勺糞，上農夫勢九人，上次食八人，中食七人，中次食六人，下食五人；庶人在官者，其祿以是為差。」

夫、下農夫三級。凡平民爲公家服務者，其人俸祿，比照等級分配。其次，大國諸侯的下士，比照上農夫，其條件爲應足夠給予養活九人的俸祿，且補償其人因服公務而不能從事耕種的損失。中士俸祿多於下士一倍，上士又多中士一倍；大夫又較中士多一倍。卿的俸祿四倍於大夫，國君則十倍於卿的俸祿。至於次國之卿的俸祿，爲三倍於大夫，其國君亦十倍於本國之卿。若小國之卿，僅比其大夫多兩倍，其國君亦十倍於本國之卿的俸祿。以上田祿之制，均見〈王制〉及《孟子・萬章下》，是先秦之時，爵位和俸祿的劃分已甚縝密。

（三）諸侯之於天子也，比年一小聘，三年一大聘，五年一朝。天子五年一巡守：歲二月，東巡至于岱宗，柴而望祀山川；覲諸侯；問百年者。(就見之)，命大師陳詩以觀民風，命市納賈以觀民之所好惡。(志淫好辟)，命典禮考時月，定日，同律，禮樂制度衣服正之。山川神祇，有不舉者，爲不敬；不敬者，君削以地。宗廟，有不順者，爲不孝；不孝者，君絀以爵。變禮易樂者，爲不從；不從者，君流。革制度衣服者，爲畔，畔者君討。有功德於民者，加地進律。五月，南巡守至于南嶽，如東巡守之禮。八月，西巡守至于西嶽，如南巡守之禮。十有一月，北巡守至北，如西巡守之禮。歸，假于祖禰，用特。

船山注云：

「比年」，每年也。「小聘」始大夫，「大聘」使卿，其貢享之重輕與王者勞賜之禮亦差焉。「朝」，述職也。「巡」，周行省視也。「守」者，諸侯之所守。「歲」，當巡守之歲也。「二月」，夏正建卯之越。岱宗，泰山，在今山東泰安州，謂之「宗」者，五嶽之長也。「柴」，燔柴祭天以告至。「望祀山川」者，望其方之名山大川遙祭之也。「覲」，見也。「諸侯」，其方之諸侯。「百年」，百歲者。「就見」，就其居而見之也。「陳」，采而觀之也。「市」，司市。「納賈」，以物價之貴賤告也。民所好者則貴，所惡者則賤，質樸則貴用物，邪侈則貴靡物，故於賈而知民之好惡。詩言志，賈從好，志淫好辟於詩賈見之，王者省知，當有以易之也。「典禮」，諸侯之宗伯。「時」者，十二月之序。「月」者，朔望之準。考時之中，月之朔，日可得而定矣。「同」，陰律。「律」，陽律。「制」者，宮室、車器華樸之式；「度」，其大小長短高卑之則也。「衣服」，上下吉凶之別。「正」者，革七者之差忒

而一如先王之法也。此一節記巡守而修典禮，飭政教之事。「神」，天神。「祇」，地祇。諸侯所祀之天神，則風雨、寒暑、星辰之屬也。「不舉」，廢其祀也。不能敬神則不能君國，故削。「不順」，謂不能孝順以修祀事，本德既虧，故黜爵。「變易禮樂」，自賢智以干王度，故廢其君而流之。「改革制度衣服」，則是僭行王事以疑民畔天子，故罪尤重而討戮之。「功」，謂爲民捍災。「德」，施仁惠也。「律」，法也。謂命數、車服、儀章之差等也。此一節記巡守而敕刑賞、正諸侯之事。「五月」、「八月」、「十有一月」，皆以夏正言。南嶽，衡山，在今湖廣衡山縣。西嶽，華山，在今陝西華州。或曰周以鞏昌之吳嶽山爲西嶽，未知是否。北嶽，恒山，在今直隸曲揚縣。「如其禮」者，恣柴望至賞罰諸侯，事皆同也。「祖」，太祖以及群廟。「假」，告至也。「特」，特牛。不具羊豕者，非正祭也。每廟一牛，七廟凡七牛矣。（第九章）。此章記述職巡守之制，大率以《尚書》爲本而與《周禮》不同。然一歲四巡，三時而遍天下，古者吉行五十里，乃四嶽相去或三千里而遙，行程不給，況可得而行典禮，修政教乎？凡此類，通其義不密泥其文字可也。〔註161〕

船山云此章以《尚書》爲本，言之精詳。其「天子五年一巡守」之段，爲取自《尚書·大傳》，並見錄於《說苑·修文篇》，二篇文字較此篇完全。「柴而望祀山川」句，今本《尚書》作「柴望秩於山川」；「覲諸侯」作「歸覲群后」，而「問百年者，就見之。命太師陳詩以觀民風，命市納賈以觀民之所惡志淫好辟」等四十四字，又見之《尚書·大傳》。《說苑》載此文未明既出處，而《白虎通·巡守篇》所引《尚書·大傳》與《說苑》同。其「覲諸侯」，作「見諸侯」；「問百年」下並無「就見之」三字。若「命大師陳詩以觀民風」句，今本《白虎通》引作「大師陳詩以觀民命風俗」，「命」字或爲錯倒。其下「不敬」、「不孝」、「不從」、「弗畔」四事，亦同《尚書·大傳》。至若「加地進律」之「進律」，船山未解。舊註謂「律」爲法度。俞樾則以「進律」爲進法度，義不可通，指「律」當解爲「樂則」，謂有功者，天子賜諸侯以樂則，〔註162〕疑此「律」、「祿」聲近而誤。是而「進祿」即後文「諸侯之有功者，取于閒田以祿之」之謂。若其文解，則爲：諸侯朝見天子，每年派遣一大夫

〔註161〕《禮記章句》卷五，頁15～17。《船山全書》第四冊，頁312～314。
〔註162〕俞樾《春在堂全書》〈經十九〉，頁7。

爲代表，三年派遣一卿爲代表，五年親自朝見天子，天子五年出外一巡，巡察諸侯的職守。某年，二月出發，東巡至東嶽泰山，中舉行柴祭，遙望其他名山大川而禮拜之。同時接見諸國國君，問候退休的老年人（但要就其住處問候）：一面命大師之官展覽當地的民謠歌曲，藉以考察人民精神生活；一面命令管理市場的官吏，提出當地物價指數，藉以考察人民的物質生活，且考察是否過于奢華或浮尙。再命典禮之官，校定當地得季節、月份，及每日時辰，劃下度量衡等一切法度：如禮數、樂則、文物制度及衣服式樣等等，使一切標準化、規律化。當地山川神祇的禮拜，有該舉行卻未舉行者，是爲不敬；如有不敬者，則奪削國君的封地。宗廟之祭，各有輩份，倘或變亂輩份，即是不孝；如有不孝者，則貶降該國君的爵位。再如變改禮俗音樂，即是不服從；如有不服，即驅逐其國君。此外，敢於推翻制度或社會組織者，即是叛逆；如有叛逆者，即討伐其國君。再者，如有功德施於人民者，則視情形或加封土地或加賜田祿。到同年五月，巡守至南嶽，所有施爲，同於東巡守之禮。到八月，巡守至西嶽，其施爲同於西巡守之禮。十一月，巡守到北，其施爲亦同於西巡守之禮。如此，一年之中，巡察周遍，反於朝廷則以特牲祭告於父祖的廟堂。

以是，本文雖冗長，然由此見出古天子巍巍之禮，其一人之尊，天下莫不仰之，即所謂之「王制」。

（四）司徒修六禮以節民性，明七教以興民德，齊八政以防淫，一道德以同
　　　俗，養耆老以致孝，恤孤獨以逮不足，上賢以崇德，簡不肖以絀惡。
船山注云：

> 「節」，檢制也。「性」，以氣質習俗所成者言之。「德」者，愛敬之實，得之於天而喻於心之謂。「興」，動其固有之良也。「淫」，意欲之妄動也。「一道德」者，正大經以遏異端也。「俗」，習也。「上」，尊用之。「簡」，擇取而斥之也。「六禮」、「七教」、「八政」，皆道德之所顯，此立教之目也。「養老」、「恤孤」，上所躬行，以化民於仁厚而爲立教之本也。「上賢」、「簡不肖」，則以賞罰輔教而行者也。
> 大司徒修明之，而鄉師、樂正舉行之，三代之德教備矣。〔註163〕

此段文字甚短，所記爲司徒官職，應爲承司空官職而下，以司空之段過長，暫不選取，而本段雖短，但如船山所言「三代之德教備矣」，故有可說之

〔註163〕《禮記章句》卷五，頁37～38。《船山全書》第四冊，頁335～336。

處。而其「修六禮」迄「恤孤獨」等六句，則各有附記之文另廁於篇末。即以「司徒修六禮以節民性」言，其六禮之名，附記則稱之爲「冠」、「昏」、「喪」、「祭」、「鄉」、「相見」等禮，此諸禮下章亦當論述之，而古所謂之「士禮」，所指即此禮。而依此節所載，司徒之官，職在造「士」，此「士」由「鄉」所進，與樂正之造士，又爲不同。以樂正所造之士，皆貴胄弟子流，其謂「國士」而異於「鄉士」。鄉士出於司徒，司徒爲「節民性」而修六禮，此六禮全是士禮。士禮有「六」，至《禮運》撰作年代，乃增「朝」、「聘」，合而爲「八」禮。漢興，傳禮者眾，其時但稱「士禮」〔註164〕，即今存於《儀禮》中者，尚有〈士冠〉、〈士昏〉、〈士相見〉、〈鄉飲酒〉、〈士喪〉、〈士虞〉之篇，亦即司徒所修的六禮。再者，〈喪服傳記〉，本自別行；二〈饋食禮〉，兼言大夫與士的祭禮，其〈公食大夫禮〉、〈燕服〉、〈聘禮〉、〈覲禮〉，皆屬大夫以上的〈儀禮〉。此等篇章，本不應冠以「士禮」名稱，然以武、昭二帝之後，學官博士鑒於「士禮」不能周行，乃隨時增益。而班固謂后蒼等「推士禮而致於天子之說」，又列禮經十七篇謂「后氏戴氏」，則今傳世之十七篇禮經（《儀禮》），乃后氏戴氏所增編，已非漢初「士禮」之舊籍〔註165〕，則班固之說，應可證得「士禮」的正確性，亦知漢博士所作〈王制〉實有可值稱述之處。若其文解，則爲：論及司徒之官，其職務是：修習六禮以調節人民的性情，明辨七教以提高社會的倫理道德，整齊八政以防止制度的崩壞，劃一行爲規範以形成善良的風俗，供養年老的人以促進人民的孝心，救濟孤獨殘廢，使弱者不至被遺忘，尊重賢能的人以提倡社會教育，檢舉邪惡的人以摒退罪惡。以上所言雖簡，卻是綱領所在，其以六禮節民性，以七教興民德，以八政防淫侈，皆有其規約，以是知綱舉而目張，禮之行，即在其中。

總之，船山評騭〈樂記〉、〈月令〉、〈明堂位〉、〈儒行〉及〈王制〉之篇，在辨儒家與雜家之別，於《呂氏春秋》之雜引及漢儒之知見，皆提駁斥之論，其意亦在通體達用，使正統之思，能卓然確立。因之，用語之間，每有責難之語，亦由此責難，乃顯現船山所思，當在起王道而熄邪說，精神所寄，是爲宏廓淵遠。是其評論各篇之作，均能持之有故，言之成理，故其章句之注，每能引證確鑿，發前人所未發，故雖爲行文解析，而褒貶之意，即在其中，元氣淋漓之狀亦隨文撥出，蓋即所謂「知道」者。至於「道」者，必欲落實

〔註164〕見《史記·儒林傳》載。
〔註165〕參見王夢鷗《禮記校證》頁93。